완벽한 마무리!

퍼써

백광훈 편저

[Perfect Summary]

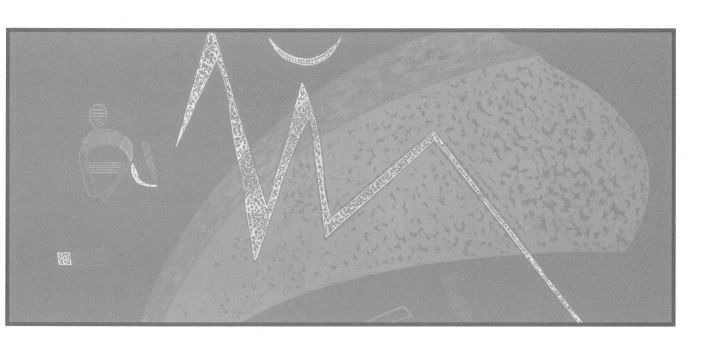

백광훈 형사소송법의 수사와 증거

경단기

박영story

2판 머리말

초판에 대한 독자들의 과분한 호응 덕분에 1년 만에 2025년 시험 대비 개정 제2판을 펴내게 되었다.

제2판의 주요 개정사항을 정리하면 아래와 같다.

① 국외 도피기간에도 소위 의제공소시효를 정지하는 2024.2.13. 개정 형사소송법 등 법령 개정사항과, 다른 사건으로 구속된 피고인에 대해서도 형사소송법 제33조 제1항 제1호의 소위 필요국선 사유에 해당한다는 대법원 전원합의체 판례를 비롯하여 2024년 6월까지 판시된 최신 판례의 내용을 반영하였다.
② 그동안 발견된 오탈자를 바로잡았다. 이외에는 초판의 집필원칙을 유지하였다.

끝으로 초판에 이어 제2판의 제작을 기꺼이 맡아 주시고 편집과 교정작업에 헌신적으로 임해 주신 도서 출판 박영사의 임직원님들에게 깊은 감사의 마음을 전한다.

2024년 9월

백광훈

학습질문 | http://cafe.daum.net/jplpexam (백광훈형사법수험연구소)

원래 필자는 형사소송법 전범위 핵심요약집인 '형사소송법 퍼펙트 써머리'를 만들어 강의교재로 사용하여왔다.

그런데 이번에 노량진 경단기에서 형사소송법의 수사와 증거 핵심정리 강의를 맡게 되었고, 이에 그 강의교재로써 '형사소송법의 수사와 증거 퍼펙트 써머리'를 펴내게 되었다.

본서의 특징은 아래와 같이 요약해볼 수 있다.
① 형사소송법의 수사와 증거 분야의 개념 · 조문 · 이론 · 판례의 알기 쉬운 도식화
② 속도감 있는 내용의 전개
③ 핵심이 확실하게 부각되는 구성
④ 세부적 논점도 놓치지 않는 요약
⑤ 위 사항들을 통한 빠른 1회독 및 단기간 고반복 회독의 실현

부디 본서가 그 책의 이름처럼 완벽한 요약집(Perfect Summary)으로써 친애하는 제자들을 비롯한 전국의 독자들의 형사소송법의 수사와 증거 과목의 시험 대비에 효율적인 무기로 애용되길 바란다.

끝으로 형사소송법 퍼펙트 써머리, 형법총론 퍼펙트 써머리에 이어 형사소송법의 수사와 증거 퍼펙트 써머리의 제작과 교정 작업에 열과 성을 다해주신 도서출판 박영사의 임직원님들에게 깊은 감사의 마음을 기록해둔다.

2023년 9월

백광훈

학습질문 | http://cafe.daum.net/jplpexam (백광훈형사법수험연구소)

OVERVIEW
구성과 특징

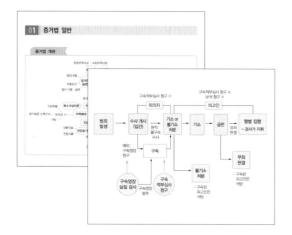

✔ 형사소송절차의 알기 쉬운 도식화

형사소송법의 수사와 증거 수험준비에서 우선 중요한 것은 절차의 흐름을 잡는 것입니다. 퍼써에서는 전범위의 직관적 도식화를 시도하여 보다 쉽게 형사절차의 전체 흐름을 잡도록 하였습니다.

압수의 목적물이 컴퓨터용 디스크 등
① 기억된 정보의 범위를 정하여 출력
② (if not) 정...
→ 이후 전...
분 한정 要...
수색사건)

① 구속집행**정**지기간
② **영**장실질심사에서 법원접수일 ~ 검찰청
③ 체포구속**적**부심사에서 법원접수일 ~ 검
④ 피의자가 **도**망한 기간
⑤ 피의자 **감**정유치기간 [행시 03]
[정리] 정/영/적/도/감은 빼자.

✔ 속도감 있는 내용 전개 + 핵심이 확실한 구성
→ 스피디한 1회독 → 고반복 학습

기본서 학습의 중요성은 두말할 필요가 없지만, 그 방대한 분량에 힘겨워하는 수험생이 적지 않은 것도 사실입니다. 이에 기본서의 내용을 확 줄임과 동시에, 시험에 자주 출제되는 핵심사항은 밑줄과 형광펜 효과로 강조하여 독자들의 '빠른 1회독'을 돕고자 하였습니다. 우리들의 시험에서 고반복 학습만큼 효과적인 것은 없습니다.

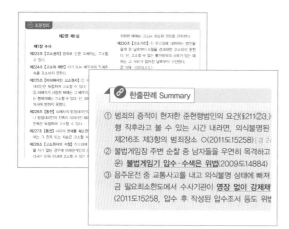

✔ 조문/이론/판례의 디테일이 살아 있는 요약된 무기

기본서의 분량을 단순히 압축하는 것에 치중하다 보면 정작 시험에 나왔을 때 변별력을 가지는 세부내용을 놓치게 됩니다. 이에 본서에서는 조문정리, 한줄판례, 혼동하기 쉬운 내용의 반복적인 비교학습을 보다 압축된 형태로 시도하였습니다. '짧지만 디테일이 살아 있는 수험생의 무기!', 이것이 퍼써가 추구하는 방향입니다.

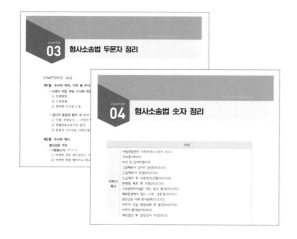

✔ 현실적으로 기능하는 암기노트

기본서 공부를 열심히 하고 이해도 웬만큼 되는 것 같은데 시험에서 점수가 잘 안 나온다면? 그것은 아마도 정리가 부족해서일 것입니다. 외울 건 외워야 합니다. 다만 외우는 건 힘든 일입니다. 이에 퍼써에서는 철저한 기출문제 분석을 통해 만든 필자 특유의 암기용 두문자를 본문에 수록함과 동시에, 부록에서는 진도별 두문자로 이를 다시 정리하여 본문과 부록의 유기적인 연결을 꾀하였습니다. 이뿐 아니라 소송법에서 특히 혼동되는 기간·숫자정리도 부록에 일괄 수록하였습니다.

CONTENTS
차례

(APPENDIX) 부 록

형사소송법의 수사와 증거

2025
백광훈 형사소송법의 수사와 증거
퍼펙트 써머리

01 수 사

01 수사의 의의와 구조와 조건

수사의 의의	범죄혐의의 유무를 명백히 하여 공소의 제기와 유지 여부를 결정하기 위하여 범인을 발견·확보하고 증거를 수집·보전하는 수사기관의 활동	
수사의 구조	규문적 수사관, 탄핵적 수사관, 소송적 수사관	
수사의 조건	의 의	수사의 개시와 그 진행·유지에 필요한 조건
	수사의 필요성	① 수사는 수사기관의 주관적 혐의에 의하여 개시 [경 03/3차], 주관적 혐의는 구체적 사실에 근거를 둔 혐의 要 [경 03/3차] ② 공소제기의 가능성 要 ③ **친고죄에서 고소가 없는 경우**의 수사 : 고소나 처벌희망의사표시가 없더라도 **고소의 가능성이 있는 경우 원칙적으로 수사 可**(多·判 제한적 허용설 – 원칙적 허용설) [국7 10, 경 12/1차, 경 12/2차]
	수사의 상당성	① 수사의 신의칙 　㉠ 수사의 방법은 사회통념상 상당 要 　㉡ 함정수사 : **범의유발형 함정수사는 상당성 결여** ∴ 공소제기는 법률의 규정에 위배하여 무효인 때(**공소기각판결**) ② 수사의 비례성 : 수사의 목적을 달성함에 필요한 최소한도 내에서만 허용(esp. 강제수사)

02 수사기관

Ⅰ 수사기관

1. 의 의

법률상 수사의 권한이 인정된 국가기관으로서, 검사와 사법경찰관리(검사는 소송주체에서 기술)

2. 사법경찰관리

일반사법경찰관리	사법경찰관	① 검찰수사관(검찰주사, 검찰주사보, 검찰 §47①1.), 경무관, 총경, 경정, 경감, 경위(법 §197①) ② 사법경찰관의 직무를 행하는 검찰청 직원 : 검사의 지휘를 받아 수사(법 §245의9②) ③ 일반사법경찰관에 대한 검사의 수사지휘권의 폐지 : 2020.2.4. 수사권 조정 개정 형사소송법에 의하여 **경찰공무원인 사법경찰관에 대한 검사의 수사지휘권 폐지** ④ **경무관, 총경, 경정, 경감, 경위** : 사법경찰관으로서 **범죄의 혐의가 있다고 사료하는 때에는 범인, 범죄사실과 증거를 수사**(수사권 조정 개정법 신설 §197①) ∴ 경찰공무원인 일반사법경찰관에게 **독자적 수사권 부여**
	사법경찰리	① 경사, 경장, 순경 : 사법경찰리로서 수사의 보조(법 §197②) ② 서기와 서기보에 해당하는 검찰수사관·마약수사관 : 사법경찰리(검찰 §47①2.)
특별사법경찰관리		① 삼림, 해사, 전매, 세무, 군수사기관 그밖에 특별한 사항에 관하여 사법경찰관리의 직무를 행할 자와 그 직무의 범위는 법률(사법경찰관의 직무를 수행할 자와 그 직무범위에 관한 법률)로써 정함(법 §245의10①) ② 권한의 범위 : 사항적·지역적으로 제한 ③ 권한사항 : 일반사법경찰관리와 동일한 지위와 권한 ④ 검사의 수사지휘권 ○ : 특별사법경찰관은 모든 수사에 관하여 **검사**(소속 행정관청의 장 ×)**의 지휘**를 받음(법 §245의10②)
관할구역		① 관외수사 可 : 사법경찰관리는 각 소속관서의 관할구역 내에서 직무를 행하지만, 필요한 경우에는 관할구역 외에서도 직무를 행할 수 있음 ② 지검장에 대한 관외수사 보고의무 : 사법경찰관리가 관할구역 외에서 수사하거나 관할구역 외의 사법경찰관리의 촉탁을 받아 수사할 때에는 **관할지방검찰청 검사장 또는 지청장에게 보고 要**(법 §210, 다만 긴급을 요하는 경우에는 사후보고, 동 단서)

3. 검사와 사법경찰관리의 관계 : 검·경 수사권 조정

상호협력관계	① 의의 : 2020년 2월 4일 검·경 수사권 조정을 담은 개정 형사소송법(법률 제16924호)과 개정 검찰청법(법률 제16908호) 공포 ② 검사와 사법경찰관의 관계 : 검사와 사법경찰관은 **수사, 공소제기 및 공소유지에 관하여 서로 협력**(법 §195①, 수사준칙 §6①) ③ 사법경찰관과 검사의 수사권 　㉠ 사법경찰관의 수사권 : 사법경찰관은 1차적 수사권과 수사종결권을 가짐 　㉡ 검사의 수사권 　　ⓐ 검사의 1차적 수사권(수사개시권) : **제한적으로만 인정**(검찰청법상 2대 범죄 등, 소송주체 부분에서 전술) 　　ⓑ 사법경찰관의 수사에 대한 검사의 감독권 : 사법경찰관의 1차적 수사의 위법·부당을 통제하기 위하여 검사는 폭넓은 감독권을 가짐

검·경 수사권 조정	수사 개시권	① 사법경찰관 : 범죄의 혐의가 있다고 사료하는 때에는 검사의 지휘를 받지 않고(구법 §196① 삭제) 스스로 수사하고 스스로 수사를 종결(법 §197①, §245의5) ② 검사 　㉠ 범죄의 혐의가 있다고 사료하는 때에는 범인, 범죄사실과 증거를 수사(법 §196①) 　㉡ 사경의 위법·부당 수사에 대한 검사의 시정조치요구 미이행시 사건송치(§197의3⑥), 사경의 부적법한 체포·구속으로 인한 사건송치(§198의2②) 및 사경의 불송치 통지를 받은 고소인 등의 이의신청에 따른 사건송치(§245의7②)에 따라 사법경찰관으로부터 송치받은 사건에 관하여는 해당 사건과 동일성을 해치지 아니하는 범위 내에서 수사할 수 있음(위/체/불 → 동일성 범위 내 수사, 2022.5.9. 개정 §196②). 　㉢ 검사가 스스로 수사를 개시할 수 있는 범죄는 부패범죄·경제범죄 등으로 제한(검찰 §4①1.)
	사경 위법부당 수사에 대한 검사의 감독권	① 사법경찰관의 피의자신문 전 검사구제신청권 고지의무 : 사법경찰관은 피의자를 신문하기 전에 수사과정에서 **법령위반, 인권침해** 또는 현저한 수사권 **남용**이 있는 경우 **검사에게 구제를 신청할 수 있음을 피의자에게 알려주어야 함**(법 §197의3⑧) ② 검사의 시정조치 등 요구권 　㉠ 사건기록등본송부요구 : 검사는 사법경찰관리의 수사과정에서 **법령위반, 인권**침해 또는 현저한 수사권 **남용**이 의심되는 사실의 신고가 있거나 그러한 사실을 인식하게 된 경우에는 사법경찰관에게 **사건기록 등본의 송부를 요구**할 수 있음(동①)(송부요구는 **서면**에 의함, 수사준칙 §45①) 　㉡ 사건기록등본송부 : 위 송부 요구를 받은 사법경찰관은 지체 없이(7일 이내, 수사준칙 동②) 검사에게 **사건기록 등본을 송부** 要(법 동②) 　㉢ 시정조치요구 : 위 송부를 받은 검사는 필요한 경우 사법경찰관에게 **시정조치 요구** 可(법 동③)(검사의 시정조치요구권 행사기간 → 등본송부일로부터 **30일** 이내 and **10일**의 범위에서 **1회** 연장 可, 시정조치요구는 **서면**에 의함, 수사준칙 동③) 　㉣ 시정조치결과통보 : 사법경찰관은 정당한 이유가 없으면 지체 없이 이를 이행하고 그 결과를 검사에게 통보 要(원칙적 시정조치의무, 법 동④) 　㉤ 사건송치요구 : 검사는 시정조치 요구가 정당한 이유 없이 이행되지 않은 경우에 사법경찰관에게 **사건을 송치할 것을 요구** 可(법 동⑤)(**서면**에 의함, 수사준칙 동⑤) 　㉥ 사건송치의무 : 송치요구를 받은 사법경찰관은 검사에게 **사건을 송치** 要(법 동⑥)(**7일** 이내 송치, 수사준칙 동⑥) 　㉦ 검사장의 징계요구권 : 검찰총장 또는 각급 검찰청 검사장은 사법경찰관리의 수사과정에서 법령위반, 인권침해 또는 현저한 수사권 남용이 있었던 때에는 권한 있는 사람(경찰관서의 장, 수사협력 §46①)에게 **해당 사법경찰관리의 징계를 요구**(법 동⑦)

검·경 수사권 조정	사경신청 영장청구 심의	① 검사가 사법경찰관이 신청한 영장을 정당한 이유 없이 판사에게 청구하지 아니한 경우 : 사법경찰관은 **관할 고등검찰청**에 영장 청구 여부에 대한 심의 신청 可 ② 고검 영장심의위원회 : 각 **고등검찰청**에 외부 위원으로 구성된 **영장심의위원회**(법 §221의5①) ③ 영장심의위의 구성 : 위원장 1명을 포함한 10명 이내의 외부 위원, 위원은 각 고등검찰청 검사장이 위촉(법 동②) ④ 사경의 의견개진권 : 사법경찰관은 심의위원회에 출석하여 의견 개진 可 (법 동④)
	수사경합 처리	① 수사경합 시 검사우선원칙 : 검사는 사법경찰관과 **동일한 범죄사실 수사 시 사경에게 사건송치요구 可**(법 §197의4①) → 요구받은 사경은 지체 없이 검사에게 사건송치(7일 이내, 수사준칙 §49②) ② 사경 영장신청 선행 시 계속수사의 예외 : **검사 영장청구 전 사경 영장신청 시 계속 수사 可**(법 동②) ③ 기준 : 검사의 영장청구서와 사법경찰관의 영장신청서가 각각 법원과 검찰청에 접수된 시점(수사준칙 §48②)
	수사종결	① 사경의 1차적 수사종결권(법 §245의5) ② 검사의 감독권 : 검사에게 보완수사요구권과 재수사요청권 부여(법 §197의2, §245의8) ③ 사경의 불송치결정에 대한 통제 : 고소인 등(**고발인 제외**)에게 이의신청권 부여(법 §245의6, §245의7)(수사의 종결에서 자세히 후술) ④ 검사의 최종적 수사종결권 : 공소제기의 권한은 검사에게 있음(기소독점주의, 법 §246) _cf._ 경찰서장의 즉결심판청구
	검사작성 피신조서	**형소법 §312①** : 검사가 작성한 피의자신문조서는 적법한 절차와 방식에 따라 작성된 것으로서 공판준비, 공판기일에 그 피의자였던 **피고인 또는 변호인**이 그 내용을 인정할 때에 한정하여 증거로 할 수 있음(법 §312①, **동②는 삭제**)
개정법에서도 유지되고 있는 검사의 감독기능		① 수사중지명령 및 교체임용요구(체임요구) : **서장이 아닌 경정 이하**의 사법경찰관리가 직무집행에 관하여 **부당한 행위**를 하는 경우에 **지방검찰청 검사장**은 해당 사건의 **수사중지**를 명하고, 임용권자에게 그 **교체임용 요구** 可 → 요구받은 임용권자는 정당한 사유가 없으면 교체임용 要(검찰 §54①②)(폭처법에서도 체임요구권을 부여) ② 체포·구속장소 감찰 : 지방검찰청 검사장 또는 지청장은 불법체포·구속의 유무를 조사하기 위하여 검사로 하여금 **매월 1회 이상** 관하수사관서의 피의자의 **체포·구속장소를 감찰**하게 하고, 감찰하는 검사는 체포·구속된 자를 심문하고 관련서류 조사 要(법 §198의2①) → 검사는 적법절차 × 체포·구속 의심사유 시 즉시 체포·구속된 자를 **석방하거나 사건송치**를 명함(동②)

<table>
<tr>
<td rowspan="11">개정법에서도
유지되고
있는 검사의
감독기능</td>
<td colspan="2">③ 영장청구권 등 검사의 독점적 권한</td>
</tr>
<tr>
<td></td>
<td>㉠ 독점적 영장청구권 : 체포 · 구속 · 압수 · 수색을 할 때에는 적법한 절차에 따라 검사의 신청에 의하여 법관이 발부한 영장 제시(헌법 §12③, 법 §200의2, §201①, §215)</td>
</tr>
<tr>
<td></td>
<td>㉡ 기타 독점적 권한</td>
</tr>
<tr>
<td></td>
<td>ⓐ 긴급체포 사후승인권</td>
</tr>
<tr>
<td></td>
<td>ⓑ 증거보전청구권</td>
</tr>
<tr>
<td></td>
<td>ⓒ 증인신문청구권</td>
</tr>
<tr>
<td></td>
<td>ⓓ 감정유치청구권</td>
</tr>
<tr>
<td></td>
<td>ⓔ 공소권</td>
</tr>
<tr>
<td></td>
<td>ⓕ 형집행장 발부</td>
</tr>
<tr>
<td></td>
<td>ⓖ 정식재판청구권 등</td>
</tr>
<tr>
<td colspan="2">④ 기타 사법경찰관리의 검사에 대한 의무
　㉠ 관할구역 외 수사의 보고의무(법 §210 : 관할 지검장 · 지청장에게 원칙적으로 사전 보고)
　㉡ 수사관계서류 · 증거물 송부의무(구법 §196④ : 사법경찰관은 범죄를 수사한 때에는 관계 서류와 증거물을 지체 없이 검사에게 송부) : 2020.2.4. 개정법으로 삭제됨
　㉢ 고소 · 고발 수사관계서류 · 증거물 송부의무 : 사법경찰관이 고소 · 고발을 받은 때 신속히 조사 후 관계서류와 증거물을 검사에게 송부(법 §238) 규정은 존치됨</td>
</tr>
</table>

4. 전문수사자문위원

<table>
<tr>
<td>의 의</td>
<td>첨단산업분야 · 지식재산권 · 국제금융 등 전문지식 요구 사건에서 전문가의 조력</td>
</tr>
<tr>
<td>지 정</td>
<td>① 검사의 지정 : 직권이나 피의자 또는 변호인의 신청에 의하여 전문수사자문위원을 지정하여 수사절차에 참여하게 하고 자문을 들을 수 있음(법 §245의2①)
② 수 : 각 사건마다 1인 이상의 전문수사자문위원 지정(법 §245의3①)</td>
</tr>
<tr>
<td>취 소</td>
<td>검사는 상당하다고 인정하는 때 전문수사자문위원 지정 취소 可(동②)</td>
</tr>
<tr>
<td>이의제기</td>
<td>피의자 또는 변호인은 검사의 전문수사자문위원 지정에 대하여 관할 고등검찰청 검사장에게 이의제기 可(동③) [국7 10, 경 12/2차, 경 14/1차]</td>
</tr>
<tr>
<td>자 문</td>
<td>전문수사자문위원은 전문적인 지식에 의한 설명 또는 의견을 기재한 서면을 제출하거나 전문적인 지식에 의하여 설명이나 의견진술 可(법 §245의2②)</td>
</tr>
<tr>
<td>의견진술</td>
<td>① 피의자 · 변호인의 의견진술권 : 검사는 전문수사자문위원이 제출한 서면이나 설명 또는 의견의 진술에 관하여 피의자 또는 변호인에게 구술 또는 서면에 의한 의견진술의 기회를 주어야 함(동③) [경 14/1차]
② 의견진술의 시기 : 의견진술 기회 부여 시기에 대해서는 제한이 없음 [국7 10]</td>
</tr>
</table>

▍Ⅱ ▍ 수사기관의 준수사항

1	피의자에 대한 수사는 불구속 상태에서 함이 원칙(법 §198①)
2	검사·사법경찰관리와 그 밖에 직무상 수사에 관계있는 자는 피의자 또는 다른 사람의 인권을 존중하고 수사과정에서 취득한 비밀을 엄수하며 수사에 방해되는 일이 없도록 하여야 함(동②)
3	수사과정에서 수사와 관련하여 작성하거나 취득한 **서류 또는 물건에 대한 목록을 빠짐 없이 작성**하여야 함(동③)
4	별건 부당수사 금지원칙, 별건 증거이용 자백·진술강요금지(동④)

▍03 ▍ 수사의 개시

▍Ⅰ ▍ 수사의 단서

의 의		수사기관은 범죄의 혐의가 있다고 사료하는 때에 수사를 개시하는데(법 §196, §197①), 이때 수사기관이 범죄의 혐의가 있다고 판단하게 되는 원인
유 형	수사기관의 체험	• 현행범인의 체포(법 §211) • 변사자검시(법 §222) • 불심검문(경직 §3) • 타사건 수사 중의 범죄발견 • 신문 등 출판물의 기사, 익명의 신고 또는 풍설, 첩보의 입수 등에 의한 범죄 혐의 인지(검사규 §224 이하)
	타인의 체험의 청취	• 고소(법 §223) • 고발(법 §234) • 자수(법 §240) • 진정·탄원·투서 등에 의한 범죄혐의 확인(검사규 §224 이하) • 피해신고 • 범죄신고
수사 개시		① 고소·고발·자수 : **즉시 수사 개시** ∵ 이미 구체적 사실을 근거로 하는 범죄혐의 有 ② 기타의 수사단서 : 즉시 수사 개시 × & 범죄혐의가 있다고 판단하여 수사를 개시하는 범죄인지(입건)에 의하여 수사 개시 ○(범죄인지 전에는 내사단계)

Ⅱ 불심검문

의 의	경찰관이 거동이 수상한 자를 발견한 때에 이를 정지시켜 질문하는 것(직무질문, 경직 §3①②)
성 격	보안경찰작용설과 보안경찰·사법경찰 병존설(병유설)의 대립 有 → 경직법상 불심검문은 구체적인 범죄혐의를 요건으로 하지 않는 보안경찰작용으로 보는 제1설이 타당함 ∴ 불심검문은 **구체적인 범죄혐의가 없어도 행할 수 있음**[행시 03, 경 06/2차]
대 상	거동불심자(경직 §3①) : 수상한 행동이나 그밖의 주위의 사정을 합리적으로 판단하여 ① 어떠한 죄를 범**하**였다고 의심할 만한 상당한 이유가 있는 자 ② 어떠한 죄를 범하**려** 하고 있다고 의심할 만한 이유가 있는 자 ③ 이미 행하여진 범죄나 행하여지려고 하는 범죄행위에 관하여 그 사실을 **안**다고 인정되는 자 [정리] 거동불심자 : 하/려/안

방 법	정지와 질문	정 지	① 의의 : 질문을 위한 선행수단으로서 거동불심자를 불러 세우는 것 ② 정지를 위한 실력행사 : **강제수단 ✕** but 목적 달성에 필요한 최소한의 범위 내에서 사회통념상 용인될 수 있는 상당한 방법 ○ (2010도6203; 2011도13999) ∴ **정지요구 후 불응 시 앞을 막는 정도의 행위 ○** ③ 정지시간 : 구속이라고 볼 수 있을 정도의 장시간 ✕(동⑦前)
		질 문	① 의의 : 거동불심자에게 행선지나 용건·성명·주소·연령 등을 묻고, 필요한 때에는 소지품의 내용을 묻는 것(직무질문) ② 신분증 제시 등 의무 : 경찰관은 상대방에게 자신의 **신분을 표시하는 증표를 제시**하면서 소속·성명을 밝히고 질문의 목적·이유를 설명 要 (동④) [경 06/2차] ③ 진술거부권 고지 ✕ : 경찰관 직무질문은 피의자신문이 아님 ∴ **진술거부권 고지 不要** ④ 신체구속·답변강요 ✕ : 질문을 받은 사람은 형사소송법에 의하지 아니하고는 **신체를 구속당하지 아니하며, 답변을 강요당하지 아니함**(동⑦) ㉠ 답변 거부 可 ㉡ 답변 강요 수단 ✕ ∴ 수갑을 채운 뒤 질문 ✕(불법체포죄, 형법 §124) ⑤ 설득 ○ : 답변을 거부하고 떠나려는 경우에 번의(翻意)를 구하기 위해 설득 可
	동행 요구		① 의의 : 경찰관은 그 장소에서 질문을 하는 것이 그 사람에게 **불리**하거나 **교통**의 방해가 된다고 인정되는 때에는 질문하기 위하여 부근의 경찰관서 등에 동행할 것을 요구 可(불·교 - 동행) ② 요건 : 불리 or 교통방해 ∴ 질문에 응답을 거부하거나 신분증 제시 거부 : 동행요구 ✕ ③ 신분증 제시 등 의무 : 동행을 요구할 경우 경찰관은 자신의 신분을 표시하는 증표를 제시하면서 소속·성명을 밝히고 그 목적·이유를 설명하여야 하며, 동행장소를 밝혀야 함(경직 §3④) ㉠ **객관적으로 경찰관 불심검문임을 알 수 있는 때 : 제시 不要** ㉡ 상대방 요구 시 : 직무질문을 할 당시 경찰복을 입고 있었다 하더라도, 상대방이 요구할 때에는 신분을 표시하는 증표를 제시하면서 소속·성명을 밝힐 의무 有

동행 요구	④ 경직법상 임의동행 : 동행을 요구받은 사람은 경찰관의 **동행요구 거절 可**(경직 §3② 단서) & 경직법상 임의동행도 수사목적이면 동행 시부터 수사개시 ○ ⑤ 상시 퇴거 ○ : 임의동행 후 언제든 퇴거 可 [국9 13/14/15, 경 06/2차] ⑥ 연락할 수 있는 기회의 부여 : 동행을 한 경우 경찰관은 동행한 사람의 가족·친지 등에게 동행한 경찰관의 신분, 동행장소, 동행목적과 이유를 고지하거나 본인으로 하여금 즉시 연락할 수 있는 기회를 부여해야 함(동⑤) ⑦ 변호인조력권 고지 ○ : **변호인의 조력을 받을 권리가 있음 고지 要**(동⑤) [경 16/2차] ⑧ 진술거부권 고지 × : 피의자신문이 아님 ∴ **진술거부권 고지 不要** ⑨ 동행시간의 제한 : 동행을 한 경우 경찰관은 동행한 사람을 **6시간**을 초과하여 경찰관서에 머물게 할 수 없음(동⑥) ⑩ 구금의 금지 : 언제든지 퇴거 可 ∴ 구금 × [국9 13]

방 법
 	
소지품
검사
	① 의의 : 불심검문을 하는 과정에서 흉기 기타 물건의 소지 여부를 밝히기 위하여 거동불심자의 착의나 휴대품을 조사하는 것(동③) [국9 13, 경 10/2차]
	② 수색과의 구별 : 수사의 단서에 불과 ∴ 수사상 강제처분인 수색과 구별(영장주의) [국9 10]
	③ 흉기 외 타 소지품 : 경직법의 조문에는 "흉기"만 규정하고 있고 기타 소지품에 대해서는 규정하고 있지 않음 [국9 14] ∴ 흉기 외 다른 소지품에 대해서도 검사가 가능한가에 대하여 학설 대립 有 → 불심검문의 실효성을 위해서 긍정설이 타당
	④ 5단계 절차 및 한계
	   ㉠ 외부에서의 소지품 관찰
	   ㉡ 소지품의 내용에 대한 질문
	   ㉢ 외표검사(정지 및 외표검사, Stop and Frisk) : 상대방을 정지시키고 (stop), 의복·휴대품의 외부를 손으로 만져서 확인하는 외표검사(frisk)는 필요하고 긴급한 경우 허용됨
	   ㉣ 소지품의 임의적 내용개시 요구 : 강요적 언동에 의하지 않는 한 허용
	   ㉤ 개시된 소지품의 검사
	      ⓐ 허용 : 개시요구 불응 시, 흉기소지의 고도의 개연성이 있는 경우 경찰관 또는 제3자의 생명·신체의 안전을 위하여, 폭력을 사용하지 않는 범위에서 실력을 행사하여 소지품의 내용을 조사하는 것 可
	      ⓑ 불허 : 위와 같은 **단계적 절차 없이 직접 내부를 뒤져보거나 강제적으로 소지품을 제시하게 하는 것** ×(긴급체포 시 긴급수색 등의 절차를 밟아야 적법, 법 §216①2. 등)

	*소지품 검사

방법	자동차
	검문
		① 의의 : 경찰관이 통행 중인 자동차를 정지시켜서 운전자 또는 동승자에게 질문하는 것
		② 종류 및 법적 근거
		  ㉠ 교통검문 : 도로교통의 안전을 확보하기 위하여 도로교통법 위반행위를 단속하는 검문(교통행정작용, 도로교통법 §47의 위험방지를 위한 조치로서 일시정지권)
		  ㉡ 경계검문 : 불특정 일반범죄의 예방과 검거를 목적으로 하는 검문(경직법 §3①의 직무질문으로서 불심검문 법리 적용, 보안경찰작용) [국9 10]
		  ㉢ 긴급수배검문 : 특정범죄가 발생한 경우에 범인의 검거와 수사정보의 수집을 목적으로 하는 검문(경직법상 직무질문과 형소법의 임의수사 규정에 근거, 사법경찰작용)으로서 기술한 불심검문의 법리가 적용된다.
		③ 허용한계
		  ㉠ 임의의 수단에 의할 것
		  ㉡ 자동차를 이용하는 중대범죄에 제한
		  ㉢ 범죄의 예방과 검거를 위하여 필요하고 적절한 경우
		  ㉣ 자동차 이용자에 대한 자유의 제한은 필요한 최소한도
		    ∴ 자동차 압수·수색 시 영장주의 준수 要

한줄판례 Summary

① 경찰관이 법 제3조 제1항에 규정된 불심검문 대상자에게 **형사소송법상 체포나 구속에 이를 정도의 혐의가 있을 것을 요한다고 할 수 없음**(2011도13999) [경승 17, 경 10/2차, 경 17/2차, 국9 15]
② **검문하는 사람이 경찰관이고 검문하는 이유가 범죄행위에 관한 것임을 피고인이 충분히 알고 있었다고 보이는 경우**에는 신분증을 제시하지 않았다고 하여 그 불심검문이 위법한 공무집행이라고 할 수 없음(2014도 7976) [경승 17/20, 국9 15/20]

Ⅲ 변사자의 검시

의의		통상의 병사나 자연사가 아닌 사체로서 범죄로 인한 사망이라는 의심이 있는 사체에 대하여, 사람의 사망이 범죄로 인한 것인가를 판단하기 위한 수사기관의 조사
성질		① 수사의 단서에 불과함 [국9 10] ② 검증과의 구별 : 변사자의 검시는 수사 전의 처분이라는 점에서 수사가 개시된 이후의 처분인 검증과 구별
절차	주체	① 원칙 - 검사 : 변사자 또는 변사의 의심이 있는 사체가 있는 때에는 그 소재지를 관할하는 **지방검찰청 검사**가 검시(법 §222①) [경 10/2차] ② 예외 - 대행검시 : 검사는 **사법경찰관**에게 검시를 명할 수 있음(동③)

| 절 차 | 영장주의 | ① 검시 : 수사의 단서에 불과하므로 법관의 영장 不要
② 검증
  ㉠ 검시 후의 사체검증(사체해부, 부검) : 원칙적으로 압수·수색·검증영장 要
  ㉡ 긴급검증의 예외 : <u>**검시로 범죄혐의 인정 & 긴급을 요할 때**</u>(예 부패의 우려)
    → **영장 없이 검증** ○(동②)
③ 검시를 위하여 타인의 주거에 들어가야 하는 경우 : 거주자의 동의가 없는 한 영장 要 |

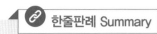

한줄판례 Summary

<u>범죄로 인하여 사망한 것임이 명백한 자의 사체</u>는 변사체 ×(형법 §163의 변사체검시방해의 객체에서 제외, 2003도1331) [경 05/1차]

Ⅳ 고소

조문정리

제2편 제1심

제1장 수사

제223조【고소권자】 범죄로 인한 피해자는 고소할 수 있다.

제224조【고소의 제한】 자기 또는 배우자의 직계존속을 고소하지 못한다.

제225조【비피해자인 고소권자】 ① 피해자의 법정대리인은 독립하여 고소할 수 있다.
② 피해자가 사망한 때에는 그 배우자, 직계친족 또는 형제자매는 고소할 수 있다. 단, 피해자의 명시한 의사에 반하지 못한다.

제226조【동전】 피해자의 법정대리인이 피의자이거나 법정대리인의 친족이 피의자인 때에는 피해자의 친족은 독립하여 고소할 수 있다.

제227조【동전】 사자의 명예를 훼손한 범죄에 대하여는 그 친족 또는 자손은 고소할 수 있다.

제228조【고소권자의 지정】 친고죄에 대하여 고소할 자가 없는 경우에 이해관계인의 신청이 있으면 검사는 10일 이내에 고소할 수 있는 자를 지정하여야 한다.

제229조【배우자의 고소】 ① 형법 제241조의 경우에는 혼인이 해소되거나 이혼소송을 제기한 후가 아니면 고소할 수 없다. 〈개정 2007.6.1.〉
② 전항의 경우에 다시 혼인을 하거나 이혼소송을 취하한 때에는 고소는 취소된 것으로 간주한다.

제230조【고소기간】 ① 친고죄에 대하여는 범인을 알게 된 날로부터 6월을 경과하면 고소하지 못한다. 단, 고소할 수 없는 불가항력의 사유가 있는 때에는 그 사유가 없어진 날로부터 기산한다.
② 삭제 〈2013.4.5.〉

제231조【수인의 고소권자】 고소할 수 있는 자가 수인인 경우에는 1인의 기간의 해태는 타인의 고소에 영향이 없다.

제232조【고소의 취소】 ① 고소는 제1심 판결선고 전까지 취소할 수 있다.
② 고소를 취소한 자는 다시 고소할 수 없다.
③ 피해자의 명시한 의사에 반하여 공소를 제기할 수 없는 사건에서 처벌을 원하는 의사표시를 철회한 경우에도 제1항과 제2항을 준용한다.
[전문개정 2020.12.8.]

제233조【고소의 불가분】 친고죄의 공범 중 그 1인 또는 수인에 대한 고소 또는 그 취소는 다른 공범자에 대하여도 효력이 있다.

제234조【고발】 ① 누구든지 범죄가 있다고 사료하는 때에는 고발할 수 있다.
② 공무원은 그 직무를 행함에 있어 범죄가 있다고 사료하는 때에는 고발하여야 한다.

제235조【고발의 제한】 제224조의 규정은 고발에 준용한다.

제236조【대리고소】 고소 또는 그 취소는 대리인으로 하여금 하게 할 수 있다.

제237조【고소, 고발의 방식】① 고소 또는 고발은 서면 또는 구술로써 검사 또는 사법경찰관에게 하여야 한다.

② 검사 또는 사법경찰관이 구술에 의한 고소 또는 고발을 받은 때에는 조서를 작성하여야 한다.

제238조【고소, 고발과 사법경찰관의 조치】 사법경찰관이 고소 또는 고발을 받은 때에는 신속히 조사하여 관계서류와 증거물을 검사에게 송부하여야 한다.

제239조【준용규정】 전2조의 규정은 고소 또는 고발의 취소에 관하여 준용한다.

수사준칙

제16조의2【고소·고발 사건의 수리 등】① 검사 또는 사법경찰관이 고소 또는 고발을 받은 때에는 이를 수리해야 한다.

② 검사 또는 사법경찰관이 고소 또는 고발에 의하여 범죄를 수사할 때에는 고소 또는 고발을 수리한 날로부터 3개월 이내에 수사를 마쳐야 한다.

1. 의의 및 성격

개 념		범죄의 피해자 또는 그와 일정한 관계가 있는 고소권자가 수사기관에 대하여 범죄사실을 신고하여 범인의 처벌을 구하는 의사표시 [국9 16]
개념 요소	수사기관에 대한 신고	① **수사기관에 대한** 의사표시 ○ ② 법원에 대한 진정서의 제출 × ③ 범인에 대한 처벌희망의 의사표시 ×
	범죄사실의 신고	① 고소의 대상인 **범죄사실 특정 要** ② **범인(피고소인)의 지정 不要** cf. 상대적 친고죄 ③ **범행의 일시·장소·방법 특정 不要** 　cf. 공소제기에 있어서 일시·장소·방법·피고인 특정 要 [경 05/2차]
	처벌희망의 의사표시	① **범인의 처벌을 구하는** 의사표시 ○ ② 단순한 도난신고 등 피해사실의 신고 × [국9 15]
성 격	수사단서 소송조건	① 비친고죄 : 수사의 단서 ② **친고죄 : 수사의 단서 & 소송조건**
	고소능력	① 법률행위적 소송행위 ② **고소능력 要** ③ 피해를 받은 사실을 이해하고 고소에 따른 사회생활상의 이해관계를 알아차릴 수 있는 **사실상의 의사능력**
	증명방법	친고죄에서 적법한 고소 : 자유로운 증명의 대상

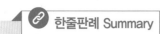 한줄판례 Summary

고소능력은 **민법상의 행위능력(19세 이상)과 일치 ×**(98도2074) [법원 13/17, 국7 15, 국9 08/16, 경 15/2차, 경 08/1차]

2. 고소권자 - 피해자/법정대리인/친족 등/지정고소권자

피해자	직접적 피해자	① 범죄로 인한 피해자는 고소할 수 있음(법 §223) ② 범죄로 인해 침해된 법익의 주체 ③ 직접적 피해자 ○, 간접적 피해자 ×
	일신전속적 권리	① 고소권의 상속·양도 × ② 저작권 등 침해가 계속적인 때 : 고소권 이전 ○
법정대리인	의 의	① 피해자의 **법정대리인은 독립하여 고소** ○(법 §225①) [경 13/1차, 경 05/3차] ② 친권자(고소 당시 이혼한 생모)·후견인 ○ ③ 부재자 재산관리인 : 관리대상 재산에 관한 범죄행위에 대해 법원으로부터 고소권 행사 허가를 받은 경우 → 독립하여 고소권을 가지는 법정대리인(2021도2488) [경승 24]
	고소 당시	① 법정대리인의 지위 : 고소 당시 有 要 ② 범죄 당시에는 그 지위에 없었거나 고소 후에 지위를 상실한 경우 : 고소는 유효

	성 질	① 독립대리권설 : 피해자는 법정대리인이 한 고소를 취소할 수 있게 됨
		② 고유권설 : 무능력자 보호에 중점
		③ 결론 : **고유권설**(判例)
		  ㉠ 피해자 고소권 소멸 시 : **법정대리인 고소권 행사 可**
		  ㉡ 고소기간 : **법정대리인 기준 산정**
		  ㉢ 피해자의 의사에 반하는 고소 : ○
		  ㉣ 피해자의 취소 : **법정대리인이 한 고소 취소 不可**

피해자의 배우자·친족	피해자 사망 시 배/직/형	① 피해자가 **사망**한 때에는 그 **배우자·직계친족·형제자매는 고소 可**(법 §225②本) ② 신분관계의 존재시점 : 피해자 사망 시 기준 ③ **피해자의 명시의사에** 반할 수 있는가 : **반하지 못함**(동 단서, 독립대리권설의 근거) [경 05/3차, 경 10/1차]
	법정대리인 피의자	① 피해자의 **법정대리인이 피의자**이거나 법정대리인의 친족이 피의자인 때 : 피해자의 **친족은 독립하여 고소 可**(법 §226) [경 12/3차] ② 친족의 고소권의 성질 : 고유권 [경승 09, 경 12/3차] ∴ 피해자의 명시한 의사에 반해서도 고소 ○
	사자 명예훼손	**친족·자손** 고소 ○(법 §227)
지정 고소권자	의 의	① 친고죄에 대하여 고소할 자가 없는 경우에 **이해관계인의 신청**이 있으면 **검사**는 **10일** 이내에 고소할 수 있는 자를 **지정 要**(법 §228) ② 검사 : 고소권자 지정 ○, 직접 고소 × [국7 08, 경 14/2차]
	고소인 부재사유	① 불문 ② But 고소권 상실 or 불고소 의사 명시 후 사망 시는 고소권자 지정 不可
	이해관계인	① 법률상 or 사실상 이해관계인 불문 ② 내연의 부부관계 ○ ③ 단순한 감정상 이해관계인 × [국7 01]

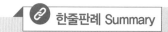

고소 당시 이혼한 생모라도 피해자인 그의 자의 친권자로서 독립하여 고소 ○(87도1707)

3. 고소의 방식

고소장 고소조서	① 검사·사경관에 대한 **서면·구술**에 의한 의사표시(법 §237①) [경 15/1차, 경 16/1차] ② 조서의 작성 : 구술 고소받은 때 조서 작성 要(동②)
사경조치	사경 고소받은 때 신속히 조사하여 관계서류와 증거물을 검사에게 송부 要(사건송치, 법 §238) *cf.* "사법경찰관은 범죄를 수사한 때에는 관계 서류와 증거물을 지체 없이 검사에게 송부하여야 한다(구법 §196④)"는 조항은 삭제
고소대리	고소는 대리 ○(법 §236)(*cf.* 고발 ×) [경 06/2차]

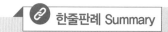

① 고소조서는 처벌희망의 의사표시가 있으면 족하므로, 반드시 **독립된 조서 不要**(65도1089) [법원 14/16/17,
국7 15, 국9 10, 경 12/1차, 경 15/2차, 경 16/1차]
② 대리인에 의한 고소의 경우 대리권이 정당한 고소권자에 의하여 수여되었음이 실질적으로 증명되면 충
분하므로 고소를 할 때 반드시 위임장을 제출한다거나 '대리'라는 표시를 하여야 하는 것은 아니며, 대
리인은 수사기관에 구술에 의한 방식으로 고소를 제기할 수도 있음(2000도4595) [법원 08, 국7 15, 경
05/2차]

4. 고소의 기간

고소기간의 제한	친고죄		범인을 알게 된 날부터 6개월(법 §230①本) [경 13/1차]	
	비친고죄		제한 無 ∵ 소송조건이 아닌 수사의 단서에 불과	
고소기간의 시기	원칙 : 범인을 알게 된 날 (§230①本)	범 인	① 정범·공범 불문, 수인 중 1인만 알면 해당 ② 상대적 친고죄 : 신분관계 범인을 안 날 [국9 14]	
		알게 된	① 범인이 누구인가 특정할 수 있을 정도 ② 범죄사실을 안 것 → 범죄의 피해가 있었다는 사실관계 에 관한 **확정적 인식**(2010도4680)	
		법정 대리인	**법정대리인 자신**이 범인을 안 날 [경 08/3차]	
		대리고소	**고소권자** 안 날(2001도3081) [법원 11/16, 경 12/3차]	
		고소권자 수인	1인의 기간의 해태는 타인의 고소에 영향 無(법 §231) [법원 08, 경 14/2차]	

고소기간의 시기	예 외	불가항력	① 친고죄의 경우에 고소할 수 없는 불가항력의 사유가 있는 때에는 그 사유가 없어진 날로부터 기산(법 §230① 단서) ② 의식불명 : 회복된 날로부터 6개월 기산
		진행 중	범죄종료 시로부터 고소기간 진행

🔗 한줄판례 Summary

① 범인이 누구인가 특정할 수 있을 정도로 알아야 하는 것은 범인의 동일성을 식별할 수 있을 정도로 인식함으로써 족하므로 **범인의 주소·성명까지 알 필요는 없음**(2010도3106; 2010도4680) [경 11/2차, 경 12/1차, 경 12/2차, 경 11/2차, 경 13/1차, 경 16/1차]

② **해고될 것이 두려워 고소를 하지 않은 것**은 불가항력적 사유 ×(85도1273)

③ 범행 당시 고소능력이 없던 피해자가 그 후에 비로소 고소능력이 생겼다면 그 **고소기간은 고소능력이 생긴 때부터 기산**(95도696) [법원 17]

④ **영업범과 같은 포괄일죄에 있어서 최후의 범죄행위가 종료된 때 전체 범죄행위가 종료된 것**이므로, 고소권자가 범죄행위가 계속되는 도중에 범인을 알았다고 하더라도 그날부터 곧바로 고소기간 진행 × (2004도5104)

5. 고소의 제한

원 칙	자기 또는 배우자의 직계존속은 고소하지 못함(법 §224)(but 직계비속은 可)
예 외	성폭력범죄·가정폭력범죄에 대해서는 고소 ○(성폭법 §18, 가폭법 §6②)

6. 고소불가분의 원칙

의 의			① 친고죄에 있어서 고소의 효력이 미치는 범위에 관한 원칙 ② 고소의 효력은 인적·물적으로 불가분 ③ 피해자의 자의에 따라 국가형벌권이 농단되는 것을 방지하기 위함
객관적 불가분	의 의		① 한 개의 범죄사실의 일부분에 대한 고소 또는 그 취소는 그 범죄사실의 전부에 대하여 효력이 발생[국9 15/22, 경 15/2차] ② 명문의 규정 無 but 당연히 인정
	적용범위	단순일죄	예외 없이 적용[국7 15]
		과형상 일죄 (상·경)	**모두 친고죄**
			일부만 친고죄

과형상 일죄 모두 친고죄:
① **피해자가 동일한 경우 : 적용**
② 피해자가 다른 경우 : 적용 ×
예 하나의 문서로 A·B·C를 모욕하였으나 A만 고소한 경우 → A의 고소는 B·C에 대한 모욕에는 효력 × [행시 02/03]

과형상 일죄 일부만 친고죄:
① 비친고죄에 대한 고소 : 친고죄에 대하여 효력 × [국7 09]
② 친고죄에 대한 고소취소 : 비친고죄에 대하여 효력 ×

객관적 불가분	적용범위	과형상 수죄 (실·경)	적용 × 예 비동거친족 간의 재산범죄가 실체적 경합인 경우, 한 죄에 대한 고소는 다른 죄 효력 × [국7 09, 국9 14/15]
주관적 불가분	의의	개 념	법 §233의 명문규정 : **친고죄의 공범 중 그 1인 또는 수인에 대한 고소 또는 그 취소는 다른 공범자에 대하여도 효력 有** [법원 7/15, 국7 09, 국9 10, 경 12/3차]
		공 범	① 총칙상 임의적 공범(교사범·종범·공동정범) ○ ② 필요적 공범(집합범·대향범 등) ○ cf. 공범에 필요적 공범 제외는 공소시효정지(법 §253②)
		양벌규정	① 적용 ○ ② 행위자(종업원)의 친고죄 고소 → 양벌규정 업무주에 대한 별도 고소 不要 [국7 11]
	적용범위	절대적 친고죄	① 의의 : 신분관계와 관계없이 친고죄인 경우 예 형법상 **비**밀침해죄, 업무상비밀**누**설죄, **모**욕죄, **사**자명예훼손죄 ② 주관적 불가분 원칙 적용 ○ [법원 15, 행시 03, 경 04/2차, 경 14/2차]
		상대적 친고죄	① 의의 : 일정한 신분관계가 있을 때에만 친고죄가 되는 경우 예 비동거친족 간 친족상도례(형법 §328②) ② **공범자 전원 신분관계 有 : 적용 ○** ③ 공범자 중 일부만 신분관계 有 ㉠ 비신분자에 대한 고소 → 신분자 효력 × 예 甲과 乙이 甲과 비동거친족인 숙부 丙의 재물을 절도한 경우 : 丙이 乙을 고소해도 甲을 기소할 수 없음 ㉡ 신분자에 대한 고소취소 → 비신분자 효력 × 예 甲과 乙이 甲과 비동거친족인 고모 丙에 대해 사기를 범한 경우 : 丙이 甲·乙을 모두 고소했다가 甲에 대해 고소를 취소하여도 乙에 대해서는 효력 × ∴ 乙은 실체재판 [행시 02/03, 국9 14, 경 04/2차]
		반의사 불벌죄	① 의의 : 피해자의 명시한 의사에 반하여 공소를 제기할 수 없는 죄 예 형법상 **폭**행·존속폭행, **과**실치상, **협**박·존속협박, **명**예훼손, **출**판물 등에 의한 명예훼손, 외국원수·외국사절 폭행·협박·모욕·명예훼손죄 [법원 10/14/15/16, 국7 09, 국9 07/12/14, 경 06/1차, 경 15/1차, 경 11/2차, 경 12/2차] → **형소법상 반의사불벌죄에 법 §233 준용규정 無** ② **學說·判例 : 긍정설과 부정설(判) 대립** ㉠ 형소법이 친고죄만 주관적 불가분 원칙 명시 ㉡ 반의사불벌죄의 입법취지 : 피해자 의사 중시 → 부정설이 타당함 → 예 명예훼손죄의 공범 A와 B 중 A에 대하여 피해자가 처벌불원 의사표시 : B는 효력 × ∴ B는 실체재판
		즉시고발	**적용 ×**

공범과 고소취소	의 의	① 고소취소는 1심판결선고 전에만 허용(§232①) [법원 15, 국7 10, 국9 13] ② 공범자 중 1인에 대하여 먼저 1심판결선고 후 1심판결선고 전의 다른 공범자 에 대하여 고소취소 가능한가의 문제
	학설 · 판례	긍정설과 부정설 대립 but 고소의 주관적 불가분 원칙의 취지를 고려하여 **부정설** 이 타당함(判例) *cf.* 반의사불벌죄 : 고소취소 可

🔦 퍼써 정리 | 고소불가분원칙 요약

객관적 불가분의 원칙	단순일죄	적용 ○		
	과형상 일죄	모두 친고죄	피해자 동일	적용 ○
			피해자 다름	적용 ×
		일부 친고죄	비친고죄만 고소	×
			친고죄만 고소취소	×
	수 죄	적용 ×		
주관적 불가분의 원칙	절대적 친고죄	적용 ○		
	상대적 친고죄	모두 친족	적용 ○	
		일부 친족	적용 ×	

> **🔗 한줄판례 Summary**
>
> 친고죄에서 고소와 고소취소의 불가분 원칙을 규정한 형사소송법 제233조는 당연히 적용되므로, 만일 공소
> 사실에 대하여 피고인과 공범관계에 있는 사람에 대한 적법한 고소취소가 있다면 고소취소의 효력은 피고인
> 에 대하여 미침(2013도7987)

7. 고소의 취소

의 의		일단 제기한 처벌희망 의사표시를 철회하는 법률행위적 소송행위 ① 친고죄에 있어서 이미 행한 고소를 철회하는 경우 ② 반의사불벌죄에서 처벌희망 의사표시 철회하는 경우(법 §232③)
취소권자	고소인	고소를 한 고소인(고유의 고소권자 or 고소 대리권자) → 자신이 한 고소 에 대한 취소권자
	피해자와 대리권자	① 피해자(고유의 고소권자) : 고소대리권자의 고소를 취소 可 ② 고소의 대리권자 : 피해자가 한 고소의 취소 不可

시기제한	원 칙	고소는 **제1심 판결선고 전**까지 취소 可(법 §232①)	
	항소심	× ∴ 항소심에서 친고죄 or 반의사불벌죄로 공소장변경되어 피해자가 고소취소하여도 법원은 공소기각판결 ×, 실체판결 ○	
	파기환송	항소심에서 파기환송된 1심 ○ [국9 22] *cf.* 검사의 공소취소 : ×	
방 식	고소 방식	① 고소의 방식과 同(법 §239) ∴ 서면 or 구술(법 §237) ② 고소취소는 수사기관 또는 법원에 대한 법률행위적 소송행위 ㉠ 공소제기 전 : 수사기관에 ㉡ 공소제기 후 : 수소법원에(2011도17264) [경승 24]	
	합의서 제출	① 고소취소는 **수사기관·법원에 대한** 법률행위적 소송행위 ∴ 범인과 피해자 간의 합의서 작성 : 고소취소 ×(81도1968) ② 문서 명칭 불문 피해자의 진정한 의사 중시	
	대 리	대리 ○(법 §236) but 표시대리만 可	
효 과	고소권의 소멸	재고소 금지	고소취소 → 고소권 소멸 ∴ 고소를 취소한 자는 **다시 고소 不可**(법 §232②)
		고유 고소권자 ≠ 대리인	① 고유고소권자(피해자) 고소취소 → 대리권자 고소권 소멸 ② 대리권자 고소취소 → 피해자 고소권 유지
	수사기관 법원	수사기관	공소권 없음 불기소처분
		법 원	공소기각판결(법 §327 5.)

🔗 **한줄판례 Summary**

성폭력 피해자의 변호사는 피해자를 대리하여 피고인에 대한 처벌을 희망하는 의사표시를 철회하거나 처벌을 희망하지 않는 의사표시를 할 수 있음(2019도10678) [경 20/2차]

8. 고소권의 포기

의 의	친고죄의 고소기간 내에 장차 고소권을 행사하지 아니한다는 의사표시(= 반의사불벌죄의 처음부터 처벌불원의사표시를 하는 경우)
허용 여부	(학설 대립 but) 고소 포기 명문규정 無 & 고소권은 공권이므로 개인의 처분 不可 ∴ **부정설**이 타당함(判例) → 고소 포기해도 고소 可

🔗 **한줄판례 Summary**

피해자가 고소장을 제출하여 처벌을 희망하는 의사를 분명히 표시한 후 고소를 취소한 바 없다면 **비록 고소 전에 피해자가 처벌을 원치 않았다 하더라도** 그 후에 한 피해자의 고소는 유효(93도1620) [국9 24]

💡 퍼써 정리 | 친고죄의 고소와 비친고죄의 고소의 비교

항 목	친고죄의 고소	비친고죄의 고소
성 질	수사의 단서이자 소송조건	수사의 단서
주 체	피해자 등 고소권자	피해자 등 고소권자
기 간	**범인은 안 날로부터 6월**	**기간 제한 없음**
대 리	허용	허용
주관적 불가분	**적용**	×
취 소	제1심 판결선고 전	제한 없음

V 고 발

💡 퍼써 정리 | 고소와 고발의 비교

	고 소	고 발
같은 점	① 원칙적으로 수사의 단서 but 친고죄의 고소, 즉시고발사건의 관계공무원의 고발은 소송조건 ② 처벌희망 의사표시 要 ∴ 단순한 범죄사실의 신고 × ③ 절차·방식이 同(법 §237) 　㉠ 서면 or 구술, 조서작성의무(법 §237②) 　㉡ 사경은 고소·고발사건 신속 조사 후 관계서류·증거물을 검사에게 송부 要 　　(법 §238) ④ 자기나 배우자의 직계존속 고소·고발 ×(법 §235, §224) ⑤ 객관적 불가분 원칙 ○	
주 체	피해자 등 고소권자	① 고소권자·범인 이외의 제3자 ② 공무원 : 직무관련범죄 고발의무(법 §234) [경 10/2차]
기 간	① 친고죄 범인 안 날 6월 ② 비친고죄 제한 無	제한 없음
대 리	○	<u>×</u> [경 06/2차]
주관적 불가분	친고죄 ○	<u>×</u>
취소 후 재고소·재고발	×	○

🔗 한줄판례 Summary

국정농단 특별위원회가 존속하지 않게 된 이후에도 과거 특별위원회가 존속할 당시 재적위원이었던 사람이 연서로 고발할 수 있다고 해석하는 것은 유추해석금지의 원칙에 위배됨(2017도14749)

Ⅵ 자 수

의 의	개 념	① 범인이 자발적으로 수사기관에 대하여 자신의 범죄사실을 신고하여 처벌을 구하는 의사표시 ② 임의적 감면사유(형법 §52①) [법원 04]
	자복과의 구별	① 자수 : 수사기관에 대한 의사표시 ② 자복 : 반의사불벌죄 피해자에게 자신의 범죄사실을 고백하고 용서를 구하는 것(형법 §52②)
성 격		수사의 단서인 동시에 양형상의 참작사유
시 기		① 제한 無 ∴ 범행 발각 전후 불문, 지명수배를 받은 후 可 ② 체포 전 자발적 신고 ○
요 건		① 범인 스스로의 범행을 뉘우치는 의사 要 ② 대리에 의한 자수 ×
방식·절차		① 고소·고발 방식 준용(법 §240) [법원 04] ② 사경은 자수사건 신속 조사 후 관계서류·증거물을 검사에게 송부 要(법 §240, §238)

04 임의수사

Ⅰ 임의수사와 강제수사의 구별

	임의수사	강제수사
구별실익	① 영장주의 : 임의수사에 적용 × but 강제수사에는 적용 ○ ② 위법수집증거배제법칙 : 임의수사에 비하여 강제수사의 경우 특히 강조	
개 념	강제력을 행사하지 않고 상대방의 동의·승낙을 받아서 행하는 수사	① 상대방의 의사 여하를 불문하고 실질적으로 그 법익을 침해하는 강제처분에 의한 수사 ② 강제처분법정주의(법 §199① 단서)
예	① 피의자신문 ② 참고인 조사 ③ 감정·통역·번역의 위촉 ④ 공무소 등에 대한 사실조회	① 체포·구속 ② 압수·수색 ③ 임의제출물의 압수 ④ 검증 ⑤ 사진촬영 ⑥ 통신제한조치

Ⅱ 임의수사의 원칙과 강제수사의 규제

⊘ 조문정리

제199조【수사와 필요한 조사】① 수사에 관하여는 그 목적을 달성하기 위하여 필요한 조사를 할 수 있다. 다만, 강제처분은 이 법률에 특별한 규정이 있는 경우에 한하며, 필요한 최소한도의 범위 안에서만 하여야 한다.

1. 임의수사의 원칙

1	수사는 원칙적으로 임의수사에 의하고, 강제수사는 법률에 규정된 경우에 한하여 예외적으로 허용됨(법 §199①)
2	임의수사여도 적정절차원칙과 수사비례원칙이 적용됨

2. 강제수사의 규제

강제처분 법정주의			① 수사상의 강제처분은 법률에 특별한 규정이 없으면 不可 ② 영장주의의 전제 [경 06/2차]
영장주의	의 의		① 개념 : 형사절차상 체포 · 구속 · 압수 · 수색 등 강제처분을 함에 있어서는 헌법상 신분 및 독립성이 보장되는 법관이 발부한 영장에 의하지 않으면 안 됨(헌법 §12③本, §16) [국9 15, 경 06/2차] ② 영장 : 소환장, 체포영장, 구속영장, 압수 · 수색 · 검증영장, 감정유치장, 감정처분허가장 등 cf. 형집행장 × ③ 적용대상 : 강제처분 ∴ 당사자의 자발적 협조가 필수적인 **음주측정, 지문채취, 소변제출, 접견내용 녹음 · 녹화** → 영장주의 적용 ×
	내 용	법관 발부 원칙	① 강제처분은 **법관이 발부**한 영장 要 ② 검사 · 법원사무관 : 영장 발부 不可 ③ 영장청구 : **검사 신청** 要(헌법 §12③)
		사전 영장 원칙 ── 원 칙	① 영장발부 후 강제처분 원칙(헌법 §12③, §16) ② 피고인 · 피의자 구속 : 영장주의 예외 無(법 §73, §201)
		예 외	강제처분의 긴급성에 대처할 필요가 있거나 남용의 우려가 없는 경우에 사전영장원칙의 예외 인정 ① 법원 · 법관의 검증(법 §139) 및 공판정에서의 압수 · 수색(법 §113) ② 임의제출물 등의 압수(법 §108, §218) ③ 긴급체포(법 §200의3) ④ 현행범인의 체포(법 §212) ⑤ 체포 · 구속목적의 피의자수색(법 §216①1.) ⑥ 체포 · 구속현장에서의 압수 · 수색 · 검증(법 §216①2.)

		사전 영장 원칙	예 외	⑦ 피고인 구속현장에서 압수·수색·검증(법 §216②)
영장주의	내 용			⑧ 범죄장소에서의 압수·수색·검증(법 §216③)
				⑨ 긴급체포된 자에 대한 압수·수색·검증(법 §217①)
		일반 영장 금지		① 원칙 : 영장은 내용 특정 要 예 범죄사실, 피의자, 기간, 인치·구금장소, 압수·수색의 대상 (법 §209, §75) ② 예외 : 통신제한조치허가서는 특정 곤란(통비법 §5②)

		영장 제시 및 사본 교부 원칙		① 원칙 : 수사기관은 강제처분을 함에는 반드시 영장(원본)을 제시하고 그 사본을 교부해야 함(법 §85①, §209, §118, §219)
				② 긴급집행의 예외(법 §200의5, §209, §213의2, §85③)
				  ㉠ 체포영장·구속영장 집행
				  ㉡ 수사기관 영장 미소지
				  ㉢ 급속을 요하는 때
				  ㉣ 범죄사실요지 & 영장발부 고지하고 집행 可
				  ㉤ But 집행완료 후 신속히 영장을 제시 要
				  cf. 압수·수색영장 집행에는 없는 제도

		위반 구제		① 인신구속이 영장주의 위반인 경우
				  ㉠ 피의자구속 : 검사의 구속취소(법 §209), 체포·구속적부심사(§214의2), 준항고(§416)
				  ㉡ 피고인구속 : 법원의 구속취소(§93), 항고(§403②)
				② 증거능력 및 형사책임
				  ㉠ 불법구속 중 수집 증거 : 증거능력 부정(위수증)
				  ㉡ 불법구속한 자 : 형사상·민사상 책임
				③ 대물적 강제처분과 영장주의의 위반
				  ㉠ 압수·수색 : 압수물 증거능력 부정(위수증)
				  ㉡ 검증 : 검증조서 증거능력 부정(위수증)

비례성 원칙				강제수사는 필요한 범위 내에서 최소한 행해져야 함(법 §199①)

▌ Ⅲ 임의수사의 한계

1. 임의동행

의 의	피의자신문을 위한 보조수단으로서 수사기관이 피의자의 동의를 얻어 수사관서까지 피의자와 동행하는 수사방법
성 격	① 임의수사로서의 임의동행 : 피의자신문을 위한 보조수단 ② 직무질문을 위한 임의동행 : 범죄수사 이전 단계의 보안경찰 작용으로서 수사의 단서(불심검문) but 범죄혐의가 드러나면 수사 개시

적법성	**성 질**	① 강제수사설 vs. 임의수사설(多)
		 ② 임의수사설이 타당
		   ㉠ 강제수사 법정인데 형소법은 피의자 출석요구방법 제한 ×
		   ㉡ 상대방의 동의를 전제로 이루어진 임의동행은 법 §199①本(수사의 목적을 달성하기 위한 필요한 조사)이 예정한 임의수사
		   cf. 피의자 의사에 반하는 기본권 제한이 있으면 강제수사 개시

	적법 요건	① 적법요건 : <u>오로지 피의자의 자발적인 의사</u>에 의하여 동행이 이루어졌음이 객관적 사정에 의해 명백히 입증된 경우 적법성 인정 ② 불법체포 : 동행 당시 물리력 행사 × & 명시적 거부의사 × but 동행요구를 거절할 수 없는 **심리적 압박** 有 → 위법

🔗 **한줄판례 Summary**

① 자발적 의사로 경찰차에 탑승하였고, 경찰서로 이동 중 하차를 요구하였으나 **그 직후 수사 과정에 관한 설명을 듣고 빨리 가자고 요구**하였으므로, 피고인에 대한 임의동행은 적법하고, 그 후 이루어진 음주측정 결과는 증거능력이 있음(2015도2798) [국7 20]
② 경찰관은 당시 피고인의 정신 상태, 신체에 있는 주사바늘 자국, 알코올 솜 휴대, 전과 등을 근거로 피고인의 마약류 투약 혐의가 상당하다고 판단하여 경찰서로 임의동행을 요구하였고, 동행장소인 경찰서에서 피고인에게 마약류 투약 혐의를 밝힐 수 있는 소변과 모발의 임의제출을 요구하였음을 알 수 있음. 그렇다면 이 사건의 임의 동행은 마약류 투약 혐의에 대한 수사를 위한 것이어서 (경직법상 직무질문을 위한 동행이 아니라) 형사소송법 **제199조 제1항에 따른 임의동행**에 해당함(2020도398)

2. 거짓말탐지기의 사용 [행시 02, 경 06/2차]

의 의	피의자 등 피검자에 대하여 피의사실과 관련 있는 질문을 한 다음 응답 시의 생리적 변화를 기록하는 기계(polygraph)를 이용한 조사
제한적 허용설 (多·判)	① 임의수사 : **동의 要** [법원 13] (if 동의 ○ → 진술거부권 침해 × → 적법) ② 검사결과의 증거능력 : 조건이 모두 충족된다면 ○(§313③, 감정서) ③ 검사결과의 증명력 : 진술의 신빙성을 가늠하는 **정황증거**에 불과(83도3146)

3. 전기통신의 감청

의 의	① 통신 : 우편물과 전기통신(통비법 §2 1.) *cf.* 전기통신 ≠ 대화 ② 통신제한조치 : 우편물의 검열과 전기통신감청(통비법 §3②) ③ 전기통신감청 : 수사기관이 타인의 전기통신상 대화를 그 타인의 부지(不知) 중에 청취하는 행위(개념은 동 §2 7.)
성 질	학설 대립 but 헌법상 보장된 사생활의 비밀과 통신의 자유와 같은 기본권을 침해하는 것이므로 강제수사설이 타당함

객 체			① **현재 이루어지고 있는**(~ing) 전기통신 ∴ 이미 완료된(~ed) 전기통신 × ② 인터넷회선 전기통신감청 　㉠ 헌법불합치 : 인터넷 회선 감청 집행<u>으로</u> 취득한 자료에 대한 처리 등을 객관적으 　　로 통제할 수 있는 절차가 마련되어 있지 않음(2016헌마263) 　㉡ 통비법 개정 : 수사기관은 인터넷 회선 통신제한조치로 취득한 자료에 대해서 **법원** 　　**으로부터 보관승인**을 받아야 함(∴ 패킷감청은 적법하나, 패킷감청으로 취득한 자료 　　보관 시 법원의 보관승인 要) 　㉢ 2020.3.24. 개정 통비법 §12의2의 요점 　　ⓐ 검사의 승인청구 : 검사는 집행종료일부터 '**14일 이내**'에 통신제한조치를 허가 　　　한 법원에 보관 등의 승인을 청구 要(동①) 　　ⓑ 사경의 승인신청과 검사의 승인청구(동②) 　　　– 사경은 집행종료일부터 '**14일 이내**'에 검사에게 보관 등의 승인신청 　　　– 검사는 신청일부터 '**7일 이내**'에 통신제한조치허가 법원에 승인청구 　　ⓒ 폐기(동⑤) 　　　– 검사·사경은 미청구·미신청 시 집행종료일부터 '**14일**(검사가 사법경찰관의 　　　　신청을 기각한 경우에는 그날부터 **7일**) 이내' 전기통신 폐기 　　　– 법원에 승인청구를 한 경우 승인서 미발부 or 청구기각 통지를 받은 날부터 　　　　'**7일 이내**' 전기통신 폐기 　　ⓓ 폐기결과보고서 작성·송부 : 검사·사경은 폐기결과보고서를 작성, 폐기일부터 　　　'**7일 이내**' 통신제한조치허가 법원에 송부(동⑥)
규 제	통신 제한 조치 허가	관할법원	통신제한조치를 받을 **통신당사자**의 쌍방 또는 일방의 주소지· 소재지, 범죄지 또는 통신당사자와 공범관계에 있는 자의 주소 지·소재지를 관할하는 지방법원 또는 지원(통비법 §6③)
		대상범죄	통신비밀보호법 §5가 규정한 주요범죄(내란, 외환, 뇌물, 살인, 협박, 강간 등)
		청 구	① 검사의 청구권 ② **각 피의자별 또는 각 피내사자별** 청구(통비법 §6①) ③ 사경 : 검사에게 신청(동②) [정리] 사건단위별 신청 ×(≠ 구속영장)
		허가요건	① 범죄혐의의 상당성 : 통비법 제5조에 규정된 범죄를 계획 또 는 실행하고 있거나 실행하였다고 의심할 만한 충분한 이유 가 있는 경우 ② 보충성 : 다른 방법으로는 그 범죄의 실행을 저지하거나 범 인의 체포 또는 증거의 수집이 어려운 경우[국9 17, 경승 11]
		허가 및 기간연장	① 법원의 허가서 발부 　㉠ 허가대상 : 대상자가 송·수신하는 특정한 전기통신 또는 　　일정한 기간에 걸쳐 송·수신하는 전기통신 　㉡ 허가서 기재사항 : 통신제한조치의 종류·목적·대상· 　　범위·기간 및 집행장소와 방법을 특정하여 기재 ② 통신제한조치의 기간 : **2개월** 초과 ×(동 §6⑦) [경승 11/14]

규 제	통신 제한 조치 허가	허가 및 기간연장	③ 기간의 연장 　㉠ 연장청구 : 허가요건 존속 시 2개월의 범위 안에서 기간의 연장 청구(통비법 §6⑦ 단서) 　㉡ 총연장기간의 제한 　　ⓐ 구법 : 총연장기간 또는 총연장횟수의 제한이 없다는 점에서 침해의 최소성원칙과 기본권제한의 법익균형성을 갖추지 못하므로 헌법불합치(2009헌가30) 　　ⓑ 2019.12.31. 개정 통비법(통비법 §6⑧ 신설) 　　　**- 총 연장기간 1년 이내** 　　　- 내란죄 · 외환죄 등 국가안보 관련범죄 : 3년 이내
		집 행	① 허가서 기재사항의 준수 ② 통신제한조치 집행의 위탁 　㉠ 수사기관은 통신기관 등에 통신제한조치허가서의 사본을 교부하고 집행 위탁 可(통비법 §9①②) 　㉡ 위탁받은 통신기관 등도 **허가서 기재사항 준수 要** ③ 위반 시 : 위법수집증거
		취득자료 사용제한	① 집행으로 취득한 자료는 통신제한조치의 목적이 된 범죄와 이와 관련되는 범죄의 수사 · 소추 · 예방 등에 한정하여 사용 ② 통신사실확인자료 제공요청에 의하여 취득한 통화내역 등의 사용도 同
	긴급 감청	요 건	① 긴급성 : 허가서 발부절차를 거칠 수 없는 긴급한 사유가 있는 때에는 법원의 허가(또는 대통령의 승인) 없이 통신제한조치 可(통비법 §8①) ② 사경의 긴급통신제한조치 　㉠ 미리 검사의 지휘를 받아야 함 　㉡ But 특히 급속을 요하여 검사 先지휘 불가 시 → 집행착수 후 **지체 없이 검사 승인 要**(통비법 §8③)
		필수적 사후허가	① 법원의 사후허가 취득의 강제 : 검사, 사법경찰관 또는 정보수사기관의 장은 **긴급통신제한조치의 집행에 착수한 때부터 36시간 이내에 법원의 허가를 받지 못한 경우**(허가 청구로는 안 되고 허가를 받아야 함)에는 해당 조치를 즉시 중지하고 해당 조치로 취득한 자료를 폐기하여야 함(2022.12.27. 개정 통비법 §8⑤) ② 사후통보제도의 폐지 : 구법상 '**긴급통신제한조치 단시간 종료 시 법원의 허가를 받을 필요가 없는 경우 종료 후 7일 내 법원에 대한 사후통보**'제도(구 통비법§8⑤)는 **폐지**됨

불법 감청	① 통신 및 대화비밀의 보호 : 통비법·형소법·군사법원법의 규정에 의하지 아니하고는 ······ 전기통신의 감청 또는 통신사실확인자료의 제공을 하거나 공개되지 아니한 타인 간의 대화를 녹음 또는 청취 不可(통비법 §3①) ② 위법수집증거배제 　㉠ 통비법 §4 : 통비법 §3의 규정에 위반하여 불법검열에 의하여 취득한 우편물이나 　　그 내용 및 불법감청에 의하여 지득 또는 채록된 전기통신의 내용은 재판 또는 　　징계절차에서 **증거로 사용 ×** 　㉡ 증거동의해도 同 : 피고인이나 변호인이 이를 **증거로 함에 동의한다 하더라도 증거 　　능력 부정**됨
관련 문제	① 대화 당사자인 사인의 비밀녹음 : **자기와의** 통화를 녹음하거나 3인 간의 대화에 있어 서 그중 한 사람이 그 대화를 녹음한 자료 → 증거능력 ○ [국7 11, 국9 15] ② 일방당사자의 동의에 의한 감청 : **제3자**가 전화통화자 중 일방만의 동의를 얻어 통화 내용을 녹음한 자료 → 증거능력 ×

🔗 한줄판례 Summary

① 현재 이루어지고 있는 전기통신의 내용을 지득·채록하는 경우와 통신의 송·수신을 직접적으로 방해하는 경우를 의미하는 것이지 전자우편이 송신되어 수신인이 이를 확인하는 등으로 **이미 수신이 완료**된 전기통신에 관하여 남아있는 기록이나 내용을 열어보는 등의 행위는 포함하지 않음(2016도8137) [경 24/2차]

② 반드시 집행주체가 '대화의 녹음·청취'를 직접 수행하여야 하는 것은 아니다. 따라서 집행주체가 제3자의 도움을 받지 않고서는 '대화의 녹음·청취'가 사실상 불가능하거나 곤란한 사정이 있는 경우에는 비례의 원칙에 위배되지 않는 한 제3자에게 집행을 위탁하거나 그로부터 협조를 받아 '대화의 녹음·청취'를 할 수 있다고 봄이 타당하고, 그 경우 통신기관 등이 아닌 **일반 사인에게 대장을 작성하여 비치할 의무가 있다고 볼 것은 아님**(2014도10978) [국9 20, 경 20/1차, 경승 20]

③ 통신사실확인자료제공 요청의 목적이 된 범죄와 관련된 범죄라 함은 요청허가서에 기재한 혐의사실과 **객관적 관련성**이 있고 자료제공 요청대상자와 피의자 사이에 인적 관련성이 있는 범죄를 의미한다고 할 것이다. 그와 **기본적 사실관계가 동일한 범행과 직접 관련**되어 있는 경우는 물론 범행 동기와 경위, 범행 **수단 및 방법, 범행 시간과 장소 등을 증명하기 위한 간접증거나 정황증거** 등으로 사용될 수 있는 경우에도 인정될 수 있다. ··· 구체적·개별적 연관관계가 있는 경우에만 인정된다고 보아야 하고, **혐의사실과 단순히 동종 또는 유사범행이라는 사유만으로 관련성이 있다고 할 것은 아님**(2016도13489)

④ 수사기관이 적법한 절차와 방법에 따라 범죄를 수사하면서 **현재 그 범행이 행하여지고 있거나 행하여진 직후**이고, **증거보전의 필요성 및 긴급성**이 있으며, 일반적으로 허용되는 **상당한 방법으로 범행현장에서 현행범인 등 관련자들과 수사기관의 대화를 녹음**한 것은 적법(2020도9370)

⑤ 배우자와 함께 거주하는 아파트 거실에 **녹음기능이 있는 영상정보 처리기기('홈캠')**를 설치하였고, 위 거실에서 배우자와 그 부모 및 동생이 대화하는 내용이 **위 기기에 자동녹음된 것을 재생하여 듣는 것은** 통비법상 "청취" 아님(적법, 2023도8603)

⑥ 피해아동의 부모가 초등학교 담임교사의 수업시간 중 발언을 아동의 녹음기로 몰래 녹음한 파일은 공개되지 아니한 타인 간의 대화를 녹음한 것으로, 통비법 위반(위법, 2020도1538)

4. 보호실유치

1	강제유치 ×
2	승낙유치도 경직법상 주취자·정신착란자·자살기도자 등에 대한 보호조치(경직 §4) 등 의 경우가 아닌 한 허용 × [정리] 승낙이 있어도 허용될 수 없는 것 : 보호실유치, 마취분석

5. 승낙수색과 승낙검증

승낙수색	임의수사로 허용
승낙검증	범죄피해자의 동의만으로 승낙검증 허용(**승낙수색, 승낙검증, 유류물압수가 적법**하고 독수과실이 아니라는 2008도7471)

6. 마취분석

피의자의 동의유무 불문 절대적 금지[행시 02]

7. 사진촬영

강제수사	피촬영자의 의사에 반하여 그 법익인 초상권을 침해하므로 강제수사
영장주의	사전영장 要 but 判例는 범죄의 현행성, 증거보전의 필요성, 긴급성, 수단의 상당성이 있으면 **폭넓은 영장주의 예외 인정**

8. 계좌추적

1	**법원의 제출명령 or 영장 要**(금융실명법 §4①)
2	수사기관의 요구에 의하여 취득한 금융실명법상 거래정보는 위법수집증거(2012도13607)

Ⅳ 임의수사의 방법

1. 피의자신문

⊘ 조문정리

제241조【피의자신문】 검사 또는 사법경찰관이 피의자를 신문함에는 먼저 그 성명, 연령, 등록기준지, 주거와 직업을 물어 피의자임에 틀림없음을 확인하여야 한다.

제242조【피의자신문사항】 검사 또는 사법경찰관은 피의자에 대하여 범죄사실과 정상에 관한 필요사항을 신문하여야 하며 그 이익되는 사실을 진술할 기회를 주어야 한다.

제243조【피의자신문과 참여자】 검사가 피의자를 신문함에는 검찰청수사관 또는 서기관이나 서기를 참여하게 하여야 하고 사법경찰관이 피의자를 신문함에는 사법경찰관리를 참여하게 하여야 한다.

제243조의2【변호인의 참여 등】 ① 검사 또는 사법경찰관은 피의자 또는 그 변호인·법정대리인·배우자·직계친족·형제자매의 신청에 따라 변호인을 피의자와 접견하게 하거나 정당한 사유가 없는 한 피의자에 대한 신문에 참여하게 하여야 한다.

② 신문에 참여하고자 하는 변호인이 2인 이상인 때에는 피의자가 신문에 참여할 변호인 1인을 지정한다. 지정이 없는 경우에는 검사 또는 사법경찰관이 이를 지정할 수 있다.

③ 신문에 참여한 변호인은 신문 후 의견을 진술할 수 있다. 다만, 신문 중이라도 부당한 신문방법에 대하여 이의를 제기할 수 있고, 검사 또는 사법경찰관

의 승인을 얻어 의견을 진술할 수 있다.

④ 제3항에 따른 변호인의 의견이 기재된 피의자신문조서는 변호인에게 열람하게 한 후 변호인으로 하여금 그 조서에 기명날인 또는 서명하게 하여야 한다.

⑤ 검사 또는 사법경찰관은 변호인의 신문참여 및 그 제한에 관한 사항을 피의자신문조서에 기재하여야 한다.

제244조【피의자신문조서의 작성】 ① 피의자의 진술은 조서에 기재하여야 한다.

② 제1항의 조서는 피의자에게 열람하게 하거나 읽어 들려주어야 하며, 진술한 대로 기재되지 아니하였거나 사실과 다른 부분의 유무를 물어 피의자가 증감 또는 변경의 청구 등 이의를 제기하거나 의견을 진술한 때에는 이를 조서에 추가로 기재하여야 한다. 이 경우 피의자가 이의를 제기하였던 부분은 읽을 수 있도록 남겨두어야 한다.

③ 피의자가 조서에 대하여 이의나 의견이 없음을 진술한 때에는 피의자로 하여금 그 취지를 자필로 기재하게 하고 조서에 간인한 후 기명날인 또는 서명하게 한다.

제244조의2【피의자진술의 영상녹화】 ① 피의자의 진술은 영상녹화할 수 있다. 이 경우 미리 영상녹화사실을 알려주어야 하며, 조사의 개시부터 종료까지의 전 과정 및 객관적 정황을 영상녹화하여야 한다.

② 제1항에 따른 영상녹화가 완료된 때에는 피의자 또는 변호인 앞에서 지체 없이 그 원본을 봉인하고 피의자로 하여금 기명날인 또는 서명하게 하여야 한다.

③ 제2항의 경우에 피의자 또는 변호인의 요구가 있는 때에는 영상녹화물을 재생하여 시청하게 하여야 한다. 이 경우 그 내용에 대하여 이의를 진술하는 때에는 그 취지를 기재한 서면을 첨부하여야 한다.

제244조의3【진술거부권 등의 고지】 ① 검사 또는 사법경찰관은 피의자를 신문하기 전에 다음 각 호의 사항을 알려주어야 한다.

1. 일체의 진술을 하지 아니하거나 개개의 질문에 대하여 진술을 하지 아니할 수 있다는 것
2. 진술을 하지 아니하더라도 불이익을 받지 아니한다는 것
3. 진술을 거부할 권리를 포기하고 행한 진술은 법정에서 유죄의 증거로 사용될 수 있다는 것
4. 신문을 받을 때에는 변호인을 참여하게 하는 등 변호인의 조력을 받을 수 있다는 것

② 검사 또는 사법경찰관은 제1항에 따라 알려 준 때에는 피의자가 진술을 거부할 권리와 변호인의 조력을 받을 권리를 행사할 것인지의 여부를 질문하고,

이에 대한 피의자의 답변을 조서에 기재하여야 한다. 이 경우 피의자의 답변은 피의자로 하여금 자필로 기재하게 하거나 검사 또는 사법경찰관이 피의자의 답변을 기재한 부분에 기명날인 또는 서명하게 하여야 한다.

제244조의4【수사과정의 기록】 ① 검사 또는 사법경찰관은 피의자가 조사장소에 도착한 시각, 조사를 시작하고 마친 시각, 그 밖에 조사과정의 진행경과를 확인하기 위하여 필요한 사항을 피의자신문조서에 기록하거나 별도의 서면에 기록한 후 수사기록에 편철하여야 한다.

② 제244조제2항 및 제3항은 제1항의 조서 또는 서면에 관하여 준용한다.

③ 제1항 및 제2항은 피의자가 아닌 자를 조사하는 경우에 준용한다.

제244조의5【장애인 등 특별히 보호를 요하는 자에 대한 특칙】 검사 또는 사법경찰관은 피의자를 신문하는 경우 다음 각 호의 어느 하나에 해당하는 때에는 직권 또는 피의자·법정대리인의 신청에 따라 피의자와 신뢰관계에 있는 자를 동석하게 할 수 있다.

1. 피의자가 신체적 또는 정신적 장애로 사물을 변별하거나 의사를 결정·전달할 능력이 미약한 때
2. 피의자의 연령·성별·국적 등의 사정을 고려하여 그 심리적 안정의 도모와 원활한 의사소통을 위하여 필요한 경우

제245조【참고인과의 대질】 검사 또는 사법경찰관이 사실을 발견함에 필요한 때에는 피의자와 다른 피의자 또는 피의자 아닌 자와 대질하게 할 수 있다.

제245조의2【전문수사자문위원의 참여】 ① 검사는 공소제기 여부와 관련된 사실관계를 분명하게 하기 위하여 필요한 경우에는 직권이나 피의자 또는 변호인의 신청에 의하여 전문수사자문위원을 지정하여 수사절차에 참여하게 하고 자문을 들을 수 있다.

② 전문수사자문위원은 전문적인 지식에 의한 설명 또는 의견을 기재한 서면을 제출하거나 전문적인 지식에 의하여 설명이나 의견을 진술할 수 있다.

③ 검사는 제2항에 따라 전문수사자문위원이 제출한 서면이나 전문수사자문위원의 설명 또는 의견의 진술에 관하여 피의자 또는 변호인에게 구술 또는 서면에 의한 의견진술의 기회를 주어야 한다.

제245조의3【전문수사자문위원 지정 등】 ① 제245조의2제1항에 따라 전문수사자문위원을 수사절차에 참여시키는 경우 검사는 각 사건마다 1인 이상의 전문수사자문위원을 지정한다.

② 검사는 상당하다고 인정하는 때에는 전문수사자

문위원의 지정을 취소할 수 있다.

③ 피의자 또는 변호인은 검사의 전문수사자문위원 지정에 대하여 관할 고등검찰청검사장에게 이의를 제기할 수 있다.

④ 전문수사자문위원에게는 수당을 지급하고, 필요한 경우에는 그 밖의 여비, 일당 및 숙박료를 지급할 수 있다.

⑤ 전문수사자문위원의 지정 및 지정취소, 이의제기 절차 및 방법, 수당지급, 그 밖에 필요한 사항은 법무부령으로 정한다.

제245조의4【준용규정】제279조의7 및 제279조의8은 검사의 전문수사자문위원에게 준용한다.

제197조의3【시정조치요구 등】⑧ 사법경찰관은 피의자를 신문하기 전에 수사과정에서 법령위반, 인권침해 또는 현저한 수사권 남용이 있는 경우 검사에게 구제를 신청할 수 있음을 피의자에게 알려주어야 한다.

제312조【검사 또는 사법경찰관의 조서 등】① 검사가 작성한 피의자신문조서는 적법한 절차와 방식에 따라 작성된 것으로서 공판준비, 공판기일에 그 피의자였던 피고인 또는 변호인이 그 내용을 인정할 때에 한정하여 증거로 할 수 있다. 〈개정 2020.2.4.〉

② 삭제 〈2020.2.4.〉

③ 검사 이외의 수사기관이 작성한 피의자신문조서는 적법한 절차와 방식에 따라 작성된 것으로서 공판준비 또는 공판기일에 그 피의자였던 피고인 또는 변호인이 그 내용을 인정할 때에 한하여 증거로 할 수 있다.

④ 검사 또는 사법경찰관이 피고인이 아닌 자의 진술을 기재한 조서는 적법한 절차와 방식에 따라 작성된 것으로서 그 조서가 검사 또는 사법경찰관 앞에서 진술한 내용과 동일하게 기재되어 있음이 원진술자의 공판준비 또는 공판기일에서의 진술이나 영상녹화물 또는 그 밖의 객관적인 방법에 의하여 증명되고, 피고인 또는 변호인이 공판준비 또는 공판기일에 그 기재 내용에 관하여 원진술자를 신문할 수 있었던 때에는 증거로 할 수 있다. 다만, 그 조서에 기재된 진술이 특히 신빙할 수 있는 상태 하에서 행하여졌음이 증명된 때에 한한다.

의 의		검사 또는 사법경찰관이 수사에 필요한 경우에 피의자의 출석을 요구하여 피의자를 신문하고 그 진술을 듣는 절차(법 §200)
방 법 cf. §312①③의 적법성 요건	출석요구	① 방법 : 제한 無 　㉠ 원칙 : 서면(출석요구서)의 송달에 의함 　㉡ 전화·문자메시지, 그 밖의 상당한 방법 可(수사준칙 §19) [경간 13] ② 임의출석 : 임의수사 ∴ **출석요구에 응할 의무 ×** → 출석거부 可, 출석시 언제든 퇴거 可 [국9 08, 경간 14] → 피의자신문을 위한 구인 不可
	진술 거부권 고지	① 고지의무 : 수사기관은 **피의자 신문 전** 진술거부권과 변호인조력권이 있음을 알려주어야 함(법 §244의3①) [경간 13, 경승 14] ② 고지내용(동항 : 거/불/포/변, 개정법 §197의3⑧ : 검) 　㉠ 일체의 진술을 하지 아니하거나 개개의 질문에 대하여 진술을 하지 아니할 수 있다는 것(진술**거**부) [법원 09] 　㉡ 진술을 하지 아니하더라도 **불**이익을 받지 아니한다는 것 　㉢ 진술을 거부할 권리를 **포**기하고 행한 진술은 법정에서 유죄의 증거로 사용될 수 있다는 것 [경승 11, 경 09/2차] 　㉣ 신문을 받을 때에는 변호인을 참여하게 하는 등 **변**호인의 조력을 받을 수 있다는 것 　＊법령위반, 인권침해 또는 현저한 수사권 남용 시 **검**사에게 구체를 신청할 수 있음도 알려주어야 함(수사권 조정 개정법 §197의3⑧)

방 법 *cf.* §312①③의 적법성 요건	진술 거부권 고지	③ 조서에의 기재(동②) 　㉠ 질문과 답변 기재 : 검사·사법경찰관은 진술거부권을 고지한 때에는 진술거부권과 변호인조력권 행사 여부 질문 & 이에 대한 피의자의 **답변을 기재하여야 함** 　㉡ 답변기재방법 : 피의자로 하여금 **자필로 기재**하게 하거나 검사·사법경찰관이 피의자의 답변을 기재한 부분에 **기명날인 또는 서명**하게 하여야 함 ④ 불고지 효과 : **위법수집증거** [법원 11/13/14, 국7 07/08, 국9 09/13, 교정9 특채 10, 경간 11/12, 경승 10/11 등]
	피의자 신문	① 신문사항 　㉠ 피의자의 성명·연령·본적·주거·직업을 물어야 함(인정신문, 법 §241) ← 진술거부 可 　㉡ 범죄사실과 정상(情狀)에 관한 필요사항 신문 & 이익사실 진술권 부여(법 §242) 　㉢ 필요한 때 피의자와 다른 피의자 또는 피의자 아닌 자와 대질(對質) 可(대질신문, 법 §245) [경간 13] ② 신문의 주체와 참여자 　㉠ 신문의 주체 : 검사 or 사법경찰관, 사법경찰리 可(82도1080) 　㉡ 참여자 : 변호인 / 신뢰관계인 / 검찰수사관 등 / 전문수사자문위원 　　ⓐ 검찰수사관 등(법 §243) 　　　- 검사 : **검찰청수사관** 또는 서기관이나 서기 　　　- 사경관 : **사경관리** [국7 08] 　　ⓑ 전문수사자문위원 : **직권** or 피의자·변호인 **신청**(법 §245의2①) ③ 조사의 시간(2020.10.7. 제정 수사준칙) 　㉠ 심야조사의 제한(수사준칙 §21①) 　　ⓐ 원칙 : **오후 9시부터 오전 6시까지** 조사 × 　　ⓑ 예외 : 이미 작성된 조서의 열람을 위한 절차는 자정 이전까지(이 외에도 **구속영장신청·청구, 시효임박 등은 심야조사 可**) 　㉡ 장시간 조사의 제한(수사준칙 §22) 　　ⓐ 총조사시간 : **12시간 초과 ×**(but 조서열람신청 or 구속영장신청·청구 등은 예외) 　　ⓑ 실제 조사시간 : **8시간 초과 ×** 　　ⓒ 조사를 마친 때부터 : 8시간 경과 전 재조사 ×(but 구속영장신청·청구, 시효임박 등은 예외) 　㉢ 휴식시간의 부여 : **최소한 2시간마다 10분 이상**(수사준칙 §23①)
피의자 신문조서	조서작성	① 조서에의 기재(법 §244①) ② 확인절차 　㉠ **열람하게 하거나 읽어 들려주어야 함** 　㉡ 진술내용·사실과의 일치 유무를 물어 증감·변경의 청구 등 **이의**를 제기하거나 **의견**을 진술한 때 **조서에 추가로 기재** [경간 13] & 이의제기 부분은 읽을 수 있도록 남겨둠(동②) 　㉢ 열람·낭독 등 확인절차 미이행 조서 : 위법수집증거는 아님(87도2716) 　*cf.* 공판조서(법 §55③)와 다름 ③ 이의·의견 없음 **자필기재 & 간인, 기명날인 또는 서명**(동③)

피의자 신문조서	증거능력 인정요건	① 법 §312①③ : 적법성 + **내용인정** 　㉠ 검사작성 피신조서의 변화 : 2020.2.4. 개정법에 의하여 법 §312①의 　　검사작성의 피의자신문조서의 증거능력 인정요건에 대해 큰 변화(적/ 　　실/특 → 적/내. 2022.1.1. 시행) 　㉡ 법 §312②의 삭제 : 검사작성 피신조서의 '실질적 진정성립에 관한 영상 　　녹화물 그밖의 객관적 방법에 의한 대체증명'을 정한 법 **§312②**가 　　2021.1.1. **삭제** ② 검사작성 피신조서 = 사경작성 피신조서(법 §312① = §312③)
수사과정 기록		검사·사경은 피의자가 조사장소 **도착시각, 조사 개시·종료시각, 그 밖에 조사과정의 진행경과**를 피신조서에 **기록** or 별도 서면에 기록 후 수사기록 편철(법 §244의4①) [국9 08/12, 경승 10]
영상녹화	의 의	① 임의적 영상녹화(법 §244의2① 제1문) ② 피의자 요구 시 영상녹화의무 × [해간 12]
	방 법	① 사전고지 　㉠ 미리 영상녹화사실을 알려주어야 함(동항 제2문) 　㉡ 고지하면 됨 ∴ 피의자·변호인 **동의 不要** [법원 09/11/12, 국7 08/09/12, 　　국9 08/11/12, 경승 11/13/14, 경 12/1차, 경 12/3차, 경 13/2차, 경 15/1차, 경 16/1차] 　　≠ 참고인조사의 영상녹화 동의 要(법 §221 제2문) ② 조사의 개시부터 종료까지의 전 과정 및 객관적 정황 영상녹화 [법원 12] ③ 영상녹화 완료 시 피의자 또는 변호인 앞에서 지체 없이 그 원본 **봉인** & 　피의자로 하여금 **기명날인 또는 서명 要**(법 §244의2②) [국9 08, 교정특채 10, 　경승 09, 경 14/2차] ④ 봉인 시 재생·시청 및 이의 기재 　㉠ 봉인 시 피의자·변호인 요구 → 영상녹화물 재생·시청 　㉡ **이의** 진술 시 그 취지 기재 **서면** 첨부 要(동③) but 이의 진술 영상녹화 　　**不要** [국7 09, 경승 13, 경 12/1차, 경 12/3차]
	증거능력	① **본증·탄핵증거 ×** ② **진술조서의 실질적 진정성립 증명 ○**(법 §312④) ③ 진술자 기억 불명 시 **기억환기용 ○**(법 §318의2②)(2012도5041) [경 24/2차] ④ **검사작성 피신조서의 실질적 진정성립의 대체증명 ×** 　㉠ 2020.2.4. 개정법에 의해 **법 §312② 삭제** 　㉡ 2022.1.1.부터는 법 §312①의 증거능력 인정요건 자체가 실질적 진정성 　　립의 증명이 아니라 '내용의 인정'으로 변경
변호인 참여	의 의	① 검사 또는 사법경찰관은 피의자 또는 그 변호인·법정대리인·배우자·직 　계친족·형제자매의 신청에 따라 변호인을 피의자와 접견하게 하거나 **정당한** 　**사유가 없는 한 피의자에 대한 신문에 참여하게 하여야 함**(법 §243의2①) 　[법원 10/13, 국7 08/10/12, 경 13/1차, 경 14/2차, 경 16/1차] ② 변호인의 피의자신문참여권 ○ : 불구속 피의자신문에도 참여권 ○ [국9 15, 　경승 11, 경 12/3차] (but 변호인 되려는 자 : 피의자신문참여권 × [국9 15] ≠ 　접견교통권 ○)
	성 질	**헌법상 기본권인 변호인의 변호권**(2016헌마503)
	고 지	피의자신문 전 진술거부권과 아울러 변호인조력권을 알려주어야 함

변호인 참여	신 청	① **신청 要** cf. ≠ 신뢰관계자 동석 : 직권 or 신청 ② **피**의자 or **변**호인, **직**계친족 / **배**우자 / **형**제자매, **법**정대리인 　cf. 법/배/직/형 = §30②의 변호인 선임권자 ≠ 적부심·보석 : 법배직형가동고 　[경승 11/14]
	지 정	신문에 참여하고자 하는 변호인이 2인 이상인 때 ① **피의자**가 신문에 참여할 변호인 1인을 지정 ② 지정이 없는 경우 : **검사·사경이 지정 可**(지정하여야 한다 ×)(법 §243의2 　②) : 피-검/사). [법원 08/10/13, 국7 12, 국9 11/15, 경승 11/14, 경 09/1차, 경 10/2차, 　경 12/1차, 경 12/2차, 경 13/2차]
	방 법	① 원칙 : **신문 후 의견 진술 可**(법 §243의2③本) [국7 10] ② 예외 　㉠ **신문 중 부당한 신문방법 이의제기 可**(동但) [법원 08/14, 경승 14, 경 09/1차, 　　경 09/2차, 경 13/1차] 　㉡ **신문 중 검사·사경 승인 얻어 의견 진술 可**(동但) [법원 10/13/14, 국7 10/12, 　　경승 14, 경 10/2차, 경 12/1차, 경 12/2차, 경 13/1차] : 정당한 사유 제외 변호인 　　의견진술 요청 승인해야 함(수사준칙 §14② 제2문) ③ 조서기재 　㉠ 변호인 의견 기재 조서는 변호인에게 열람하게 한 후 변호인 **기명날인 　　또는 서명**(법 §243의2④) [법원 10/14] 　㉡ 변호인 신문참여 및 그 제한에 관한 사항 조서 **기재 要**(동⑤) [법원 13, 　　경승 13/14, 경 13/2차]
	제 한	① '정당한 사유'가 있다면 참여권 제한 可(법 §243의2①) [국7 10, 국9 08] ② 정당한 사유 : 변호인이 **피의자신문을 방해하거나 수사기밀을 누설할 염려가 　있음이 객관적으로 명백**한 경우 등(2003모402; 2008모793) ③ 判例가 정당한 사유가 없다고 본 사례 　㉠ **피의자로부터 떨어진 곳으로 옮겨 앉으라고 지시한 다음 지시에 따르지 　　않았음을 이유로 참여권 제한**(2008모793) 　㉡ **피의자의 후방에 앉으라고 요구**(2016헌마503) 　㉢ **부당한 신문방법 이의제기만을 이유로 변호인 퇴거**(2015모2357) ④ 진술거부권 행사 권고 : 참여권 제한 ×(2006모657) [경승 11]
	준항고	불복이 있으면 그 직무집행지의 관할법원 또는 검사의 소속검찰청에 대응한 법원에 그 처분의 취소 또는 변경 청구(법 §417, 수사기관 **준항고** : 압/구/**변**) [법원 14, 국7 10, 국9 11, 경간 13, 경승 10/14, 경 13/1차]
	증거능력	정당한 사유 없이 변호인 참여 제한 피신조서는 **위수증** or 법 §312의 적법성 위반(2010도3359)
신뢰관계자 동석	의 의	검사 또는 사법경찰관은 피의자신문 시 일정한 경우 직권 또는 피의자·법정 대리인의 신청에 따라 피의자와 신뢰관계에 있는 자를 동석하게 할 수 있음 (법 §244의5) [경승 14, 경 13/2차]
	신 청	**직권** 또는 **피**의자·**법**정대리인의 **신청** ≠ 변호인 피의자신문 참여
	대 상	① 피의자가 신체적 또는 정신적 **장애**로 사물변별 or 의사결정·전달 **능력 미약** ② 피의자의 **연령·성별·국적 등의 사정**을 고려하여 그 심리적 **안정**의 도모와 　원활한 의사**소통**을 위하여 필요한 경우 [경 08/3차]

	신뢰관계자	직계친족, 형제자매, 배우자, 가족, 동거인, 보호·교육시설의 보호·교육담당자 등 피의자(또는 피해자)의 심리적 안정과 원활한 의사소통에 도움을 줄 수 있는 사람(수사준칙 §24①)
신뢰관계자 동석	동석내용	① 법 §244의5① : **"동석하게 할 수 있다"** ∴ 수사기관 재량 ② 피의자 등의 신청이 있어도 신뢰관계자 **동석의무 ×** [국9 12, 경승 13] *cf.* 피해자(13/장) 조사 시 필요적 동석 有
	대리진술	① **동석자 대리진술 ×** ② 동석자 대리진술 피신조서 기재 시 : **피의자 진술 ×**(법 §312①③ ×), **동석자 진술을 기재한 조서** ○(법 §312④ ○, 2009도1322)

한줄판례 Summary

① 변호인이 피의자신문에 자유롭게 참여할 수 있는 권리는 피의자가 가지는 변호인의 조력을 받을 권리를 실현하는 수단이라고 할 수 있으므로 **헌법상 기본권인 변호인의 변호권**으로서 보호되어야 함(2016헌마503) [경 20/2차, 경승 20]

② **후방착석요구행위는** 변호인인 청구인의 변호권을 침해(2016헌마503) [경간 20, 경 20/1차, 경 18/2차]

③ 검사 또는 사법경찰관이 구금된 피의자를 신문할 때 피의자 또는 변호인으로부터 **보호장비를 해제해 달라는 요구를 받고도 거부한** 조치는 형사소송법 **제417조**에서 정한 '구금에 관한 처분'에 해당(2015모2357)

2. 피의자 이외의 자에 대한 조사

(1) 참고인조사 [행시 02]

조문정리

제221조 【제3자의 출석요구 등】 ① 검사 또는 사법경찰관은 수사에 필요한 때에는 피의자가 아닌 자의 출석을 요구하여 진술을 들을 수 있다. 이 경우 그의 동의를 받아 영상녹화할 수 있다.

② 검사 또는 사법경찰관은 수사에 필요한 때에는 감정·통역 또는 번역을 위촉할 수 있다.

③ 제163조의2제1항부터 제3항까지는 검사 또는 사법경찰관이 범죄로 인한 피해자를 조사하는 경우에 준용한다.

제163조의2 【신뢰관계에 있는 자의 동석】 ① 법원은 범죄로 인한 피해자를 증인으로 신문하는 경우 증인의 연령, 심신의 상태, 그 밖의 사정을 고려하여 증인이 현저하게 불안 또는 긴장을 느낄 우려가 있다고 인정하는 때에는 직권 또는 피해자·법정대리인·검사의 신청에 따라 피해자와 신뢰관계에 있는 자를 동석하게 할 수 있다.

② 법원은 범죄로 인한 피해자가 13세 미만이거나 신체적 또는 정신적 장애로 사물을 변별하거나 의사를 결정할 능력이 미약한 경우에 재판에 지장을 초래할 우려가 있는 등 부득이한 경우가 아닌 한 피해자와 신뢰관계에 있는 자를 동석하게 하여야 한다.

③ 제1항 또는 제2항에 따라 동석한 자는 법원·소송관계인의 신문 또는 증인의 진술을 방해하거나 그 진술의 내용에 부당한 영향을 미칠 수 있는 행위를 하여서는 아니 된다.

제221조의2 【증인신문의 청구】 ① 범죄의 수사에 없어서는 아니될 사실을 안다고 명백히 인정되는 자가 전조의 규정에 의한 출석 또는 진술을 거부한 경우에는 검사는 제1회 공판기일 전에 한하여 판사에게 그에 대한 증인신문을 청구할 수 있다.

의 의	① 검사 또는 사법경찰관은 수사에 필요한 때에는 피의자 아닌 자(참고인)의 출석을 요구하여 진술을 들을 수 있음(법 §221) [경 09/1차] ② 참고인과 증인의 차이 　㉠ 참고인은 수사기관에 대하여, 증인은 법원·법관에 대하여 [행시 02, 경 13/2차] 　㉡ 참고인은 출석·선서·증언의무, 불출석 제재 無, 증인은 有
방 법	① 임의수사 : 참고인은 출석의무 × ∴ 강제 소환 × ② 진술거부권 　㉠ 진술거부권은 있음(헌법 §12②) 　㉡ **진술거부권을 고지할 필요** ×(≠ 피의자신문) ③ 수사상 증인신문청구 : 참고인이 출석 or 진술거부 시 → 검사는 일정한 요건 갖춘 때 → 제1회 공판기일 전에 한하여 판사에게 그에 대한 증인신문 청구 可(법 §221의2①, 불출석제재 可) ④ 조서에의 기재 : 참고인의 진술은 조서에 기재하고, 참고인으로 하여금 조서에 간인 후 기명날인 또는 서명하게 함(진술조서) ⑤ 영상녹화 : **동의를 받아 영상녹화** 可(법 §221① 제2문, ≠ 피의자신문 시 사전고지) [법원 08/12, 검·교정9 08, 교정특채 10, 해간 12, 경 09/1차] ⑥ 검찰수사관 등 참여 : 不要(≠ 피의자신문) ⑦ 신뢰관계인 동석 　㉠ 임의적 동석(법 §221③, §163의2①) 　　ⓐ 피해자의 연령, 심신의 상태, 그 밖의 사정을 고려하여 피해자가 현저하게 **불안** 또는 **긴장**을 느낄 우려 　　ⓑ **직권** or 피해자·법정대리인·검사의 **신청** 　㉡ 필요적 동석(법 §221③, §163의2②) [국9 09] 　　ⓐ 피해자가 **13세 미만** or **신체적·정신적 장애**로 사물변별·의사결정능력 미약 　　ⓑ 부득이한 경우가 아닌 한 **동석 要** 　[정리] 피해자 불안은 혼자 할 수 있는데, 13장은 함께 해야 한다. ⑧ 수사과정 기록 : 전과정 기록(= 피의자신문)
조서 증거능력	① 적/실/반/특(법 §312④) ② 실질적 진정성립 : 진술 or 영상녹화물 등

💡 퍼써 정리 | 피의자신문과 참고인조사의 비교

	피의자신문	참고인조사
진술거부권 고지	고지 要	고지 不要
변호인 참여	신청 ○ → 참여 要	不要
신뢰관계자 동석	임의적 동석 직권 or 신청	피해자 조사 시 ① 임의적 동석(불안 / 긴장, 직권 or 신청) ② 필요적 동석(13세 미만 / 부득이한 경우 아닌 한)
영상녹화	알려주어야 함	동의받아야 함

💡 **퍼써 정리 | 피의자신문조서 추가기재, 피신조서 기록 or 별도 서면 기록 후 편철, 별도서면 첨부**

[1] 수사기관이 피의자신문조서에 추가로 기재해야 하는 것 : 변호인의 신문참여·제한, 피신조서에 대한 피의자의 증감·변경 청구 등 이의제기·의견진술, 수사과정 기록에 대한 이의제기·의견진술
① 변호인의 신문참여 및 제한

> **형사소송법 제243조의2【변호인의 참여 등】** (중략) ④ 제3항에 따른 변호인의 의견이 기재된 피의자신문조서는 변호인에게 열람하게 한 후 변호인으로 하여금 그 조서에 기명날인 또는 서명하게 하여야 한다.
> ⑤ 검사 또는 사법경찰관은 변호인의 신문참여 및 그 제한에 관한 사항을 **피의자신문조서에 기재하여야 한다.**

② 피의자의 증감·변경의 청구 등 이의제기 또는 의견진술

> **형사소송법 제244조【피의자신문조서의 작성】** ① 피의자의 진술은 조서에 기재하여야 한다.
> ② 제1항의 조서는 피의자에게 열람하게 하거나 읽어 들려주어야 하며, 진술한 대로 기재되지 아니하였거나 사실과 다른 부분의 유무를 물어 **피의자가 증감 또는 변경의 청구 등 이의를 제기하거나 의견을 진술한 때에는 이를 조서에 추가로 기재**하여야 한다. 이 경우 피의자가 이의를 제기하였던 부분은 읽을 수 있도록 남겨두어야 한다.
> ③ 피의자가 조서에 대하여 이의나 의견이 없음을 진술한 때에는 피의자로 하여금 그 취지를 자필로 기재하게 하고 조서에 간인한 후 기명날인 또는 서명하게 한다.

③ 수사과정 기록(피신조서 기록 or 별도 서면 기록 후 편철)에 대한 이의제기 또는 의견진술(피신조서 추가 기재)

> **형사소송법 제244조의4【수사과정의 기록】** ① 검사 또는 사법경찰관은 **피의자가 조사장소에 도착한 시각, 조사를 시작하고 마친 시각, 그 밖에 조사과정의 진행경과를 확인하기 위하여 필요한 사항**을 피의자신문조서에 기록하거나 별도의 서면에 기록한 후 수사기록에 편철하여야 한다.
> ② **제244조 제2항 및 제3항은 제1항의 조서 또는 서면에 관하여 준용**한다. (→ 제1항의 수사과정의 기록에 대하여 피의자가 증감·변경 청구 등 이의를 제기하거나 의견을 진술한 때 이를 조서에 추가로 기재할 것)
> ③ 제1항 및 제2항은 피의자가 아닌 자를 조사하는 경우에 준용한다.

[2] 피의자신문조서에 기록하거나 별도 서면에 기록 후 수사기록에 편철해야 하는 것 : 수사과정의 기록

> **형사소송법 제244조의4【수사과정의 기록】** ① 검사 또는 사법경찰관은 **피의자가 조사장소에 도착한 시각, 조사를 시작하고 마친 시각, 그 밖에 조사과정의 진행경과를 확인하기 위하여 필요한 사항**을 **피의자신문조서에 기록하거나 별도의 서면에 기록한 후 수사기록에 편철**하여야 한다.
> ② 제244조제2항 및 제3항은 제1항의 조서 또는 서면에 관하여 준용한다.
> ③ 제1항 및 제2항은 피의자가 아닌 자를 조사하는 경우에 준용한다.

[3] 별도의 서면을 첨부해야 하는 것 : 영상녹화물 이의진술, 제3자 진술 영상녹화물 증거조사 신청
① 피의자 진술의 영상녹화물의 봉인 시 그 내용에 대한 피의자·변호인의 이의진술

> **형사소송법 제244조의2【피의자진술의 영상녹화】** ① 피의자의 진술은 영상녹화할 수 있다. 이 경우 미리 영상녹화사실을 알려주어야 하며, 조사의 개시부터 종료까지의 전 과정 및 객관적 정황을 영상녹화하여야 한다.
> ② 제1항에 따른 **영상녹화가 완료된 때**에는 피의자 또는 변호인 앞에서 지체 없이 그 원본을 봉인하고 피의자로 하여금 기명날인 또는 서명하게 하여야 한다.
> ③ 제2항의 경우에 **피의자 또는 변호인**의 요구가 있는 때에는 영상녹화물을 재생하여 시청하게 하여야 한다. 이 경우 **그 내용에 대하여 이의를 진술**하는 때에는 **그 취지를 기재한 서면을 첨부**하여야 한다.

② 제3자 진술의 영상녹화물의 증거조사 신청 시 영상녹화 동의서면

> **형사소송규칙 제134조의3 【제3자의 진술과 영상녹화물】** ① 검사는 피의자가 아닌 자가 공판준비 또는 공판기일에서 조서가 자신이 검사 또는 사법경찰관 앞에서 진술한 내용과 동일하게 기재되어 있음을 인정하지 아니하는 경우 그 부분의 성립의 진정을 증명하기 위하여 영상녹화물의 조사를 신청할 수 있다.
> ② 검사는 제1항에 따라 영상녹화물의 조사를 신청하는 때에는 **피의자가 아닌 자가 영상녹화에 동의하였다는 취지로 기재하고 기명날인 또는 서명한 서면을 첨부**하여야 한다.
> ③ 제134조의2제3항제1호부터 제3호, 제5호, 제6호, 제4항, 제5항은 검사가 피의자가 아닌 자에 대한 영상녹화물의 조사를 신청하는 경우에 준용한다.

(2) 감정·통역·번역의 위촉

✓ 조문정리

제221조의3 【감정의 위촉과 감정유치의 청구】
① 검사는 제221조의 규정에 의하여 감정을 위촉하는 경우에 제172조제3항의 유치처분이 필요할 때에는 판사에게 이를 청구하여야 한다.
② 판사는 제1항의 청구가 상당하다고 인정할 때에는 유치처분을 하여야 한다. 제172조 및 제172조의2의 규정은 이 경우에 준용한다.

제221조의4 【감정에 필요한 처분, 허가장】 ① 제221조의 규정에 의하여 감정의 위촉을 받은 자는 판사의 허가를 얻어 제173조제1항에 규정된 처분을 할 수 있다.
② 제1항의 허가의 청구는 검사가 하여야 한다.
③ 판사는 제2항의 청구가 상당하다고 인정할 때에는 허가장을 발부하여야 한다.
④ 제173조제2항, 제3항 및 제5항의 규정은 제3항의 허가장에 준용한다.

제172조 【법원 외의 감정】 ① 법원은 필요한 때에는 감정인으로 하여금 법원 외에서 감정하게 할 수 있다.
② 전항의 경우에는 감정을 요하는 물건을 감정인에게 교부할 수 있다.
③ 피고인의 정신 또는 신체에 관한 감정에 필요한 때에는 법원은 기간을 정하여 병원 기타 적당한 장소에 피고인을 유치하게 할 수 있고 감정이 완료되면 즉시 유치를 해제하여야 한다.
④ 전항의 유치를 함에는 감정유치장을 발부하여야 한다.
⑤ 제3항의 유치를 함에 있어서 필요한 때에는 법원은 직권 또는 피고인을 수용할 병원 기타 장소의 관리자의 신청에 의하여 사법경찰관리에게 피고인의 간수를 명할 수 있다.

⑥ 법원은 필요한 때에는 유치기간을 연장하거나 단축할 수 있다.
⑦ 구속에 관한 규정은 이 법률에 특별한 규정이 없는 경우에는 제3항의 유치에 관하여 이를 준용한다. 단, 보석에 관한 규정은 그러하지 아니하다.
⑧ 제3항의 유치는 미결구금일수의 산입에 있어서는 이를 구속으로 간주한다.

제172조의2 【감정유치와 구속】 ① 구속 중인 피고인에 대하여 감정유치장이 집행되었을 때에는 피고인이 유치되어 있는 기간 구속은 그 집행이 정지된 것으로 간주한다.
② 전항의 경우에 전조 제3항의 유치처분이 취소되거나 유치기간이 만료된 때에는 구속의 집행정지가 취소된 것으로 간주한다.

제173조 【감정에 필요한 처분】 ① 감정인은 감정에 관하여 필요한 때에는 법원의 허가를 얻어 타인의 주거, 간수자 있는 가옥, 건조물, 항공기, 선차 내에 들어 갈 수 있고 신체의 검사, 사체의 해부, 분묘발굴, 물건의 파괴를 할 수 있다.
② 전항의 허가에는 피고인의 성명, 죄명, 들어갈 장소, 검사할 신체, 해부할 사체, 발굴할 분묘, 파괴할 물건, 감정인의 성명과 유효기간을 기재한 허가장을 발부하여야 한다.
③ 감정인은 제1항의 처분을 받는 자에게 허가장을 제시하여야 한다.
④ 전2항의 규정은 감정인이 공판정에서 행하는 제1항의 처분에는 적용하지 아니한다.
⑤ 제141조, 제143조의 규정은 제1항의 경우에 준용한다.

의 의	① 검사·사법경찰관은 수사에 필요한 때 감정·통역·번역 위촉 可(법 §221②)
	② 임의수사 : 위촉 수락 여부, 출석 여부, 출석 후 퇴거 모두 자유
	③ 감정수탁자와 감정인의 차이
	㉠ 감정수탁자는 수사상 감정위촉을 받은 자, 감정인은 법원의 증거조사방법으로 행해
	지는 감정에 있어서 그 명을 받은 자
	㉡ 감정수탁자는 선서 ×, 감정 시 당사자 참여 × ≠ 감정인

방 법	감정유치처분	① 감정을 위하여 유치가 필요하면
		② 검사 → 판사에게 감정유치처분(법 §172③) 청구(§221의3①)
		③ 판사 → **감정유치처분**(강제수사, **감정유치장** 발부, 법 §221의3②, §172④)
		④ 감정유치결정 불복 ×, 감정유치기간 재정기간
	감정에 필요한 처분	① 감정위촉을 받은 자(감정수탁자)는
		② 검사의 청구 → 판사의 허가(**감정처분허가서**)를 얻어
		③ 감정에 필요한 처분 可(법 §221의4)
		④ 감정에 필요한 처분 : 타인의 주거, 간수자 있는 가옥, 건조물, 항공기,
		선차 내 출입, 신체검사, 사체해부, 분묘발굴, 물건파괴(§173①)
	참고인조사 조서작성	① 감정인·통역인·번역인을 참고인으로 조사
		② 조서작성(법 §48, §50)

증거능력	① 감정의 경과와 결과를 기재한 서류(감정서, 감정보고서)
	② 법 §313③ : 자/성/반

(3) 사실조회(공무소 등에의 조회)

의 의	수사기관이 수사에 관하여 공무소 기타 공사단체에 조회하여 필요한 사항의 보고를 요구 (법 §199②, 예 전과조회, 신원조회 등)
임의수사	조회받은 상대방 보고의무 ○ but 이행강제 ×(∵ 영장 ×) [경 05/2차]

강제처분과 강제수사

💡 퍼써 정리 | 강제처분의 종류

객 체	대인적 강제처분	체포, 구속, 소환, 신체수색, 신체검증	사람에 대해 강제력이 직접 행사됨
	대물적 강제처분	압수, 수색, 물건·장소 검증, 제출명령	물건에 대해 강제력이 직접 행사됨
주 체	수소법원	구속, 압수, 수색, 검증	공소제기 후 법원
	판 사	• 증거보전절차로서 판사가 행하는 강제처분(§184) • 검사의 청구에 의한 감정유치처분(§221의3)	• 수사기관의 청구 • 공소제기 전 판사
	수사기관	체포, 구속, 압수, 수색, 검증	강제수사
절 차	기소전	수사기관에 의한 강제처분	검사의 청구에 의하여 수사단계에서 판사가 행하는 강제처분
	기소후	수소법원에 의한 강제처분	
사전영장의 요부	통상 강제처분	• 영장에 의한 체포, 구속 • 통상의 압수·수색·검증	사전영장에 의한 강제처분
	긴급 강제처분	• 긴급체포, 현행범체포 • 영장에 의하지 아니하는 압수·수색·검증	사후영장에 의한 강제처분
강제의 정도	직접적 강제처분	체포, 구속, 압수, 수색	직접 물리적인 힘을 행사하는 강제처분
	간접적 강제처분	소환, 제출명령	심리적 강제에 의하여 일정한 행동을 하게 하는 강제처분

01 대인적 강제수사

I 체 포

수사단계에서 피의자의 신병확보를 위하여 48시간을 초과하지 않는 기간 동안 수사관서 등 일정한 장소로 인치하는 구속의 전 단계 처분으로서의 대인적 강제처분

1. 영장에 의한 체포

제200조의2【영장에 의한 체포】① 피의자가 죄를 범하였다고 의심할 만한 상당한 이유가 있고, 정당한 이유 없이 제200조의 규정에 의한 출석요구에 응하지 아니하거나 응하지 아니할 우려가 있는 때에는 검사는 관할 지방법원판사에게 청구하여 체포영장을 발부받아 피의자를 체포할 수 있고, 사법경찰관은 검사에게 신청하여 검사의 청구로 관할 지방법원판사의 체포영장을 발부받아 피의자를 체포할 수 있다. 다만, 다액 50만원 이하의 벌금, 구류 또는 과료에 해당하는 사건에 관하여는 피의자가 일정한 주거가 없는 경우 또는 정당한 이유 없이 제200조의 규정에 의한 출석요구에 응하지 아니한 경우에 한한다.

② 제1항의 청구를 받은 지방법원판사는 상당하다고 인정할 때에는 체포영장을 발부한다. 다만, 명백히 체포의 필요가 인정되지 아니하는 경우에는 그러하지 아니하다.

③ 제1항의 청구를 받은 지방법원판사가 체포영장을 발부하지 아니할 때에는 청구서에 그 취지 및 이유를 기재하고 서명날인하여 청구한 검사에게 교부한다.

④ 검사가 제1항의 청구를 함에 있어서 동일한 범죄사실에 관하여 그 피의자에 대하여 전에 체포영장을 청구하였거나 발부받은 사실이 있는 때에는 다시 체포영장을 청구하는 취지 및 이유를 기재하여야 한다.

⑤ 체포한 피의자를 구속하고자 할 때에는 체포한 때부터 48시간 이내에 제201조의 규정에 의하여 구속영장을 청구하여야 하고, 그 기간내에 구속영장을 청구하지 아니하는 때에는 피의자를 즉시 석방하여야 한다.

제200조의5【체포와 피의사실 등의 고지】검사 또는 사법경찰관은 피의자를 체포하는 경우에는 피의사실의 요지, 체포의 이유와 변호인을 선임할 수 있음을 말하고 변명할 기회를 주어야 한다.

제200조의6【준용규정】제75조, 제81조 제1항 본문 및 제3항, 제82조, 제83조, 제85조제1항·제3항 및 제4항, 제86조, 제87조, 제89조부터 제91조까지, 제93조, 제101조제4항 및 제102조제2항 단서의 규정은 검사 또는 사법경찰관이 피의자를 체포하는 경우에 이를 준용한다. 이 경우 "구속"은 이를 "체포"로, "구속영장"은 이를 "체포영장"으로 본다.

제75조【구속영장의 방식】① 구속영장에는 피고인의 성명, 주거, 죄명, 공소사실의 요지, 인치 구금할 장소, 발부년월일, 그 유효기간과 그 기간을 경과하면 집행에 착수하지 못하며 영장을 반환하여야 할 취지를 기재하고 재판장 또는 수명법관이 서명날인하여야 한다.

② 피고인의 성명이 분명하지 아니한 때에는 인상, 체격, 기타 피고인을 특정할 수 있는 사항으로 피고인을 표시할 수 있다.

③ 피고인의 주거가 분명하지 아니한 때에는 그 주거의 기재를 생략할 수 있다.

제81조【구속영장의 집행】① 구속영장은 검사의 지휘에 의하여 사법경찰관리가 집행한다.

③ 교도소 또는 구치소에 있는 피고인에 대하여 발부된 구속영장은 검사의 지휘에 의하여 교도관이 집행한다.

제83조【관할구역 외에서의 구속영장의 집행과 그 촉탁】① 검사는 필요에 의하여 관할구역 외에서 구속영장의 집행을 지휘할 수 있고 또는 당해 관할구역의 검사에게 집행지휘를 촉탁할 수 있다.

② 사법경찰관리는 필요에 의하여 관할구역 외에서 구속영장을 집행할 수 있고 또는 당해 관할구역의 사법경찰관리에게 집행을 촉탁할 수 있다.

제85조【구속영장집행의 절차】① 구속영장을 집행함에는 피고인에게 반드시 이를 제시하고 그 사본을 교부하여야 하며 신속히 지정된 법원 기타 장소에 인치하여야 한다. 〈개정 2022.2.3.〉

③ 구속영장을 소지하지 아니한 경우에 급속을 요하는 때에는 피고인에 대하여 공소사실의 요지와 영장이 발부되었음을 고하고 집행할 수 있다.

④ 전항의 집행을 완료한 후에는 신속히 구속영장을 제시하고 그 사본을 교부하여야 한다. 〈개정 2022.2.3.〉

제86조【호송 중의 가유치】구속영장의 집행을 받은 피고인을 호송할 경우에 필요하면 가장 가까운 교도소 또는 구치소에 임시로 유치할 수 있다. [전문개정 2020.12.8.]

제87조【구속의 통지】① 피고인을 구속한 때에는 변호인이 있는 경우에는 변호인에게, 변호인이 없는 경우에는 제30조제2항에 규정한 자 중 피고인

이 지정한 자에게 피고사건명, 구속일시·장소, 범죄사실의 요지, 구속의 이유와 변호인을 선임할 수 있는 취지를 알려야 한다.

② 제1항의 통지는 지체 없이 서면으로 하여야 한다.

제203조의2 【구속기간에의 산입】 피의자가 제200조의2·제200조의3·제201조의2제2항 또는 제212조의 규정에 의하여 체포 또는 구인된 경우에는 제202조 또는 제203조의 구속기간은 피의자를 체포 또는 구인한 날부터 기산한다.

제204조 【영장발부와 법원에 대한 통지】 체포영장 또는 구속영장의 발부를 받은 후 피의자를 체포 또는 구속하지 아니하거나 체포 또는 구속한 피의자를 석방한 때에는 지체 없이 검사는 영장을 발부한 법원에 그 사유를 서면으로 통지하여야 한다.

의 의		수사기관이 사전에 법관의 체포영장을 발부받아 피의자를 체포하는 것(영장에 의한 체포, 통상체포)
요 건	상당한 범죄혐의	① 죄를 범하였다고 의심할 만한 상당한 이유(법 §200의2①) ② 주관적 혐의 ×, 객관적 혐의 ○(유죄판결 고도의 개연성)
	체포사유	① **출석요구 불응 또는 불응 우려**(동①) ② 경미사건(**다액 50만원 이하의 벌금, 구류 또는 과료**, 동① 단서) 　㉠ **일정한 주거가 없는 경우** or 　㉡ 정당한 이유 없이 **출석요구에 응하지 아니한 경우** ③ 체포의 필요성 – **소극적 요건** 　㉠ 명백히 체포의 필요(도망 or 증거인멸 염려)가 인정되지 아니하는 경우 판사는 체포영장 발부 不可(동② 단서) 　㉡ 적극적 요건 ×, 소극적 요건 ○
절 차		체포영장 신청(경찰) → 영장청구(검사) → 영장발부(판사) → 영장제시·집행(검사 지휘, 사경 집행) : 미란다고지(사/이/변/기/진) → 체포통지(24h) → 구속영장 신청 또는 석방 (48h)
	체포영장 청구	① 검사는 관할 지방법원판사에게 청구(사경은 검사에게 신청) ② 청구는 서면(체포영장청구서) ③ **재체포 제한 ×** [국7 10] (≠ 긴급체포, 피의자구속) ④ 단, 영장 재청구 시 다시 체포영장을 청구하는 취지 및 이유 기재 要(동④, 규칙 §95 8.) [경 12/3차] ⑤ But 체포적부심 석방 시 재체포 : 실제 도망 / 증거인멸 要
	영장발부	① 상당하면 관할지법판사 체포영장발부(법 동②) ② 체포영장 발부 시 **피의자심문 ×**(≠ 구속영장) ③ 영장발부·기각결정에 대한 **불복 ×** [국9 14]
	영장집행	① 검사지휘, 사경 또는 교도관 집행(법 §200의6, §81①③) [국9 13] ② 체포영장의 제시 및 사본교부 　㉠ 피의자에게 **정본제시 + 사본교부 要**(법 §200의6, §85①) 　（피해자 등 사건관계인의 개인정보가 피의자 방어권 보장을 위하여 필요한 정도를 넘어 불필요하게 노출되지 않도록 유의 : 수사준칙 §32의2) → 피의자로부터 영장 사본 교부 확인서를 받아 사건기록에 편철 → 피의자가 영장의 사본을 수령하기를 거부하거나 영장 사본 교부 확인서에 기명날인 또는 서명하는

		것을 거부하는 경우에는 검사 또는 사법경찰관이 영장 사본 교부 확인서 끝부분에 그 사유를 적고 기명날인 또는 서명(수사준칙 §32의2)

절 차	영장집행	ⓛ 긴급집행 : 체포영장 <u>미소지</u> → <u>급속</u>을 요하는 때 → <u>범죄사실요지 & 영장 발부 고하고 집행</u> → 집행완료 후 <u>신속히 영장(정본) 제시 + 사본교부 要</u> (§85③④)
		③ 미란다고지
		  ㉠ 피의**사**실의 요지
		  ㉡ 체포의 **이유**
		  ㉢ **변**호인을 선임할 수 있음을 말하고
		  ㉣ 변명할 **기**회를 준 후가 아니면 피의자 체포 不可(§200의5 : 사/이/변/기)
		  ㉤ **진술거부권** : 종래 피의자 체포·구속 시의 미란다고지 내용에 포함되지 않았음 but <u>2020.10.7. 제정된 수사준칙(대통령령)에 의하여 포함</u>됨
		    ⓐ 체포·구속 시 진술거부권을 알려주어야 함(수사준칙 §32①)
		    ⓑ 고지하는 진술거부권의 내용 : 진술거부 / 불이익 없음 / 포기 시 유죄 증거사용 可(수사준칙 §32②)
		  ㉥ 미란다고지 시기 : <u>이전에 미리</u> 하는 것이 원칙 but 달아나는 피의자를 쫓아가 붙들거나 폭력으로 대항하는 피의자를 실력으로 제압하는 경우에는 <u>붙들거나 제압한 후에 지체 없이</u>(99도4341; 2004도3212, 긴급체포·현행범체포도 同)
		④ 체포영장 집행시 긴급 압수·수색·검증(영장주의 예외)
		  ㉠ 피의자수색 : if 미리 수색영장 받기 어려운 긴급한 사정 有 → <u>수색영장 없이</u> 타인의 주거에 들어가서 피의자 발견을 위한 <u>수색 可</u>(법 §216①1.)
		  ㉡ 체포현장에서의 압수·수색·검증 : <u>체포현장</u>에서는 영장 없이 압수·수색·검증 可(동 제2호)
		⑤ 수용과 가유치
		  ㉠ 영장에 기재된 인치·구금할 장소(경찰서 유치장, 구치소 또는 교도소 내의 미결수용실)에 수용
		  ㉡ 영장집행을 받은 피의자를 호송할 경우 가장 가까운 교도소·구치소에 임시 유치 可(법 §86 : 호송 중 가유치) [국9 13]
		⑥ 영장미집행·석방 시 통지
		  ㉠ 영장발부 후 피의자를 체포하지 아니하거나
		  ㉡ 체포한 피의자를 석방(구속취소)한 때
		  → <u>지체 없이</u> 검사는 영장발부법원에 서면통지 要(법 §204)

	집행 후	ⓛ 적부심청구권 고지의무 : 체포한 검사·사경은 체포된 **피**의자와 체포적부심 사**청**구권자(§214의2①) 중 피의자가 지정하는 자에게 <u>체포적부심사를 청구할 수 있음을 알려야 함</u>(동②)
		② 변호인 등에 대한 체포통지의무(§200의6, §87)
		  ㉠ 통지대상 : 변호인이 있으면 **변**호인에게, 변호인이 없으면 **법/배/직/형** 중 피의자가 지정한 자에게
		  ㉡ 시간적 한계 : <u>지체 없이</u>(법 §87②) [경 15/2차] → 체포한 때부터 늦어도 <u>24시간</u> 이내(규칙 §100①, §51② 제1문)

절차		
	집행 후	㉢ 통지방법 : **서면**(법 §87②) but **급속**을 요할 시 **전화 또는 모사전송기 기타 상당한 방법**(다만, 이 경우 **다시 서면**)(규칙 §51③) ㉣ 통지내용 : 피의사건**명**, 체포일시와 **장**소, 범죄**사**실의 요지, 체포의 **이**유와 **변**호인을 선임할 수 있다는 사실(법 §87①)
	구속영장 청구와 석방	① 구속영장청구 : **체포한 때부터 48시간 이내** 검사가 구속영장 **청구 要**(구속영장 청구하면 ○, 구속영장 발부 不要)(법 §200의2⑤) ② 석방 ㉠ 영장미청구 : 그 기간 내에 구속영장을 청구하지 아니하는 때에는 피의자를 **즉시 석방**(동⑤) [행시 03, 경 04/2차, 경 05/2차, 경 06/1차] ㉡ 영장미발부 : 구속영장 청구하였으나 영장청구가 기각되어 구속영장을 발부받지 못한 경우에도 **즉시 석방**(규칙 §100②, 법 §200의4②)
	구속기간	체포된 피의자를 구속영장에 의하여 구속한 때에는 구속기간은 피의자를 **체포한 날부터 기산**(법 §203의2)

🔗 한줄판례 Summary

① 피고인이 경찰관들과 마주하자마자 도망가려는 태도를 보이거나 먼저 폭력을 행사하며 대항한 바 없음에도 경찰관들이 **애초부터 미란다 원칙을 체포 후에 고지할 생각**으로 먼저 체포행위에 나선 행위는 적법한 공무집행이라고 볼 수 없음(2017도10866) [경 18/2차, 경승 20]
② 체포영장의 긴급집행 → 피고인이 저항하여 경찰관을 폭행하는 등 행위 → 특수공무집행방해의 현행범으로 체포 → (영장체포가 아니라 현행범체포이므로) 체포영장을 별도로 제시하지 않아도 적법(2021도4648)

2. 긴급체포

✔ 조문정리

제200조의3【긴급체포】① 검사 또는 사법경찰관은 피의자가 사형·무기 또는 장기 3년 이상의 징역이나 금고에 해당하는 죄를 범하였다고 의심할 만한 상당한 이유가 있고, 다음 각 호의 어느 하나에 해당하는 사유가 있는 경우에 긴급을 요하여 지방법원판사의 체포영장을 받을 수 없는 때에는 그 사유를 알리고 영장 없이 피의자를 체포할 수 있다. 이 경우 긴급을 요한다 함은 피의자를 우연히 발견한 경우 등과 같이 체포영장을 받을 시간적 여유가 없는 때를 말한다.
1. 피의자가 증거를 인멸할 염려가 있는 때
2. 피의자가 도망하거나 도망할 우려가 있는 때
② 사법경찰관이 제1항의 규정에 의하여 피의자를 체포한 경우에는 즉시 검사의 승인을 얻어야 한다.
③ 검사 또는 사법경찰관은 제1항의 규정에 의하여 피의자를 체포한 경우에는 즉시 긴급체포서를 작성하여야 한다.

④ 제3항의 규정에 의한 긴급체포서에는 범죄사실의 요지, 긴급체포의 사유 등을 기재하여야 한다.

제200조의4【긴급체포와 영장청구기간】① 검사 또는 사법경찰관이 제200조의3의 규정에 의하여 피의자를 체포한 경우 피의자를 구속하고자 할 때에는 지체 없이 검사는 관할지방법원판사에게 구속영장을 청구하여야 하고, 사법경찰관은 검사에게 신청하여 검사의 청구로 관할지방법원판사에게 구속영장을 청구하여야 한다. 이 경우 구속영장은 피의자를 체포한 때부터 48시간 이내에 청구하여야 하며, 제200조의3제3항에 따른 긴급체포서를 첨부하여야 한다.
② 제1항의 규정에 의하여 구속영장을 청구하지 아니하거나 발부받지 못한 때에는 피의자를 즉시 석방하여야 한다.
③ 제2항의 규정에 의하여 석방된 자는 영장 없이는 동일한 범죄사실에 관하여 체포하지 못한다.

④ 검사는 제1항에 따른 구속영장을 청구하지 아니하고 피의자를 석방한 경우에는 석방한 날부터 30일 이내에 서면으로 다음 각 호의 사항을 법원에 통지하여야 한다. 이 경우 긴급체포서의 사본을 첨부하여야 한다.
1. 긴급체포 후 석방된 자의 인적사항
2. 긴급체포의 일시·장소와 긴급체포하게 된 구체적 이유
3. 석방의 일시·장소 및 사유
4. 긴급체포 및 석방한 검사 또는 사법경찰관의 성명
⑤ 긴급체포 후 석방된 자 또는 그 변호인·법정대리인·배우자·직계친족·형제자매는 통지서 및 관련 서류를 열람하거나 등사할 수 있다.
⑥ 사법경찰관은 긴급체포한 피의자에 대하여 구속영장을 신청하지 아니하고 석방한 경우에는 즉시 검사에게 보고하여야 한다.

의 의		수사기관이 중대한 죄를 범하였다고 의심할 만한 상당한 이유가 있는 피의자를 법관의 체포영장을 발부받지 않고 체포하는 제도
요 건	상당한 범죄혐의	객관적 혐의(= 통상체포)
	범죄의 **중**대성	사형·무기 또는 **장**기 **3**년 이상의 징역·금고에 해당하는 죄
	체포의 **필**요성	① **증거를 인멸할 염려**가 있거나 **도망** 또는 **도망할 염려** ② 명문의 요건 [국9 13] (≠ 영장체포 : 소극적 요건) ③ 주거부정 : 긴급체포 요건 ×
	체포의 **긴급**성	① 긴급을 요하여 판사의 체포영장을 발부받을 수 없을 것 ② 피의자를 우연히 발견한 경우 등과 같이 체포영장을 받을 시간적 여유가 없는 때 [경 06/2차]
요건 판단		① **체포 당시 상황 기준** ○ ∴ 사후적 판단 × [법원 14, 경 05/3차, 경 06/2차, 경 10/2차, 경 12/3차, 경 13/1차, 경 13/2차] ② 긴급성 판단 : 영장체포 객관적 불가능 不要 → **검사·사경의 상당한(합리적) 판단**에 의하여 체포 목적 위험 足 [경 11/2차, 경 13/2차] ③ 판단의 한계 : 상당한 재량의 여지 ○ but **현저히 합리성을 잃은 경우에는 위법한 체포**(2002모81) [법원 14, 국9 05] ④ 위법체포 중 작성된 피신조서 : 긴급체포 요건 위반은 영장주의에 위배되는 중대한 위법 ∴ 체포에 의한 유치 중에 작성된 피의자신문조서는 **위법하게 수집된 증거**(2000도5701) [국9 05]
절 차		긴급체포 : 미란다고지, 즉시 긴급체포서 작성, 지체 없이(24h) 변호인 등에의 통지 → 즉시 검사의 승인 → ① 구속영장청구 또는 ② 석방 ① 구속영장청구(48h) → 영장발부(구속) 또는 기각(석방) ② 석방 → 석방통지(경찰 : 즉시 검사에게 보고, 검사 : 30일 내 법원에 서면 통지)
	긴급체포 방법	① 긴급체포권자 : **검사** 또는 **사법경찰관, 사법경찰리**도 ○(判, 64도740)(通은 반대) ② 미란다고지 　㉠ **사/이/변/기** : 피의사실의 요지, 체포의 이유와 변호인을 선임할 수 있음을 말하고 변명할 기회를 주어야 함(§200의5) [경 05/2차, 경 06/1차] 　㉡ **진** : 대통령령에 의하여 진술거부권 고지 要(수사준칙 §32①)

절 차	체포 후 절차	① 긴급체포서 작성 : 검사·사경은 긴급체포한 경우 **즉시 긴급체포서 작성** 要 & 긴급체포서에는 범죄사실의 요지, 긴급체포의 사유 등 기재(법 §200의3③④) [국9 13] ② 검사의 긴급체포 승인권 : 사경 긴급체포는 **즉시 검사의 승인** 要(동②) [국9 13, 경간 13, 경 15/3차] 　㉠ 사경의 승인요청 : 사경 긴급체포 후 **12시간 내** 긴급체포 승인요청서(범죄사실의 요지, 긴급체포의 일시·장소, 긴급체포의 사유, 체포를 계속해야 하는 사유 등)로 **검사에게 긴급체포 승인 요청** 要(but 격지 및 해양경비법에 따른 경비수역은 24시간 내 可, 긴급 시 KICS or 팩스 이용 可)(수사준칙 §27①②) 　㉡ 검사의 승인·불승인 　　ⓐ 승인 : 긴급체포 승인 요청 이유 있음 → 지체 없이 긴급체포 승인서 사경에게 송부(동규정 동③) 　　ⓑ 불승인 : 이유 없음 → 지체 없이 사경에게 불승인 통보 → **사경 긴급체포된 피의자 즉시 석방** & 석방 일시·사유 등 검사에게 통보 要(동규정 동④) [국9 13, 경 15/3차] ③ 검사의 적법성 심사권 　㉠ 의의 : 긴급체포 승인 및 구속영장청구가 피의자 인권에 대한 부당한 침해를 초래하지 않도록 **긴급체포의 적법성 여부를 심사**하면서 수사서류뿐만 아니라 **피의자**를 검찰청으로 출석시켜 **직접 대면조사할 수 있는 검사의 권한** 　㉡ 성질 : 검사의 구속영장청구 전 피의자대면조사는 강제수사가 아닌 **임의수사** ∴ 피의자 출석요구에 응할 **의무 ×** ∴ 피의자 **동의** 시에만 사경은 피의자를 검찰청으로 호송(2008도11999) [법원 14/17, 경 11/2차, 경 12/2차] ④ 적부심청구권 고지의무 및 변호인 등에 대한 체포통지의무 = 영장에 의한 체포
	구속과 석방	① 구속영장 청구 : 검사 또는 사법경찰관이 긴급체포한 피의자를 구속하고자 할 때에는 지체 없이 검사는 관할지방법원판사에게 구속영장을 청구하여야 함(법 §200의4①) 　㉠ 사경 : 검사에게 신청 [행시 05, 국9 09, 경 05/3차] 　㉡ 검사의 영장청구권 : 검사는 관할지방법원판사에게 지체 없이 구속영장 청구 → 피의자 체포한 때부터 **48시간 이내 청구** & 긴급체포서 첨부 [국9 09] ② 석방 : ㉠ 긴급체포한 후 48시간 이내 구속영장 청구 × or ㉡ 청구했지만 구속영장 발부 × → **즉시 석방**(동②) [경 06/1차, 경 08, 법원 17]
사후 통제		① 사경 석방 시 즉시보고의무 : 사경이 구속영장 신청 × 석방 → **즉시 검사에게 보고 要**(§200의4⑥) [국9 09/10, 경 09/1차, 경 10/1차, 경 12/3차, 경 13/1차] ② 검사의 법원에의 통지의무 : 검사가 구속영장 청구 × 석방 → 석방한 날부터 **30일 이내에 서면으로** 긴급체포이유·석방사유 등 **법원에 통지 要**(§200의4④) [경 08/3차] ③ 피의자 측의 열람·등사권 : 긴급체포 후 석방된 자 또는 그 변호인·법정대리인·배우자·직계친족·형제자매는 **통지서·관련서류 열람·등사 可**(§200의4⑤) [국9 10/17]
재체포 제한		① 긴급체포 – 석방 – 긴급체포 × : 긴급체포 – 구속영장 청구 × or 구속영장 발부 × 석방 → **영장 없이는 다시 체포 ×**(§200의4③) [법원 14, 국9 10/17, 경 12/2차, 경 15/3차] ② **긴급체포 – 석방 – 다른 중요한 증거 – 긴급체포 ×** ③ **긴급체포 – 석방 – 도망 / 증거인멸 염려 – 긴급체포 ×** ④ **긴급체포 – 석방 – 체포영장에 의한 체포 ○**

재체포 제한	⑤ 긴급체포 – **석방** – 피의자**구**속 ○
	⑥ 피의자구속 – 석방 – **다른 중**요한 증거 – 피의자구속 ○(재**구**속 제한, 다중 – 구/기/재)
	⑦ 피고인구속 – 석방 – **피고인구속** ○(법원의 피고인구속은 재구속 제한 ×)

🔗 한줄판례 Summary

경찰관이 **이미 피고인의 신원과 주거지 및 전화번호 등을 모두 파악**하고 있었고, 당시 마약 투약의 범죄 증거가 급속하게 소멸될 상황도 아니었던 점 등의 사정을 감안하면, 긴급체포가 미리 체포영장을 받을 시간적 여유가 없었던 경우에 해당하지 않아 경찰관의 **긴급체포는 위법**(2016도5814) [국7 20, 경승 20]

3. 현행범체포

✅ 조문정리

제211조【현행범인과 준현행범인】① 범죄를 실행하고 있거나 실행하고 난 직후의 사람을 현행범인이라 한다.
② 다음 각 호의 어느 하나에 해당하는 사람은 현행범인으로 본다.
1. 범인으로 불리며 추적되고 있을 때
2. 장물이나 범죄에 사용되었다고 인정하기에 충분한 흉기나 그 밖의 물건을 소지하고 있을 때
3. 신체나 의복류에 증거가 될 만한 뚜렷한 흔적이 있을 때
4. 누구냐고 묻자 도망하려고 할 때
[전문개정 2020.12.8.]

제212조【현행범인의 체포】현행범인은 누구든지 영장 없이 체포할 수 있다.

제213조【체포된 현행범인의 인도】① 검사 또는 사법경찰관리 아닌 자가 현행범인을 체포한 때에는 즉시 검사 또는 사법경찰관리에게 인도하여야 한다.
② 사법경찰관리가 현행범인의 인도를 받은 때에는 체포자의 성명, 주거, 체포의 사유를 물어야 하고 필요한 때에는 체포자에 대하여 경찰관서에 동행함을 요구할 수 있다.

제213조의2【준용규정】제87조, 제89조, 제90조, 제200조의2제5항 및 제200조의5의 규정은 검사 또는 사법경찰관리가 현행범인을 체포하거나 현행범인을 인도받은 경우에 이를 준용한다.

제214조【경미사건과 현행범인의 체포】다액 50만원 이하의 벌금, 구류 또는 과료에 해당하는 죄의 현행범인에 대하여는 범인의 주거가 분명하지 아니한 때에 한하여 제212조 내지 제213조의 규정을 적용한다.

의 의	현행범인 또는 준현행범인을 누구나 영장 없이 체포할 수 있는 제도로서, 긴급체포와 함께 대인적 강제수사에 있어서 영장주의의 예외
요 건	**현행성**	① 고유한 의미의 현행범인 : 범죄를 실행하고 있거나(실행 중) 실행하고 난 직후(실행 직후)의 사람(우리말 순화 개정법 §211①) [해간 12, 경승 09] ⓐ 실행 중 : 실행에 착수하여 종료하지 못한 상태 ⓑ 실행 직후 : 실행행위를 종료한 직후로서, 실행행위를 끝마친 순간 또는 이에 접착된 시간적 단계까지 & **체포자의 입장**에서 시간적·장소적으로 보아 체포를 당하는 자가 방금 범죄를 실행한 범인이라는 점에 관한 **죄증이 명백히 존재**하는 것으로 인정 要(2005도7158 등) [국9 16, 경 10/2차, 경 11/1차, 경 13/2차, 경 16/1차] ② 준현행범인 : 현행범인으로 보는 경우(§211②) ⓐ 범인으로 **불**리며 추적되고 있을 때(1.)

요건	**현행성**	① **장**물이나 범죄에 사용되었다고 인정하기에 충분한 흉기나 그 밖의 물건을 소지하고 있을 때(2.) : 현재 소지 要 ⓒ **신**체 또는 의복류에 증거가 될 만한 뚜렷한 흔적이 있을 때(3.) ② 누구냐고 **묻**자 도망하려고 할 때(4.) : 누구임을 묻는 주체는 수사기관에 한하지 않고 사인 포함 [국9 14, 경 11/2차] [정리] 준현행범인 : 준/불/장/신/묻(구법 : 준/호/장/신/물)
	명백성	① 특정 범죄의 범인 : 체포시점 **특정 범죄 범인임이 명백 要** ② 범죄의 **가**벌성 : 외형상 죄를 범한 것처럼 보여도 ㉠ 위법성·책임조각사유 존재하여 범죄불성립 명백 例 형사미성년자의 행위 ⓒ 인적 처벌조각사유 존재하여 처벌조건 없음 명백 例 직계혈족·배우자 간의 절도 ⓒ 미수·예비·음모 처벌규정이 없는 경우 例 미수를 벌하지 않는 폭행 → 체포 × ③ 소송조건 不要 : 소송조건은 체포요건 × ∴ 친고죄 : 고소 없어도 체포 可 but 고소가능성 없으면 不可 [행시 02]
	필요성	**도망 또는 증거인멸 염려** : 적극적 요건(判) [법원 14, 국7 14, 경 11/1차, 경 13/2차, 경 16/1차, 경 04/3차]
	비례성	**다액 50만원 이하의 벌금, 구류 또는 과료**(경미사건) 범인의 **주거가 분명하지 아니한 때**에 한함(§214) [경 05/2차, 경 13/2차]
	국회의원	① 국회의원은 회기 중 국회의 동의 없이 체포·구금 × ② But **불체포특권은 현행범인에는 해당 ×**(헌법 §44①) ③ 국회의원이 회기 전 체포·구금된 때 국회의 요구가 있으면 회기 중 석방 but **현행범인 ×**(동②) [행시 03, 경 01/2차]
절차	**체포**	① 주체 : **누구든지** ∴ 수사기관·사인 불문 ② 수사기관 체포 시 미란다고지 : **사/이/변/기**(헌법 §12⑤, 법 §213의2, §200의5) + **진**(수사준칙 §32①) [경 05/2차, 경 10/2차, 경 11/1차, 경 14/2차] ③ 사인 체포 시 고지의무 ×
	체포 후 절차	① 사인 체포 시 현행범인의 즉시 인도의무(§213①) [경 13/2차, 경 14/2차] ㉠ 즉시 = **불필요한 지체를 함이 없이** ⓒ 사인 석방 × ② 인도받은 수사기관 ㉠ **미란다고지** ⓒ 현행범인인수서 작성 ⓒ **체포자의 성명·주거, 체포사유 조사 要** ② 필요시 **체포자 동행요구 可** [경 13/2차, 경 14/2차] ③ 수사기관 체포 or 인수 시 : 적부심청구권 고지의무 및 변호인 등에 대한 통지의무(= 영장체포)
	구속과 석방	① 체포 ~ **48시간 이내 구속영장 청구** [경 05/2차, 경 14/2차] ② 사인 체포 시 48시간의 기산점 : 체포시 ×, **현행범인을 인도받은 때** ○(2011도12927) [법원 13/14, 국9 16, 경 12/2차, 경 15/3차] ③ 구속기간의 기산일 : 체포일 ④ 구속영장 미청구 or 청구했으나 미발부 → 즉시 석방 [경 06/1차]

⊘ 조문정리

제1편 총칙

제9장 피고인의 소환, 구속

제69조【구속의 정의】 본법에서 구속이라 함은 구인과 구금을 포함한다.

제70조【구속의 사유】 ① 법원은 피고인이 죄를 범하였다고 의심할 만한 상당한 이유가 있고 다음 각 호의 1에 해당하는 사유가 있는 경우에는 피고인을 구속할 수 있다.

　1. 피고인이 일정한 주거가 없는 때

　2. 피고인이 증거를 인멸할 염려가 있는 때

　3. 피고인이 도망하거나 도망할 염려가 있는 때

② 법원은 제1항의 구속사유를 심사함에 있어서 범죄의 중대성, 재범의 위험성, 피해자 및 중요 참고인 등에 대한 위해우려 등을 고려하여야 한다.

③ 다액 50만원 이하의 벌금, 구류 또는 과료에 해당하는 사건에 관하여는 제1항제1호의 경우를 제한 외에는 구속할 수 없다.

제71조【구인의 효력】 구인한 피고인을 법원에 인치한 경우에 구금할 필요가 없다고 인정한 때에는 그 인치한 때로부터 24시간 내에 석방하여야 한다.

제71조의2【구인 후의 유치】 법원은 인치받은 피고인을 유치할 필요가 있는 때에는 교도소·구치소 또는 경찰서 유치장에 유치할 수 있다. 이 경우 유치기간은 인치한 때부터 24시간을 초과할 수 없다.

제72조【구속과 이유의 고지】 피고인에 대하여 범죄사실의 요지, 구속의 이유와 변호인을 선임할 수 있음을 말하고 변명할 기회를 준 후가 아니면 구속할 수 없다 다만, 피고인이 도망한 경우에는 그러하지 아니하다.

제72조의2【고지의 방법】 ① 법원은 합의부원으로 하여금 제72조의 절차를 이행하게 할 수 있다.

② 법원은 피고인이 출석하기 어려운 특별한 사정이 있고 상당하다고 인정하는 때에는 검사와 변호인의 의견을 들어 비디오 등 중계장치에 의한 중계시설을 통하여 제72조의 절차를 진행할 수 있다. 〈신설 2021.8.17.〉

제73조【영장의 발부】 피고인을 소환함에는 소환장을, 구인 또는 구금함에는 구속영장을 발부하여야 한다.

제75조【구속영장의 방식】 ① 구속영장에는 피고인의 성명, 주거, 죄명, 공소사실의 요지, 인치 구금할 장소, 발부년월일, 그 유효기간과 그 기간을 경과하면 집행에 착수하지 못하며 영장을 반환하여야 할 취지를 기재하고 재판장 또는 수명법관이 서명날인하여야 한다.

② 피고인의 성명이 분명하지 아니한 때에는 인상, 체격, 기타 피고인을 특정할 수 있는 사항으로 피고인을 표시할 수 있다.

③ 피고인의 주거가 분명하지 아니한 때에는 그 주거의 기재를 생략할 수 있다.

제77조【구속의 촉탁】 ① 법원은 피고인의 현재지의 지방법원판사에게 피고인의 구속을 촉탁할 수 있다.

② 수탁판사는 피고인이 관할구역 내에 현재하지 아니한 때에는 그 현재지의 지방법원판사에게 전촉할 수 있다.

③ 수탁판사는 구속영장을 발부하여야 한다.

④ 제75조의 규정은 전항의 구속영장에 준용한다.

제78조【촉탁에 의한 구속의 절차】 ① 전조의 경우에 촉탁에 의하여 구속영장을 발부한 판사는 피고인을 인치한 때로부터 24시간 이내에 그 피고인임에 틀림없는가를 조사하여야 한다.

② 피고인임에 틀림없는 때에는 신속히 지정된 장소에 송치하여야 한다.

제80조【요급처분】 재판장은 급속을 요하는 경우에는 제68조부터 제71조까지, 제71조의2, 제73조, 제76조, 제77조와 전조에 규정한 처분을 할 수 있고 또는 합의부원으로 하여금 처분을 하게 할 수 있다.

제81조【구속영장의 집행】 ① 구속영장은 검사의 지휘에 의하여 사법경찰관리가 집행한다. 단, 급속을 요하는 경우에는 재판장, 수명법관 또는 수탁판사가 그 집행을 지휘할 수 있다.

② 제1항 단서의 경우에는 법원사무관 등에게 그 집행을 명할 수 있다. 이 경우에 법원사무관 등은 그 집행에 관하여 필요한 때에는 사법경찰관리·교도관 또는 법원경위에게 보조를 요구할 수 있으며 관할구역 외에서도 집행할 수 있다.

③ 교도소 또는 구치소에 있는 피고인에 대하여 발부된 구속영장은 검사의 지휘에 의하여 교도관이 집행한다.

제82조【수통의 구속영장의 작성】 ① 구속영장은 수통을 작성하여 사법경찰관리 수인에게 교부할 수 있다.

② 전항의 경우에는 그 사유를 구속영장에 기재하여야 한다.

제83조【관할구역 외에서의 구속영장의 집행과 그 촉탁】 ① 검사는 필요에 의하여 관할구역 외에서 구속영장의 집행을 지휘할 수 있고 또는 당해 관할구역의 검사에게 집행지휘를 촉탁할 수 있다.

② 사법경찰관리는 필요에 의하여 관할구역 외에서 구속영장을 집행할 수 있고 또는 당해 관할구역의 사법경찰관리에게 집행을 촉탁할 수 있다.

제84조【고등검찰청검사장 또는 지방검찰청검사장에 대한 수사촉탁】 피고인의 현재지가 분명하지 아니한 때에는 재판장은 고등검찰청검사장 또는 지방검찰청검사장에게 그 수사와 구속영장의 집행을 촉탁할 수 있다.

제85조【구속영장집행의 절차】 ① 구속영장을 집행함에는 피고인에게 반드시 이를 제시하고 그 사본을 교부하여야 하며 신속히 지정된 법원 기타 장소에 인치하여야 한다. 〈개정 2022.2.3.〉

② 제77조제3항의 구속영장에 관하여는 이를 발부한 판사에게 인치하여야 한다.

③ 구속영장을 소지하지 아니한 경우에 급속을 요하는 때에는 피고인에 대하여 공소사실의 요지와 영장이 발부되었음을 고하고 집행할 수 있다.

④ 전항의 집행을 완료한 후에는 신속히 구속영장을 제시하고 그 사본을 교부하여야 한다. 〈개정 2022.2.3.〉

제86조【호송 중의 가유치】 구속영장의 집행을 받은 피고인을 호송할 경우에 필요하면 가장 가까운 교도소 또는 구치소에 임시로 유치할 수 있다.
[전문개정 2020.12.8.]

제87조【구속의 통지】 ① 피고인을 구속한 때에는 변호인이 있는 경우에는 변호인에게, 변호인이 없는 경우에는 제30조제2항에 규정한 자 중 피고인이 지정한 자에게 피고사건명, 구속일시·장소, 범죄사실의 요지, 구속의 이유와 변호인을 선임할 수 있는 취지를 알려야 한다.

② 제1항의 통지는 지체 없이 서면으로 하여야 한다.

제88조【구속과 공소사실 등의 고지】 피고인을 구속한 때에는 즉시 공소사실의 요지와 변호인을 선임할 수 있음을 알려야 한다.

제89조【구속된 피고인의 접견·진료】 구속된 피고인은 관련 법률이 정한 범위에서 타인과 접견하고 서류나 물건을 수수하며 의사의 진료를 받을 수 있다.
[전문개정 2020.12.8.]

제90조【변호인의 의뢰】 ① 구속된 피고인은 법원, 교도소장 또는 구치소장 또는 그 대리자에게 변호사를 지정하여 변호인의 선임을 의뢰할 수 있다.

② 전항의 의뢰를 받은 법원, 교도소장 또는 구치소장 또는 그 대리자는 급속히 피고인이 지명한 변호사에게 그 취지를 통지하여야 한다.

제92조【구속기간과 갱신】 ① 구속기간은 2개월로 한다.

② 제1항에도 불구하고 특히 구속을 계속할 필요가 있는 경우에는 심급마다 2개월 단위로 2차에 한하여 결정으로 갱신할 수 있다. 다만, 상소심은 피고인 또는 변호인이 신청한 증거의 조사, 상소이유를 보충하는 서면의 제출 등으로 추가 심리가 필요한 부득이한 경우에는 3차에 한하여 갱신할 수 있다.

③ 제22조, 제298조제4항, 제306조제1항 및 제2항의 규정에 의하여 공판절차가 정지된 기간 및 공소제기전의 체포·구인·구금 기간은 제1항 및 제2항의 기간에 산입하지 아니한다.

제2편 제1심

제1장 수사

제201조【구속】 ① 피의자가 죄를 범하였다고 의심할 만한 상당한 이유가 있고 제70조제1항 각 호의 1에 해당하는 사유가 있을 때에는 검사는 관할지방법원판사에게 청구하여 구속영장을 받아 피의자를 구속할 수 있고 사법경찰관은 검사에게 신청하여 검사의 청구로 관할지방법원판사의 구속영장을 받아 피의자를 구속할 수 있다. 다만, 다액 50만원 이하의 벌금, 구류 또는 과료에 해당하는 범죄에 관하여는 피의자가 일정한 주거가 없는 경우에 한한다.

② 구속영장의 청구에는 구속의 필요를 인정할 수 있는 자료를 제출하여야 한다.

③ 제1항의 청구를 받은 지방법원판사는 신속히 구속영장의 발부 여부를 결정하여야 한다.

④ 제1항의 청구를 받은 지방법원판사는 상당하다고 인정할 때에는 구속영장을 발부한다. 이를 발부하지 아니할 때에는 청구서에 그 취지 및 이유를 기재하고 서명날인하여 청구한 검사에게 교부한다.

⑤ 검사가 제1항의 청구를 함에 있어서 동일한 범죄사실에 관하여 그 피의자에 대하여 전에 구속영장을 청구하거나 발부받은 사실이 있을 때에는 다시 구속영장을 청구하는 취지 및 이유를 기재하여야 한다.

제201조의2【구속영장 청구와 피의자 심문】 ① 제200조의2·제200조의3 또는 제212조에 따라 체포된 피의자에 대하여 구속영장을 청구받은 판사는 지체 없이 피의자를 심문하여야 한다. 이 경우 특별한 사정이 없는 한 구속영장이 청구된 날의 다음 날까지 심문하여야 한다.

② 제1항 외의 피의자에 대하여 구속영장을 청구받

은 판사는 피의자가 죄를 범하였다고 의심할 만한 이유가 있는 경우에 구인을 위한 구속영장을 발부하여 피의자를 구인한 후 심문하여야 한다. 다만, 피의자가 도망하는 등의 사유로 심문할 수 없는 경우에는 그러하지 아니하다.

③ 판사는 제1항의 경우에는 즉시, 제2항의 경우에는 피의자를 인치한 후 즉시 검사, 피의자 및 변호인에게 심문기일과 장소를 통지하여야 한다. 이 경우 검사는 피의자가 체포되어 있는 때에는 심문기일에 피의자를 출석시켜야 한다.

④ 검사와 변호인은 제3항에 따른 심문기일에 출석하여 의견을 진술할 수 있다.

⑤ 판사는 제1항 또는 제2항에 따라 심문하는 때에는 공범의 분리심문이나 그 밖에 수사상의 비밀보호를 위하여 필요한 조치를 하여야 한다.

⑥ 제1항 또는 제2항에 따라 피의자를 심문하는 경우 법원사무관 등은 심문의 요지 등을 조서로 작성하여야 한다.

⑦ 피의자심문을 하는 경우 법원이 구속영장청구서·수사 관계 서류 및 증거물을 접수한 날부터 구속영장을 발부하여 검찰청에 반환한 날까지의 기간은 제202조 및 제203조의 적용에 있어서 그 구속기간에 이를 산입하지 아니한다.

⑧ 심문할 피의자에게 변호인이 없는 때에는 지방법원판사는 직권으로 변호인을 선정하여야 한다. 이 경우 변호인의 선정은 피의자에 대한 구속영장 청구가 기각되어 효력이 소멸한 경우를 제외하고는 제1심까지 효력이 있다.

⑨ 법원은 변호인의 사정이나 그 밖의 사유로 변호인 선정결정이 취소되어 변호인이 없게 된 때에는 직권으로 변호인을 다시 선정할 수 있다.

⑩ 제71조, 제71조의2, 제75조, 제81조부터 제83조까지, 제85조제1항·제3항·제4항, 제86조, 제87조제1항, 제89조부터 제91조까지 및 제200조의5는 제2항에 따라 구인을 하는 경우에 준용하고, 제48조, 제51조, 제53조, 제56조의2 및 제276조의2는 피의자에 대한 심문의 경우에 준용한다.

제202조【사법경찰관의 구속기간】 사법경찰관이 피의자를 구속한 때에는 10일 이내에 피의자를 검사에게 인치하지 아니하면 석방하여야 한다.

제203조【검사의 구속기간】 검사가 피의자를 구속한 때 또는 사법경찰관으로부터 피의자의 인치를 받은 때에는 10일 이내에 공소를 제기하지 아니하면 석방하여야 한다.

제203조의2【구속기간에의 산입】 피의자가 제200조의2·제200조의3·제201조의2제2항 또는 제212조의 규정에 의하여 체포 또는 구인된 경우에는 제202조 또는 제203조의 구속기간은 피의자를 체포 또는 구인한 날부터 기산한다.

제204조【영장발부와 법원에 대한 통지】 체포영장 또는 구속영장의 발부를 받은 후 피의자를 체포 또는 구속하지 아니하거나 체포 또는 구속한 피의자를 석방한 때에는 지체 없이 검사는 영장을 발부한 법원에 그 사유를 서면으로 통지하여야 한다.

제205조【구속기간의 연장】 ① 지방법원판사는 검사의 신청에 의하여 수사를 계속함에 상당한 이유가 있다고 인정한 때에는 10일을 초과하지 아니하는 한도에서 제203조의 구속기간의 연장을 1차에 한하여 허가할 수 있다.

② 전항의 신청에는 구속기간의 연장의 필요를 인정할 수 있는 자료를 제출하여야 한다.

제208조【재구속의 제한】 ① 검사 또는 사법경찰관에 의하여 구속되었다가 석방된 자는 다른 중요한 증거를 발견한 경우를 제외하고는 동일한 범죄사실에 관하여 재차 구속하지 못한다.

② 전항의 경우에는 1개의 목적을 위하여 동시 또는 수단결과의 관계에서 행하여진 행위는 동일한 범죄사실로 간주한다.

제209조【준용규정】 제70조제2항, 제71조, 제75조, 제81조제1항 본문·제3항, 제82조, 제83조, 제85조부터 제87조까지, 제89조부터 제91조까지, 제93조, 제101조제1항, 제102조제2항 본문(보석의 취소에 관한 부분은 제외한다) 및 제200조의5는 검사 또는 사법경찰관의 피의자 구속에 관하여 준용한다.

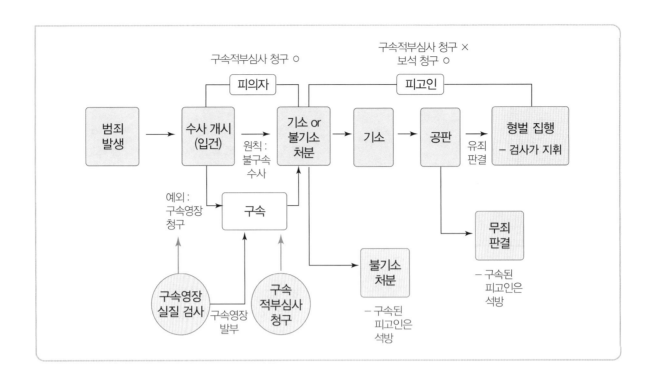

1. 구속의 의의와 요건

의 의	개 념	피의자·피고인의 신체의 자유를 비교적 장기간 제한하는 강제처분(구인과 구금, §69)으로서 형사소송의 원활한 진행과 형벌의 집행을 담보하는 목적을 가짐
		① 구인
		    ㉠ 피의자·피고인을 구인을 위한 구속영장(구인영장, 구인장)에 의하여 법원 기타의 장소에 실력을 행사하여 인치하는 강제처분
		    ㉡ 인치 후 구금할 필요가 없다고 인정한 때 : 인치한 때로부터 **24시간** 내 석방(§71, §209) [법원 15, 경 08/3차, 경 15/1차, 경 16/1차]
		    ㉢ 인치받은 피고인을 유치할 필요가 있는 때 : 법원은 교도소·구치소 또는 경찰서 유치장에 **24시간** 내 유치(§71의2)
		② 구금 : 피의자·피고인을 구금을 위한 구속영장(보통의 구속영장)에 의하여 교도소·구치소 등에 감금하는 강제처분
		③ **구인장으로는 구금할 수 없으나 구금영장으로는 구인 可**

	유 형 (피의자구속)	① 수사절차에서 수사기관이 검사의 청구로 법관이 발부한 구속영장에 의하여 피의자를 구인 또는 구금하는 것 ② 체포피의자 구속과 미체포피의자 구속 ③ 구속 전 반드시 체포를 거쳐야 하는 **체포전치주의는 채택되지 않음** [행시 02, 경 01/2차, 경 06/1차]
	피고인구속	공소제기 후 수소법원이 구속영장에 의하여 피고인을 구인 또는 구금하는 것

요 건	범죄혐의	피의자·피고인이 죄를 범하였다고 의심할 만한 상당한 이유가 있어야 함 (§201①, §70①). 범죄혐의는 수사기관의 주관적 혐의로는 부족하고 **객관적 혐의**, 즉 무죄추정을 깨뜨릴 수 있을 정도의 유죄판결에 대한 고도의 개연 성 要 ∴ 위법성조각사유·책임조각사유가 존재할 경우 및 소송조건의 흠결이 명백한 경우에는 범죄혐의 인정 ×	
	구속사유	**증거인멸 염려**	① 증거를 훼손하거나 증인에게 위증교사 등 ② 염려 : 고도의 개연성 要 ∴ 자백거부 or 묵비권 행사 → 증거인멸 염려 ×
		도망 또는 **도망**할 염려	도망을 할 고도의 개연성 要 ∴ 출석요구에 응하지 않을 우려로는 부족
		주거부정	① 계속하여 기거할 만한 일정한 생활 본거지 없음 ② 성질 ㉠ 도망염려 판단의 보조적 자료 불과 ∴ **독자적 구속 사유** × ㉡ **경미사건**(50만원 이하의 벌금, 구류, 과료에 해당하는 범죄) : **독자적 구속사유** ○(§70③) [법원 10/13] ③ 경미범죄 특칙 ㉠ 영장에 의한 체포 : 주거부정 or 출석요구 불응 ㉡ 긴급체포 : 無 ㉢ 현행범체포 : 주거부정 ㉣ 구속 : 주거부정
	비례성		① 구속 수단이 상당한 때에만 구속이 허용이 허용된다는 원칙 ② 경미사건은 주거부정 要(§201① 단서, §70③)
	구속사유 심사 시 고려사항		① 범죄의 **중**대성 ② **재**범의 위험성(이상 도망 염려) ③ 피해자 및 중요 참고인 등에 대한 위**해** 우려(증거인멸 염려) → 독립적 구속사유 × → **구속사유 판단 시 고려사항에 불과** [법원 10, 국7 10, 경 08/1차] [정리] 중/재/해는 구속 시 고려해라.

🔗 한줄판례 Summary

구속영장 발부에 의하여 적법하게 구금된 피의자가 피의자 신문을 위한 출석 요구에 응하지 아니하면 그 **구속영장의 효력에 의하여 피의자를 조사실로 구인할 수 있음**(2013모160) [법원 15, 경 14/1차, 경 15/3차, 경 16/1차, 경 24/1차]

2. 구속의 절차

(1) 피의자구속

✦ 피의자구속 요약

① 출석요구 : O – 조사 – 귀가(미체포) / × – 체포 – 조사
② 경찰 : 구속영장신청
③ 검사 : 구속영장청구
④ 수임판사 : 영장실질심사 : 체포자 – 다음 날까지 / 미체포자 – 구인 후 asap
⑤ 수임판사 : 영장발부
⑥ 영장집행 : 검사지휘, 사경집행 – 사전제시(긴급집행 시 사후제시) – 미란다고지
※ 체포영장과 구속영장의 차이 : 영장실질심사

영장청구	① 청구권자 : 검사(사경은 검사에게 신청만 可) ② 방식 : 서면(구속영장청구서) & 구속 필요성 인정 자료 제출(§201②) [경 01/1차, 경 01/3차]

영장 실질심사	영장실질심사 요약 ① 심문기일지정 : 체포 – 지체 없이(다음 날까지), 미체포 – 인치 후 가능한 빠른 일시 ② 통지 : 피의자, 검사, 변호인(국선, 피의자접견, 수사서류열람) ③ 출석 : 미체포자 – 구인을 위한 구속영장 ④ 심문 : 비공개, 공범분리심문, 진술거부권 고지, 의견진술, 심문조서 작성		
	의 의	① 구속영장 청구를 받은 판사가 피의자를 직접 신문하여 구속사유를 판단하는 제도(구속전피의자심문, §201의2) ② 필수적 절차 : 피의자의 의사·신청이나 법관의 필요성 판단과는 관계 없이 **필요적 실시** [법원 09/15, 경 12/2차] ③ 예외 : 미체포 피의자의 **도망** 등 사유로 심문할 수 없는 경우(§201의2② 단서) [경 11/1차]	
	일시 절차	**체포된 피의자**	**미체포 피의자**
		① **지체 없이** 심문 : 특별한 사정이 없는 한 구속영장이 청구된 날의 **다음 날까지** [법원 09, 경 11/1차, 경 15/1차, 경 15/2차] ② 체포 효력 이용 → 별도 영장 없이 법원에 인치 ③ 검사 : 기일에 피의자를 출석시킬 것 ④ 지법판사 : 검사 / 피의자 / 변호인에게 심문기일·장소 통지 & 체포 피의자에게는 즉시 통지 要	① 시한 제한 無 : 법원에 **인치된 때로부터 가능한 빠른 일시**(규칙 §96의12) [국7 15] ② **구인을 위한 구속영장** 발부 & 구인한 후 심문 ③ 예외 : **도망** 등 사유로 심문할 수 없는 경우(심문 없이 발부) [행시 04, 경 09/1차, 경 11/1차, 경 12/2차, 경 15/1차] ④ 지법판사 : 피의자 인치 후 즉시 심문기일·장소 통지 要

영장 실질심사	변 호	① **필요적 변호** : 피의자에게 변호인이 없는 때에는 지방법원판사는 직권으로 변호인 선정 要 ② 변호인 선정 효력 유지 : 구속영장청구 **기각되어 효력 소멸한 경우를 제외하고 제1심까지 효력** ③ 변호인 선정 취소로 변호인 없게 된 때 : 법원은 직권으로 변호인을 다시 선정 可(임의적)
	심 문	① 의의 : 지법판사는 구속사유 판단 위해 피의자 심문 ② 비공개진행 　㉠ 피의자 심문절차는 **공개 ×** [행시 04] but 판사는 상당하다고 인정하는 경우 피의자의 **친족, 피해자 등 이해관계인 방청 허가** 可(규칙 §96의14) 　　[법원 15, 국7 15, 경 09/1차, 경 11/2차] 　㉡ 공범 분리심문 기타 수사상 비밀보호 위한 필요 조치 要 [법원 09] ③ **진술거부권** 및 이익사실진술권 고지(규칙 §96의16①) ④ 구속 여부 판단 위해 신속·간결하게 필요한 사항 심문 ⑤ 검사와 변호인의 의견진술(§201의2④, 규칙 동③) 　㉠ 원칙 : 판사의 **심문이 끝난 후 의견 진술 可** 　㉡ 예외 : **심문 도중 판사의 허가를 얻어 의견 진술 可** [국7 15, 경 09/1차, 경 11/2차, 경 12/2차] 　㉢ 피의자에 대한 **직접 심문 不可** ⑥ 피의자의 변호인조력권 : 판사의 심문 도중에도 **변호인에게 조력을 구할 수 있음**(규칙 동④) [경 11/2차] ⑦ 신뢰관계자 임의적 동석 : 장애인 등 특별히 보호를 요하는 자 → 법원의 직권 또는 피의자·법정대리인·검사의 신청에 따라 피의자와 신뢰관계에 있는 자 동석 可(법 동⑩, §276의2)
	조 서	① **법원사무관 등**은 심문의 요지 등을 **조서로 작성 要**(§201의2⑥) ② 증거능력 : §311 법원·법관 조서 × but **§315 기타 특신문서**로서 당연히 증거능력 있는 서류 ○(2003도5693) [법원 09/17, 경 11/2차]
	구속기간 제외	법원이 구속영장청구서, 수사 관계 서류 및 증거물을 접수한 날부터 구속영장을 발부하여 검찰청에 반환한 날까지의 기간은 **구속기간에 산입 ×**(§201의2⑦) [행시 04, 경 12/2차]
영장발부	지법판사	① 구속영장 청구를 받은 지방법원판사 발부(§201④ 제1문) ② 발부하지 아니할 때 : 청구서에 그 취지 및 이유를 기재하고 서명날인하여 청구한 검사에게 교부(동항 제2문)
	불 복	① 영장 발부 또는 기각 결정에 대해서는 **불복 ×** ② 항고 ×, 재항고 ×(4290형항9; 2006모646) [행시 02, 국9 17/13, 경 01/3차, 경 06/1차, 경 15] ≠ 피고인구속은 보통항고 ○
	성 질	(학설 대립 but) 허가장설 ∵ 구속영장 발부받아도 구속 × 可
영장집행	집행 주체	검사지휘, 사법경찰관리 or 교도관 집행

영장집행	집행 방법	① **영장제시 + 사본교부 要** (피해자 등 사건관계인의 개인정보가 피의자 방어권 보장을 위하여 필요한 정도를 넘어 불필요하게 노출되지 않도록 유의 : 수사준칙 §32의2) → 피의자로부터 영장 사본 교부 확인서를 받아 사건기록에 편철 → 피의자가 영장의 사본을 수령하기를 거부하거나 영장 사본 교부 확인서에 기명날인 또는 서명하는 것을 거부하는 경우에는 검사 또는 사법경찰관이 영장 사본 교부 확인서 끝부분에 그 사유를 적고 기명날인 또는 서명(수사준칙 §32의2) ② **긴급집행** : 구속영장 미소지 & 급속 → 피의사실요지·영장발부사실 고하고 집행 可 → 집행 완료 후 신속히 영장제시 + 사본교부 要
	고 지	① 미란다고지 : 피의**사**실요지, 구속**이유**, **변**호인선임권 고지하고 변명할 **기**회를 준 후가 아니면 구속할 수 × (§205) ② **진**술거부권도 고지(수사준칙 §32①)
	수 용	① 경찰서 유치장, 구치소 또는 교도소 내 미결수용실에 수용 ② 호송 시 가유치 : 가장 가까운 교도소·구치소에 임시 유치(§86)
	석방 통지	구속영장 발부 후 구속 × or 석방(구속취소) → **지체 없이** 검사는 영장발부 **법원에 서면 통지 要**(§204) [법원 14]
집행 후 ≒ **피고인** **구속**	적부심 청구권	구속한 검사·사경은 (체포 또는) 구속된 **피**의자와 심사**청**구권자 중 피의자가 지정하는 자에게 적부심청구권 고지 要(§214의2②)
	구속 통지	피의자(or 피고인) 구속 시 ① 변호인이 있으면 **변**호인에게 ② 변호인이 없으면 법/배/직/형 중 피의자(or 피고인) 지정한 자에게 **지체 없이** (늦어도 **24시간**, 규칙 §51② [법원 16, 경 15/1차]) 서면으로 사건**명** / 구속일시·**장**소 / 피의**사**실(or 범죄사실)요지 / 구속**이유** / **변**호인선임권 고지 要(§87)
	변호인 선임 의뢰	구속된 피의자(or 피고인)는 법원 / 교도소장·구치소장(or 대리인)에게 변호사 지정하여 변호인 선임 의뢰 可(§90)
	접견 교통	① 구속된 피의자(or 피고인) : 법률이 정한 범위에서 타인과 접견 & 서류·물건 수수 & 의사 진료 可(§89, §209) ② 변호인 or 변호인 되려는 자 : 신체가 구속된 피의자(or 피고인) 접견 & 서류·물건 수수 & 의사 진료 可(§34)
	등본 교부	① (구속영장청구 or 체포 or) 구속된 피의자 등(적부심청구권자) ② (체포)구속영장 등(체포·구속관련서류)을 보관하는 ③ 검사·사경·법원사무관 등에게 등본교부청구 可(규칙 §101)
구속기간	사 경	사경 구속기간은 **10일** ∴ 10일 이내에 피의자를 검사에게 인치하지 않으면 석방(§202)
	검 사	검사도 **10일**(§203) but 지법판사 허가로 **10일** 한도 1차 연장 可(§205①) (사경 + 검사 = 최장 30일) [행시 04, 국9 08]
	국보법	① **사경 1회, 검사 2회 연장 可**(최장 50일) ② But **단순찬양·고무, 불고지 : 연장 ×** [행시 04, 경 04/3차]
	연 장	구속기간의 연장청구 판사 기각결정에 대한 **불복 ×** [경 10/1차, 경 14/1차]

구속기간	피의자 구속기간 제외	① 구속집행**정**지기간 ② **영**장실질심사에서 법원접수일 ~ 검찰청 반환 ③ 체포구속**적**부심사에서 법원접수일 ~ 검찰청 반환 [경 05/3차] ④ 피의자가 **도**망한 기간 ⑤ 피의자 **감**정유치기간 [행시 03] [정리] 정/영/적/도/감은 빼자. **사법경찰관 구속기간 계산의 예** ① 피의자 甲에 대한 체포 : 2019.3.5. 12:00, ② 구속영장 청구 : 3.6. 15:00(서류 법원 접수), ③ 영장실질심사 : 3.7. 10:00, ④ 영장발부 : 3.7. 22:00(서류반환), ⑤ 구속 ※ ②③④ : 구속기간 제외, ∴ 사법경찰관 구속기간 10일은 2019.3.16. 까지이다.
	기산 계산	① 원칙 : 실제 구속된 날부터 기산 ② 체포 후 구속 : 구속일 ×, 실제 **체포·구인한 날부터 기산** ③ 구속기간 연장 : **구속기간만료일 다음 날부터 기산** [국9 10, 경 10/1차] ④ 계산방법 : **초일산입**(§66① 단서) [법원 16] & **말일 공휴일·토요일 산입**(동 ③ 단서) [경 10/1차]
	구속기간 경과	통설은 구속기간 경과 후 구속 계속은 불법구속 but 判例는 구속기간 경과해도 **구속영장 당연 실효** ×(64도428)
재구속 제한 ≠ 피고인 구속		① 재구속제한 : 검사·사경 구속되었다 석방 → **다른 중**요한 증거를 발견한 경우를 제외하고는 동일한 범죄사실 재차 **구속** ×(§208①) [국9 13, 경 15/2차] ② 구속영장에 의하여 구속되었다가 석방된 경우 : 재구속제한 ○ ③ 긴급체포·현행범**체포되었다 석방된 경우 : 재구속제한 ×** ④ 재구속제한위반 재구속 : (위법구속 but) **공소제기 무효** ×(66도1288)

🔗 한줄판례 Summary

① **구속 전 피의자심문조서**는 §315의 기타 특히 신빙할 만한 정황에 의하여 작성된 서류로서 증거능력 인정 (2003도5693)
② (수임판사의) 영장 발부 또는 기각결정에 대해서는 **불복방법이 없다**. 따라서 항고나 재항고가 허용되지 않음(2006모646) [행시 02, 국7 13, 경 06/1차, 경 15/2차]

(2) 피고인구속

| 사전청문 | ① **검사의 구속영장 청구 不要** [국7 14, 경 01/2차]
② **사전청문**(§72)
　㉠ 피고인에 대하여 범죄**사**실의 요지, 구속의 **이**유와 **변**호인을 선임할 수 있음을 말하고 변명할 **기**회를 준 후가 아니면 구속 × [법원 10/15, 경 08/1차]
　㉡ But 피고인 **도망** 시 사전청문 생략 可 [법원 08]
　㉢ 피고인이 출석하기 어려운 특별한 사정이 있고 상당하다고 인정하는 때에는 검사와 변호인의 의견을 들어 비디오 등 중계장치에 의한 중계시설을 통하여 제72조의 절차 진행 可(§72의2②) |

사전청문		③ **진술거부권 고지 不要**(≠ 피의자신문 / 영장실질심사 / 수사기관 체포구속)
		④ 사전청문 위반 시
		㉠ 원칙 : **위법**
		㉡ 예외 : if 사전청문 규정상 **절차적 권리 실질적 보장** → **위법** ×
영장발부	수소법원	① **수소법원의 결정**(§70①)에 의한 구속영장 발부(§73)
		② 재판장 or 수명법관 **서명날인**(§75①)
		③ 촉탁 : 피고인의 현재지의 지방법원판사(수탁판사)에게(§77①)
		④ 급속 : 재판장 or 합의부원의 구속영장발부 or 구속처분(§80)
	불 복	법원의 구금에 관한 결정 ∴ **보통항고** ○(§403②)
	성 질	명령장 ∴ 집행기관 집행의무 ○
영장집행	집행주체	① 검사 지휘, 사법경찰관리 or 교도관 집행(§81①③) [법원 08]
		② 급속 : 재판장·수명법관·수탁판사 집행지휘(§81① 단서) [법원 08/10] → 법원사무관 등에게 집행 명령 → 법원사무관 등은 필요시 사경·교도·법원경위에게 보조 요구 可(§81②) [법원 05/08/10, 사무관 09]
	집행방법	① 영장제시 + 사본교부 要
		② 긴급집행 可(§85)
	고 지	사/이/변/기 고지(§72, 사전청문)
	수 용	① 지정된 법원 기타 장소에 인치
		② 호송 시 가유치(§86)
사후청문 등본청구	적부심 통지 등	① 피의자 아니므로 **적부심청구권 고지** ×(≠ 피의자구속)
		② 구속통지, 변호인선임의뢰, 접견교통 ○(= 피의자구속)
	사후청문	① 피고인 구속 즉시 공소**사**실의 요지와 **변**호인을 선임할 수 있음을 다시 알림(사/변 고지, §88)
		② **위반해도 구속영장 유효**(2000모134)(≠ 사전청문) [국9 24]
	등본 교부	① 피고인·변호인 등(변호인선임권자)은
		② 구속영장 발부 법원에
		③ 구속영장등본 교부청구 可(규칙 §50①)
		④ 고소인·고발인·피해자 : 비용납부 & 사유소명하면 同(동②, §26②)
구속기간	내 용	① 법원의 구속기간 : **2개월**(공소제기일부터 기산, §92①)
		② 필요시 심급마다 **2차**에 限 2개월 한도 결정으로 연장 可(동②本) ∴ 1심의 최대구속기간은 6개월
		③ 상소심 : 피고인·변호인이 ㉠ 신청한 증거의 조사, ㉡ 상소이유 보충 서면 제출 등 추가심리가 필요한 부득이한 경우 **3차**에 限 갱신 可(동② 단서) [법원 07, 법원 13, 경 08, 경 08/3차, 경 11/1차, 경 12/2차]

구속기간	피고인 구속기간 제외	① **공소제기 전** 체포 / 구인 / 구금기간(**피**의자로서의 구속기간) [법원 14, 국9 10, 경 08/1차, 경 13/1차, 경 15/2차] ② **기**피신청 [법원 16], **공소장변경** [국7 10], **심**신상실·질병에 의하여 **공판절차 정지 기간**(§92③) [경 10/1차] ③ **보석기간, 구속집행정지기간** ④ 법원의 위**헌**법률심판제청에 의한 재판정지기간(헌재 법 §42①) ⑤ **도**망, **감**정유치기간(§172의2①) [정리] 심/헌/기/공/보/구/도/피/감 [비교] 정지기간 중 구속기간 포함 기간 : 관할이전 / 병합심리 소송절차 정지기간, 호송 중 가유치기간 → 관(심)병(자)호송 넣어
	불구속	구속기간 초과 시 불구속재판 계속 可
재구속 제한		**적용 ×**(69도507) [행시 04, 경 04/1차, 경 05/2차, 경 06/1차](≠ 피의자구속)

🔗 한줄판례 Summary

① 피고인 구속에 관한 사전청문절차의 흠결의 치유와 제한 : **이미 변호인을 선정하여 공판절차에서 변명과
 증거의 제출을 다하고 그의 변호아래 판결을 선고받은 경우** 등과 같이 절차적 권리가 실질적으로 보장되
 었다고 볼 수 있는 경우 위법하다고 볼 것은 아님(2000모134) [경 14/1차]

② **사후청문절차를 위반**하였다고 하여 구속영장의 효력에 영향 ×(2000모134) [사무관 14, 교정9 특채 12,
 경 14/1차, 경 16/1차]

💡 퍼써 정리 | 피의자구속과 피고인구속 요점 비교

	피의자구속	피고인구속
성 질	수사상 구속	법원의 직권 구속
검사의 영장청구	○	×
사전청문	×	○
영장실질심사	○	×
영장발부	지방법원판사(수임판사)	• 수소법원 • 수탁판사 • 재판장
영장의 성격	허가장	명령장
구속재판 · 불복	• 관할지방법원판사 • 명령 – 불복 不可	• 수소법원(상소기간 중 예외적으로 원심 법원) • 결정 – 보통항고 可
고지사항	사/이/변/기(진)	① 사전청문 : 사/이/변/기 ② 사후고지 : 사/변

영장집행 지휘	검사	• 검사 • 재판장 · 수명법관 · 수탁판사
구속기간	• 경찰 : 10일 • 검사 : 10일(1회 연장 可)	• 2개월 • 심급마다 2회 연장 可 • 상소심은 3회 연장 可
재구속	다른 중요증거 × → ×	제한 ×
공통점	① 구속영장 기재방식 : 피고인 · 피의자의 성명, 주민번호, 죄명, 공소사실 또는 피의사실의 요지, 인치 · 구금장소 등 특정 ② 사후통지 : 변호인 또는 변호인선임권자 중 피고인 · 피의자가 지정한 자에게 구속일시 · 장소, 피의사실 내지 범죄사실의 요지 등 24시간 내 통지	

3. 구속영장의 효력범위

기 준	① 인단위설 : 피의자의 모든 범죄에 대해 효력 ② 사건단위설 : 구속영장 기재 범죄사실만 효력 ③ 判例 　㉠ 원칙은 **사건단위설**(96모46) 　㉡ **미결구금일수 산입은 인단위설**(86도1875)
이중구속	① A사건으로 구속영장이 발부되어 구속된 피의자 · 피고인을 B사건으로 다시 구속영장을 발부하여 구속 ② **적법성** : 사건단위설에 의해 ○ [경 11/1차, 경 14/1차]
별건구속	① 수사기관이 본래 수사하려는 A사건(본건)은 구속요건이 구비되지 않아 본건 수사를 위해 구속요건 구비된 B사건(별건)으로 피의자를 구속 ② 적법성 : ×(**영장주의 위반**, 通)

> ### 🔗 한줄판례 Summary
>
> ① **법원의 재량**으로 구속영장이 발부되지 아니한 다른 범죄사실에 관한 죄의 형도 **산입 可**(인단위설, 86도1875)
> ② 구속기간이 만료될 무렵에 종전 구속영장에 기재된 범죄사실과 **다른 범죄사실로 피고인을 구속**하였다는 사정만으로는 피고인에 대한 구속 **위법 ×**(2000모134)

Ⅲ 피의자 · 피고인의 접견교통권

> ### ✅ 조문정리
>
> **헌법 제12조** ④ 누구든지 체포 또는 구속을 당한 때에는 즉시 변호인의 조력을 받을 권리를 가진다.
> **형사소송법 제89조【구속된 피고인의 접견 · 진료】** 구속된 피고인은 관련 법률이 정한 범위에서 타인과 접견하고 서류나 물건을 수수하며 의사의 진료를 받을 수 있다.
> **제91조【변호인 아닌 자와의 접견 · 교통】** 법원은 도

망하거나 범죄의 증거를 인멸할 염려가 있다고 인정할 만한 상당한 이유가 있는 때에는 직권 또는 검사의 청구에 의하여 결정으로 구속된 피고인과 제34조에 규정한 외의 타인과의 접견을 금지할 수 있고, 서류나 그 밖의 물건을 수수하지 못하게 하거나 검열 또는 압수할 수 있다. 다만, 의류·양식·의료품은 수수를 금지하거나 압수할 수 없다.

제200조의6【준용규정】 …… 제89조부터 제91조까지 …… 의 규정은 검사 또는 사법경찰관이 피의자를 체포하는 경우에 이를 준용한다. 이 경우 "구속"은 이를 "체포"로, "구속영장"은 이를 "체포영장"으로 본다.

제243조의2【변호인의 참여 등】 ① 검사 또는 사법경찰관은 피의자 또는 그 변호인·법정대리인·배우자·직계친족·형제자매의 신청에 따라 변호인을 피의자와 접견하게 하거나 정당한 사유가 없는 한 피의자에 대한 신문에 참여하게 하여야 한다.

형의 집행 및 수용자의 처우에 관한 법률 제41조【접견】 ① 수용자는 교정시설의 외부에 있는 사람과 접견할 수 있다. 다만, 다음 각 호의 어느 하나에 해당하는 사유가 있으면 그러하지 아니하다.
1. 형사 법령에 저촉되는 행위를 할 우려가 있는 때 (중략)

제42조【접견의 중지 등】 교도관은 접견 중인 수용자 또는 그 상대방이 다음 각 호의 어느 하나에 해당하면 접견을 중지할 수 있다.
1. 범죄의 증거를 인멸하거나 인멸하려고 하는 때 (중략)

제43조【편지수수】 ① 수용자는 다른 사람과 편지를 주고받을 수 있다. 다만, 다음 각 호의 어느 하나에 해당하는 사유가 있으면 그러하지 아니하다.
1. 형사소송법이나 그 밖의 법률에 따른 편지의 수수금지 및 압수의 결정이 있는 때 (이하 생략)

1. 의의와 성질

의 의			체포·구속(불구속 ○)된 피의자 또는 피고인이 변호인 등 타인과 접견하고 서류 또는 물건을 수수하고 의사의 진료를 받을 수 있는 권리
성 질	피의자 피고인 접견 교통권	변호인	① 헌법 §12④의 기본권(체포·구속된 자의 변호인조력권) : **헌법상** 법치국가원리와 적법절차원칙에서 당연히 도출되는 **기본권** (2000헌마138) ② 헌법은 체포·구속된 자 < **형소법은 구속·불구속 불문** ③ 헌법상 기본권 ∴ **법률로써 제한 可**(but 형소법은 변호인과의 접견교통권 **제한 없이 보장**)
		비변호인	① (헌법조문 명시 × but) 행복추구권·무죄추정권에 근거하는 **헌법상 기본권의 성질**(2002헌마193) ② **명문의 제한규정 有**(법 §91)(≠ 변호인과의 접견교통권)
	변호인의 접견교통권		① 과거判例 : 헌법상 기본권 ×, 형소법 §34 권리(89헌마181) ② 현재判例 : **헌법상 기본권** ③ 현행법상 제한 : (형집행법의 질서유지규정 제외) 형소법상 **제한 규정 無**

✏️ 퍼써 정리 | 피의자·피고인의 변호인과의 접견교통권과 비변호인과의 접견교통권 비교

	변호인과의 접견교통권	비변호인과의 접견교통권
성 질	헌법상 기본권	헌법상 기본권
현행법률	제한 ×	제한 ○(도망 / 증거인멸 염려)
법원 · 수사기관	제한 ×	제한 ○
침해구제	법원 – 항고, 수사기관 – 준항고, 구치소장 – 행정소송	

🔗 한줄판례 Summary

변호인 선임을 위하여 피의자 등이 가지는 '변호인이 되려는 자'와의 접견교통권 역시 헌법상 기본권으로 보호되어야 함(2015헌마1204) [경간 20]

2. 피고인·피의자의 변호인 · 비변호인과의 접견교통권, 접견교통권 침해에 대한 구제

	변호인과의 접견교통권	비변호인과의 접견교통권
주 체	① 체포·구속된 피고인·피의자 ○ ② 불구속 피고인·피의자 ○(§243의2) ③ **임의동행**으로 연행된 피의자·**피내사자** ○ (96모18) [경승 24] ④ **재심청구절차의 수형자** ×(96다48831)	체포·구속된 피의자·피고인(§89, §200의6, §209, §213의2)
상대방	**변호인** 또는 **변호인 되려는 자** [국9 13]	변호인 또는 변호인 되려는 자가 **아닌 타인** (§89)
내 용	① 방해·감시 없는 자유로운 접견교통 ② 접견 시 교도관·경찰관 **입회·참여** × (91헌마111), **내용 청취·녹취** × [국7 07/15] ③ **가시거리 관찰** ○(행형법 §84①) [국7 15, 경 14/1차] ④ **변호인**으로부터 서류·물건 수수 ○ → 수수한 서류 검열과 물건의 압수 × ⑤ 의사로부터 수진 ○(원칙적 제한 금지)	**법률의 범위 내** ① 타인과 접견 可 ② 서류·물건 수수 可 ③ 의사로부터 수진 可
제 한	① 헌법상 기본권 ∴ **법원의 결정 또는 수사상의 필요에 의한 제한 不可** ② 법률로써 제한 可(헌법 §37②)	**법원·수사기관 결정으로 제한 可** ① 법률 내에서만 보장 ∴ 교도소장은 비변호인과의 **접견 금지 可**, 접견에 교도관 **참여 可**(행형법 §41 ~ 43, 동시행령 §58)

제한	③ 구속장소의 질서유지를 위한 **접견시간의 일반적인 제한**, 흉기 기타 위험한 물건의 수수 금지 可	② 법원의 결정 　㉠ **도**망 or 죄**증**인멸 염려 　㉡ 직권 or 검사 청구 　㉢ **결정으로 접견교통 제한** 可(§91) 　　ⓐ 타인과의 접견 금지, 수수할 서류 기타 물건 검열, 수수 금지 or 압수 可(§91) 　　ⓑ 의류, 양식, 의료품 수수금지·압수 不可(동 단서, 인도적 관점) 　　[경 09/2차, 경 16/1차] ③ **수사기관 결정으로도 제한 可**
침해 구제	① 항고와 준항고 　㉠ 법원의 결정에 대한 구제 : 구금에 대한 결정 ∴ **보통항고**(§403②) 　㉡ 수사기관의 결정에 대한 구제 : 구금에 대한 처분 ∴ **준항고**(§417) [행시 02, 경 14/1차] ② 증거능력 　㉠ 원칙 : 접견교통권 침해 중 수집된 피고인·피의자의 자백 or 증거물은 **위수증** 　㉡ 예외 : 변호인 **접견 전** 작성, **비변호인** 접견금지 중 작성 조서 ○ ③ 상소이유 : 수소법원 접견교통권 침해는 피고인의 방어준비에 중대한 지장 ∴ 상대적 항소이유·상고이유(§361의5 1., §383 1.) ④ 행정소송 : 교도소장·구치소장 등의 접견교통권 침해 → **행정심판·행정소송**(항고소송)·헌법소원 및 국가배상청구(**준항고 ×**) [경 15/1차] ⑤ 헌법소원 　㉠ 원칙 × : 항고·준항고 ○ ∴ **헌법소원 ×(원칙)** 　㉡ 예외 ○ : **재차 접견거부 시** 헌법소원 可	

🔗 **한줄판례 Summary**

① **접견신청일이 경과하도록 접견이 이루어지지 아니한 것**은 실질적으로 접견불허처분(91모24)
[국7 07/15, 경 05/1차, 경 10/1차, 경 12/3차, 경 13/2차, 경 14/1차, 경 15/1차, 경 16/1차]
② 검사 작성의 피의자신문조서가 검사에 의하여 피의자에 대한 **변호인의 접견이 부당하게 제한**되고 있는 동안에 작성된 경우에는 **증거능력 ×**(90도1285)
③ 검사 작성 피의자신문조서가 **변호인 접견 전** 작성되었다 하여 **증거능력 없는 것은 아님**(90도1613)
④ 검사의 **비변호인과의 접견금지결정**이 있는 중에 작성된 피의자신문조서는 **임의성 ○**(84도846)
⑤ 접견거부처분에 대해 법원에 준항고절차까지 밟아 이를 취소하는 결정이 있었음에도 **피청구인이 무시**한 채 **재차 접견거부처분** → **헌법소원 청구 ○**(89헌마181)

⊘ 조문정리

헌법 제12조 ⑥ 누구든지 체포 또는 구속을 당한 때에는 적부의 심사를 법원에 청구할 권리를 가진다.

형사소송법 제214조의2 【체포와 구속의 적부심사】

① 체포되거나 구속된 피의자 또는 그 변호인, 법정대리인, 배우자, 직계친족, 형제자매나 가족, 동거인 또는 고용주는 관할법원에 체포 또는 구속의 적부심사(適否審査)를 청구할 수 있다. 〈개정 2020. 12.8.〉

② 피의자를 체포하거나 구속한 검사 또는 사법경찰관은 체포되거나 구속된 피의자와 제1항에 규정된 사람 중에서 피의자가 지정하는 사람에게 제1항에 따른 적부심사를 청구할 수 있음을 알려야 한다. 〈개정 2020.12.8.〉

③ 법원은 제1항에 따른 청구가 다음 각 호의 어느 하나에 해당하는 때에는 제4항에 따른 심문 없이 결정으로 청구를 기각할 수 있다. 〈개정 2020.12.8.〉

1. 청구권자 아닌 사람이 청구하거나 동일한 체포영장 또는 구속영장의 발부에 대하여 재청구한 때
2. 공범이나 공동피의자의 순차청구(順次請求)가 수사 방해를 목적으로 하고 있음이 명백한 때

④ 제1항의 청구를 받은 법원은 청구서가 접수된 때부터 48시간 이내에 체포되거나 구속된 피의자를 심문하고 수사 관계 서류와 증거물을 조사하여 그 청구가 이유 없다고 인정한 경우에는 결정으로 기각하고, 이유 있다고 인정한 경우에는 결정으로 체포되거나 구속된 피의자의 석방을 명하여야 한다. 심사 청구 후 피의자에 대하여 공소제기가 있는 경우에도 또한 같다. 〈개정 2020.12.8.〉

⑤ 법원은 구속된 피의자(심사청구 후 공소제기된 사람을 포함한다)에 대하여 피의자의 출석을 보증할 만한 보증금의 납입을 조건으로 하여 결정으로 제4항의 석방을 명할 수 있다. 다만, 다음 각 호에 해당하는 경우에는 그러하지 아니하다. 〈개정 2020. 12.8.〉

1. 범죄의 증거를 인멸할 염려가 있다고 믿을 만한 충분한 이유가 있는 때
2. 피해자, 당해 사건의 재판에 필요한 사실을 알고 있다고 인정되는 사람 또는 그 친족의 생명·신체나 재산에 해를 가하거나 가할 염려가 있다고 믿을 만한 충분한 이유가 있는 때

⑥ 제5항의 석방 결정을 하는 경우에는 주거의 제한, 법원 또는 검사가 지정하는 일시·장소에 출석할 의무, 그 밖의 적당한 조건을 부가할 수 있다. 〈개정 2020.12.8.〉

⑦ 제5항에 따라 보증금 납입을 조건으로 석방을 하는 경우에는 제99조와 제100조를 준용한다. 〈개정 2020.12.8.〉

⑧ 제3항과 제4항의 결정에 대해서는 항고할 수 없다. 〈개정 2020.12.8.〉

⑨ 검사·변호인·청구인은 제4항의 심문기일에 출석하여 의견을 진술할 수 있다. 〈개정 2020.12.8.〉

⑩ 체포되거나 구속된 피의자에게 변호인이 없는 때에는 제33조를 준용한다. 〈개정 2020.12.8.〉

⑪ 법원은 제4항의 심문을 하는 경우 공범의 분리심문이나 그 밖에 수사상의 비밀보호를 위한 적절한 조치를 하여야 한다. 〈개정 2020.12.8.〉

⑫ 체포영장이나 구속영장을 발부한 법관은 제4항부터 제6항까지의 심문·조사·결정에 관여할 수 없다. 다만, 체포영장이나 구속영장을 발부한 법관 외에는 심문·조사·결정을 할 판사가 없는 경우에는 그러하지 아니하다. 〈개정 2020.12.8.〉

⑬ 법원이 수사 관계 서류와 증거물을 접수한 때부터 결정 후 검찰청에 반환된 때까지의 기간은 제200조의2제5항(제213조의2에 따라 준용되는 경우를 포함한다) 및 제200조의4제1항을 적용할 때에는 그 제한기간에 산입하지 아니하고, 제202조·제203조 및 제205조를 적용할 때에는 그 구속기간에 산입하지 아니한다. 〈개정 2020.12.8.〉

⑭ 제4항에 따라 피의자를 심문하는 경우에는 제201조의2제6항을 준용한다. 〈개정 2020.12.8.〉

제214조의3 【재체포 및 재구속의 제한】 ① 제214조의2제4항에 따른 체포 또는 구속 적부심사결정에 의하여 석방된 피의자가 도망하거나 범죄의 증거를 인멸하는 경우를 제외하고는 동일한 범죄사실로 재차 체포하거나 구속할 수 없다. 〈개정 2020.12.8.〉

② 제214조의2제5항에 따라 석방된 피의자에게 다음 각 호의 어느 하나에 해당하는 사유가 있는 경우를 제외하고는 동일한 범죄사실로 재차 체포하거나 구속할 수 없다. 〈개정 2020.12.8.〉

1. 도망한 때
2. 도망하거나 범죄의 증거를 인멸할 염려가 있다고 믿을 만한 충분한 이유가 있는 때
3. 출석요구를 받고 정당한 이유 없이 출석하지 아니한 때

4. 주거의 제한이나 그 밖에 법원이 정한 조건을 위반한 때

제214조의4【보증금의 몰수】 ① 법원은 다음 각 호의 1의 경우에 직권 또는 검사의 청구에 의하여 결정으로 제214조의2제5항에 따라 납입된 보증금의 전부 또는 일부를 몰수할 수 있다.

1. 제214조의2제5항에 따라 석방된 자를 제214조의3제2항에 열거된 사유로 재차 구속할 때
2. 공소가 제기된 후 법원이 제214조의2제5항에 따라 석방된 자를 동일한 범죄사실에 관하여 재차 구속할 때

② 법원은 제214조의2제5항에 따라 석방된 자가 동일한 범죄사실에 관하여 형의 선고를 받고 그 판결이 확정된 후, 집행하기 위한 소환을 받고 정당한 이유 없이 출석하지 아니하거나 도망한 때에는 직권 또는 검사의 청구에 의하여 결정으로 보증금의 전부 또는 일부를 몰수하여야 한다.

의 의	① 수사기관 체포·구속된 피의자 → 법원이 체포·구속의 적법 여부와 계속의 필요성을 심사 → 위법·부당하면 피의자 석방 [경 13/1차]
	② **헌법상 기본권**(헌법 §12⑥) [경 05/1차]

[정리] 체포·구속적부심의 간단한 이해
　　　① A : 미란다원칙 불고지 → 적부심청구 → 석방결정(if 피의자보석 ← A의 항고)
　　　② B : 미란다원칙 고지 → 합의(고소취소) → 적부심청구 → 석방결정
　　　③ C : 미란다원칙 고지 → 합의 × → 적부심청구 → 기각결정(if 피의자보석 + 조건 ← 검사항고)

[퍼써 정리] 피의자·피고인 석방제도

피의자	피고인
① 체포·구속적부심	① 보석(필요적 보석 원칙)
② 구속취소	② 구속취소
③ 구속집행정지	③ 구속집행정지

[정리] 피의자 구속적부심 절차 개관 : 48h + 24h
　　　① 구속영장청구 → 영장실질심사(수임판사) → 영장발부 → 적부심청구 → 적부심(법원 – 단독 or 합의부 / 수임판사 × / 수소법원 ×) → 결정
　　　② 적부심 : 청구(피의자/변/법배직형/가동고) → 심사(법원 – 단 or 합 : 기일지정 48h → 통지 → 출석 → 심사)
　　　③ 결정(24h) : 석방결정 – 항고 ×, 기각결정 – 항고 ×, 피의자보석(직권) – 항고 ○

청 구	청구권자	① **체포·구속된 피의자** 　　㉠ 체포·구속영장에 의하여 체포·구속된 피의자 ○ 　　㉡ 영장에 의하지 않고 체포된 자 ○ [법원 03/04, 국9 13, 경 12/1차] 　　㉢ 긴급체포·현행범체포된 자 ○ 　　㉣ 공소제기 후 피고인 × 　　㉤ 사인에 의하여 불법구금된 자 × [국7 15, 경 05/1차, 경 05/3차] ② 피의자의 **변호인** / **법정대리인** / **배우자** / **직계친족** / **형제자매** / **가족** / **동거인** / **고용주** ○(§214의2①)(= 보석 ≠ 변호인선임대리권자 / 상소권자)[법원 12, 국7 10, 경 10/1차, 경 13/2차, 경 14/2차] 　　[정리] 피/변/법/배/직/형/가/동/고 : 보석청구권자도 동일 ③ 전격기소된 피고인 : 피의자 적부심청구 후 공소제기(**전격기소**) 시 **적부심 계속 유지**(§214의2④ 제2문, 피의자는 절차개시요건 ○, 절차존속요건 ×) [국7 10]

청 구	청구사유	① 불법한 체포·구속 : 영장주의 위반, 요건 불구비 영장 발부, 구속기간 경과 후 구속의 계속 ② 부당한 체포·구속 : 피해자에 대한 피해변상, 합의, 고소취소 등의 사정변경과 같이 체포·구속을 계속할 필요가 없는 경우
	청구방법	① 검사·사경의 적부심청구권 고지의무 : **피**의자와 심사**청구**권자 중 피의자지정자에게 적부심청구권 고지 要(§214의2②) ② 서면주의 : 관할법원에 서면으로 청구

	서류열람	① 영장등본교부청구권 : 구속영장 청구 or 체포·구속된 **피**의자 / **변호인** / **법정**대리인 / 배우자 / **직계친족** / **형제자매** / **동거인** / **고용주** → 긴급체포서 / 현행범인체포서 / 체포영장 / 구속영장 / 청구서 보관 검사 / 사법경찰관 / 법원사무관 등에게 → **등본 교부 청구 可**(규칙 §101)
		② 변호인의 열람권(규칙 §104의2, §96조의21①②)(복사 ×)
		  ㉠ 주체 : 체포·구속적부심사를 청구한 피의자의 **변호인**
		  ㉡ **열람**대상 : 지방법원 판사에게 제출된 **구속영장청구서** 및 그에 첨부된 **고소**·고발장, 피의자의 진술을 기재한 서류와 **피**의자가 제출한 서류
		  ㉢ **고**소장과 **피**의자신문조서 : **열람·등사** 허용(2000헌마474) [국7 10, 경 16/1차]
		③ 검사의 열람제한 : 증거인멸 또는 도망 염려 등 수사방해 염려 시 지방법원판사에게 **구속영장청구서를 제외**한 서류의 **열람 제한 의견** 제출 可 → 구속영장청구서 열람 반드시 허용

심 사	심사법원	① 수사검사 소속검찰청 대응 지방법원 **합**의부 또는 **단독판사**
		② 체포영장·구속**영장 발부 법관**
		  ㉠ 원칙 : 심문·조사·결정 **관여 ×** [법원 12]
		  ㉡ 예외 : 영장발부법관 외 심문·조사·결정할 판사 無 → **관여 ○**(§214의2⑫)

	기일지정	① 청구서 접수 ~ **48시간** 이내 심문(§214의2④) [국9 09, 경 14/2차, 경 15/1차] ② 심문기일 지정 법원 → 지체 없이 청구인 / 변호인 / 검사 및 피의자 구금관서(경찰서·교도소·구치소)의 장에게 심문기일·장소 통지(규칙 §104①)

	심사절차	① 검사·사경 : 심문기일까지 수사관계서류·증거물 법원 제출
		② 구금 관서의 장 : 심문기일에 피의자 출석(규칙 §104②)
		③ 법원의 피의자심문 / 수사관계서류·증거물조사(§214의2④) : 공범의 분리심문 등 수사상 비밀보호 조치 要(동⑪)
		④ **필요적 변호** : 변호인 없으면 직권으로 국선변호인 선정 要(동⑩, §33) [국9 13]
		⑤ 검사·변호인·청구인
		  ㉠ 심문기일 출석, 의견 진술 可(동⑨) [경 15/1차]
		  ㉡ 검·변 : 피의자 **직접 심문 不可**
		⑥ 체포·구속적부심문조서
		  ㉠ **법원사무관 등**은 심문 요지 등을 **조서**로 작성(동⑭, §201의2⑥)
		  ㉡ **당연히 증거능력 있는 서류**(§315 3., 2003도5693) [법원 11/12, 경 14/1차]

결 정	시 한	심문종료 ~ **24시간** 이내(규칙 §106) [경 05/1차, 경 14/1차, 경 15/3차]
	간이기각	① 청구**권**자 아닌 자 청구 ② 동일 체포영장·구속영장 발부에 대해 **재**청구 [법원 13] ③ 공범·공동피의자의 **순**차청구가 수사방해 목적 명백 [국7 10] 　→ **심문 없이** 결정으로 청구**기각**(심문기일 지정 不要, 동③) [정리] 권/재/순 간이기각
	기각결정	청구가 이유 없음 → 결정으로 이를 기각(동④)
	석방결정	① 청구가 이유 있음 → 결정으로 석방을 명함(동④) ② 효력발생시기 : 석방결정 시 ×, 결정**등본** 검찰청 **송달** 시 ○(§42) [법원 11] ③ 전격기소 시 : 체포·구속적부심사 및 석방결정 可(동④ 제2문) [법원 08/11, 국9 10/13, 경 05/1차, 경 05/2차, 경 12/1차, 경 13/2차] ④ 보증금납입조건부피의자석방결정 : 구속적부심사청구를 받은 법원 → 보증금 납입 조건, 결정으로 석방 명할 수 있음(피의자보석, 기소전보석, 동⑤) [법원 13]
	불 복	간이기각결정 기각결정 석방결정 / **항고 不可**(동⑧) [행시 03, 법원 11/12/13, 국9 16, 경 05/2차, 경 10/1차, 경 13/2차, 경 14/1차, 경 15/1차, 경 16/1차] 피의자보석결정 / 피의자·검사 **보통항고** 可(§214의2⑧⑤, 97모21) [국7 15, 경 12/1차]
	체포구속 기간 제외	법원 수사관계서류·증거물 접수한 때 ~ 검찰청에 반환된 때까지의 기간 → **체포기간·구속기간 산입 ×**(동⑬) [국7 15, 경 05/3차, 경 14/1차, 경 16/1차]
피의자 보석	의 의	구속적부심사과정에서 구속된 피의자가 법원의 결정을 받아 보증금 납입을 조건으로 석방되는 제도(동⑤)
	절 차	① 피의자의 **구속적부심사청구 要** 　*cf.* 피의자보석청구권 × [국7 14, 국9 13, 경 06/1차, 경 15/1차] ② 대상 　㉠ **구속피의자** ○(동⑤, 전격기소 피고인 ○) 　㉡ **체포피의자** ×(97모21)
	석방결정	① 피의자 출석을 보증할 만한 보증금 납입 조건 석방결정 ② 피의자 자력·자산으로 이행할 수 없는 보증금 ×(§214의2⑦, §99②) ③ 주거의 제한, 법원·검사 지정 일시·장소에 출석할 의무 기타 적당한 조건 부가 可(§214의2⑥) [경 15/3차] ④ 피의자보석 제외사유 : **증**거인멸 염려 **충**분한 이유 or 피해자 / 중요참고인 / 친족의 생명·신체·재산에 **해**를 가하거나 가할 염려 **충**분한 이유(석방 不可, 동⑤ 단서)(적보 – 증충/해충)
	보석집행	① **보증금 납입 필수**(§214의2⑦, §100①前)(≠ 피고인보석) ② 제3자 보증금 납입 허가 可(§214의2⑦, §100②) [법원 13]

피의자 보석	보증금 몰수	임의적 몰수	석방된 피의자가 ① 재구속 제한의 예외사유(§214의3②: 적보 – 도/염/출/조)로 **재구속** or ② 공소제기 후 법원이 동일범죄사실로 **재차 구속** → 직권 or 검사의 청구 → 보증금 전부·일부 **몰수 可** (§214의4①)
		필요적 몰수	석방된 자가 동일범죄 사실로 **형선고판결 확정 後** 형집행을 위한 소환에 정당한 이유 없이 **출석하지 아니하거나 도망**한 때 → 직권 or 검사의 청구 → 보증금 전부·일부 **몰수 要**(동②)
재체포·재구속	적부심 석방		① **도망** or ② **증**거인멸 제외하고는 동일범죄사실로 **재체포·재구속** ×(§214의3①) ∴ 증거인멸 염려 or 다른 중요한 증거 발견 → 재체포·재구속 不可 [국7 15, 국9 13, 경 07/1차, 경 10/1차, 경 14/1차, 경 14/2차, 경 15/3차, 경 16/1차]
	피의자 보석		① **도망** or ② 도망 염려·증거인멸 **염**려 or ③ 출석요구에 정당한 이유 없이 불출석 or ④ 주거제한 기타 법원이 정한 **조**건 위반 제외하고는 동일범죄 사실로 **재체포·재구속** ×(동②) ∴ 다른 중요한 증거 발견 or 보복 또는 보복의 우려(피고인보석 취소사유) → 재체포·재구속 不可 [경 01/2차, 경 04/3차, 경 05/2차]

🔆 **퍼써 정리 | 재체포 제한과 재구속 제한**

재체포 제한	재구속 제한

① **긴급체포** → **석방** → 영장 × – **긴급체포** ×
 ② 체포 → **적부심 석방** → **도망** / **증거인멸** ×
  → 재체포 ×
 [정리] ① 긴/석/긴 × ② 긴/석/영 ○ ③ 적 – 도증 ○
	① 피의자구속 → 석방 → **다른 중**요증거 ×
	  → 재**구속** ×(cf. 법원의 구속 : 제한 ×)
	 ② 구속 → **적부심 석방** → **도망** / **증거인멸** ×
	  → 재구속 ×
	 ③ 구속 → **적부심 피의자보석** → **도망** / **염려** / **출**석 / **조건** × → 재구속 ×
	 [정리] ① 다중 – 구/기/재 ② 적 – 도증 ○ ③ 적보 – 도염 출조 ○

V 보 석

✅ **조문정리** 　**형사소송법**(보석, 구속집행정지, 구속취소 관련 조문)

제1편 총칙

제9장 피고인의 소환, 구속

제93조 【**구속의 취소**】 구속의 사유가 없거나 소멸된 때에는 법원은 직권 또는 검사, 피고인, 변호인과 제30조제2항에 규정한 자의 청구에 의하여 결정으로 구속을 취소하여야 한다.

제94조 【**보석의 청구**】 피고인, 피고인의 변호인·법정대리인·배우자·직계친족·형제자매·가족·동거인 또는 고용주는 법원에 구속된 피고인의 보석을 청구할 수 있다.

제95조 【**필요적 보석**】 보석의 청구가 있는 때에는 다음 이외의 경우에는 보석을 허가하여야 한다.
  1. 피고인이 사형, 무기 또는 장기 10년이 넘는 징역이나 금고에 해당하는 죄를 범한 때

2. 피고인이 누범에 해당하거나 상습범인 죄를 범한 때

3. 피고인이 죄증을 인멸하거나 인멸할 염려가 있다고 믿을 만한 충분한 이유가 있는 때

4. 피고인이 도망하거나 도망할 염려가 있다고 믿을 만한 충분한 이유가 있는 때

5. 피고인의 주거가 분명하지 아니한 때

6. 피고인이 피해자, 당해 사건의 재판에 필요한 사실을 알고 있다고 인정되는 자 또는 그 친족의 생명·신체나 재산에 해를 가하거나 가할 염려가 있다고 믿을만한 충분한 이유가 있는 때

제96조【임의적 보석】법원은 제95조의 규정에 불구하고 상당한 이유가 있는 때에는 직권 또는 제94조에 규정한 자의 청구에 의하여 결정으로 보석을 허가할 수 있다.

제97조【보석, 구속의 취소와 검사의 의견】① 재판장은 보석에 관한 결정을 하기 전에 검사의 의견을 물어야 한다.
② 구속의 취소에 관한 결정을 함에 있어서도 검사의 청구에 의하거나 급속을 요하는 경우외에는 제1항과 같다.
③ 검사는 제1항 및 제2항에 따른 의견요청에 대하여 지체 없이 의견을 표명하여야 한다.
④ 구속을 취소하는 결정에 대하여는 검사는 즉시항고를 할 수 있다.

제98조【보석의 조건】법원은 보석을 허가하는 경우에는 필요하고 상당한 범위 안에서 다음 각 호의 조건 중 하나 이상의 조건을 정하여야 한다.〈개정 2020.12.8.〉

1. 법원이 지정하는 일시·장소에 출석하고 증거를 인멸하지 아니하겠다는 서약서를 제출할 것

2. 법원이 정하는 보증금에 해당하는 금액을 납입할 것을 약속하는 약정서를 제출할 것

3. 법원이 지정하는 장소로 주거를 제한하고 주거를 변경할 필요가 있는 경우에는 법원의 허가를 받는 등 도주를 방지하기 위하여 행하는 조치를 받아들일 것

4. 피해자, 당해 사건의 재판에 필요한 사실을 알고 있다고 인정되는 사람 또는 그 친족의 생명·신체·재산에 해를 가하는 행위를 하지 아니하고 주거·직장 등 그 주변에 접근하지 아니할 것

5. 피고인 아닌 자가 작성한 출석보증서를 제출할 것

6. 법원의 허가 없이 외국으로 출국하지 아니할 것을 서약할 것

7. 법원이 지정하는 방법으로 피해자의 권리 회복에 필요한 금전을 공탁하거나 그에 상당하는 담보를 제공할 것

8. 피고인이나 법원이 지정하는 자가 보증금을 납입하거나 담보를 제공할 것

9. 그 밖에 피고인의 출석을 보증하기 위하여 법원이 정하는 적당한 조건을 이행할 것

제99조【보석조건의 결정 시 고려사항】① 법원은 제98조의 조건을 정할 때 다음 각 호의 사항을 고려하여야 한다.〈개정 2020.12.8.〉

1. 범죄의 성질 및 죄상(罪狀)

2. 증거의 증명력

3. 피고인의 전과(前科)·성격·환경 및 자산

4. 피해자에 대한 배상 등 범행 후의 정황에 관련된 사항

② 법원은 피고인의 자금능력 또는 자산 정도로는 이행할 수 없는 조건을 정할 수 없다.〈개정 2020.12.8.〉

제100조【보석집행의 절차】① 제98조제1호·제2호·제5호·제7호 및 제8호의 조건은 이를 이행한 후가 아니면 보석허가결정을 집행하지 못하며, 법원은 필요하다고 인정하는 때에는 다른 조건에 관하여도 그 이행 이후 보석허가결정을 집행하도록 정할 수 있다.
② 법원은 보석청구자 이외의 자에게 보증금의 납입을 허가할 수 있다.
③ 법원은 유가증권 또는 피고인 외의 자가 제출한 보증서로써 보증금에 갈음함을 허가할 수 있다.
④ 전항의 보증서에는 보증금액을 언제든지 납입할 것을 기재하여야 한다.
⑤ 법원은 보석허가결정에 따라 석방된 피고인이 보석조건을 준수하는 데 필요한 범위 안에서 관공서나 그 밖의 공사단체에 대하여 적절한 조치를 취할 것을 요구할 수 있다.

제100조의2【출석보증인에 대한 과태료】① 법원은 제98조제5호의 조건을 정한 보석허가결정에 따라 석방된 피고인이 정당한 사유 없이 기일에 불출석하는 경우에는 결정으로 그 출석보증인에 대하여 500만원 이하의 과태료를 부과할 수 있다.
② 제1항의 결정에 대하여는 즉시항고를 할 수 있다.

제101조【구속의 집행정지】① 법원은 상당한 이유가 있는 때에는 결정으로 구속된 피고인을 친족·보호단체 기타 적당한 자에게 부탁하거나 피고인의 주거를 제한하여 구속의 집행을 정지할 수 있다.
② 전항의 결정을 함에는 검사의 의견을 물어야 한다. 단, 급속을 요하는 경우에는 그러하지 아니하다.

③ 삭제 〈2015.7.31.〉

④ 헌법 제44조에 의하여 구속된 국회의원에 대한 석방요구가 있으면 당연히 구속영장의 집행이 정지된다.

⑤ 전항의 석방요구의 통고를 받은 검찰총장은 즉시 석방을 지휘하고 그 사유를 수소법원에 통지하여야 한다.

[2015.7.31. 법률 제13454호에 의하여 2012.6.27. 헌법재판소에서 위헌 결정된 이 조 제3항을 삭제함]

제102조【보석조건의 변경과 취소 등】① 법원은 직권 또는 제94조에 규정된 자의 신청에 따라 결정으로 피고인의 보석조건을 변경하거나 일정기간 동안 당해 조건의 이행을 유예할 수 있다.

② 법원은 피고인이 다음 각 호의 어느 하나에 해당하는 경우에는 직권 또는 검사의 청구에 따라 결정으로 보석 또는 구속의 집행정지를 취소할 수 있다. 다만, 제101조제4항에 따른 구속영장의 집행정지는 그 회기 중 취소하지 못한다.

1. 도망한 때
2. 도망하거나 죄증을 인멸할 염려가 있다고 믿을 만한 충분한 이유가 있는 때
3. 소환을 받고 정당한 사유 없이 출석하지 아니한 때
4. 피해자, 당해 사건의 재판에 필요한 사실을 알고 있다고 인정되는 자 또는 그 친족의 생명·신체·재산에 해를 가하거나 가할 염려가 있다고 믿을 만한 충분한 이유가 있는 때
5. 법원이 정한 조건을 위반한 때

③ 법원은 피고인이 정당한 사유 없이 보석조건을 위반한 경우에는 결정으로 피고인에 대하여 1천만원 이하의 과태료를 부과하거나 20일 이내의 감치에 처할 수 있다.

④ 제3항의 결정에 대하여는 즉시항고를 할 수 있다.

제103조【보증금 등의 몰취】① 법원은 보석을 취소하는 때에는 직권 또는 검사의 청구에 따라 결정으로 보증금 또는 담보의 전부 또는 일부를 몰취할 수 있다.

② 법원은 보증금의 납입 또는 담보제공을 조건으로 석방된 피고인이 동일한 범죄사실에 관하여 형의 선고를 받고 그 판결이 확정된 후 집행하기 위한 소환을 받고 정당한 사유 없이 출석하지 아니하거나 도망한 때에는 직권 또는 검사의 청구에 따라 결정으로 보증금 또는 담보의 전부 또는 일부를 몰취하여야 한다.

제104조【보증금 등의 환부】구속 또는 보석을 취소하거나 구속영장의 효력이 소멸된 때에는 몰취하지 아니한 보증금 또는 담보를 청구한 날로부터 7일 이내에 환부하여야 한다.

제104조의2【보석조건의 효력 상실 등】① 구속영장의 효력이 소멸한 때에는 보석조건은 즉시 그 효력을 상실한다.

② 보석이 취소된 경우에도 제1항과 같다. 다만, 제98조제8호의 조건은 예외로 한다.

제105조【상소와 구속에 관한 결정】상소기간 중 또는 상소 중의 사건에 관하여 구속기간의 갱신, 구속의 취소, 보석, 구속의 집행정지와 그 정지의 취소에 대한 결정은 소송기록이 원심법원에 있는 때에는 원심법원이 하여야 한다.

제209조【준용규정】…… 제93조, 제101조제1항, 제102조제2항 본문(보석의 취소에 관한 부분은 제외한다) 및 제200조의5는 검사 또는 사법경찰관의 피의자 구속에 관하여 준용한다.

의 의		법원이 보증금의 납부 기타 일정한 조건을 붙여 구속의 집행을 정지하고 구속된 피고인을 석방하는 제도
종 류	필요적 보석원칙 청구보석	① 보석을 **청구**하면 **제외사유 없는 한** 법원은 보석을 **허가하여야 함**(§95) [행시 03, 국9 10, 경 09/2차] ∴ **보석제외사유가 있으면 허가하지 않을 수 있음**(허가하지 않아야 ×) ② 보석제외사유(허가하지 않을 수 있는 사유) 　㉠ 사형, 무기 or **장**기 **10**년 넘는 징역·금고 　㉡ **누**범 or **상**습범 　㉢ 증거인멸 or **증**거인멸 염려 충분한 이유 　㉣ 도망 or **도**망 염려 충분한 이유 　㉤ **주**거 불분명 　㉥ 피해자 / 증인 / 친족의 생명·신체·재산에 **해**를 가함 or 가할 염려 충분한 이유 [정리] 장10/누상/증/도/주/해 ∴ 보석해야 하는 건 아니야.
	임의적 보석	보석제외사유 해당해도 상당한 이유(예 병보석) 有 → **직권** or 피고인 등 **청구** → 결정으로 **보석 허가 可**(직권보석, 청구보석, §96) [법원 09/10] ∴ 보석청구 없어도 임의적 보석 可
결정절차		**보석절차** : 청구 → 심리(기일지정 – 통지 – 출석 – 심문) → 결정 ① 청구 : 피고인 / 법배직형 / 가동고 ② 심리 : 수소법원 / 지체 없이 기일지정 / 검사의견 – 지체 없이, 구속력 × ③ 결정 : 7일 이내, 허가결정 – 즉시항고 × / 항고 ○, 기각결정 – 항고 ○ [정리] 보석은 지없/지없/7/항/항 밟아라.
	청 구	① 청구권자 : **피고인/변호인/법/배/직/형/가/동/고**(§94 = 적부심청구권자) 　[법원 09] but **피의자 ×** ② 청구방법 : ㉠ 서면주의, ㉡ 심급 불문, **상소기간 중 可**(소송기록 있는 법원 결정 : §105, 규칙 §57①)
	심 리	① 심문기일 지정과 통지 　㉠ 지정 : 보석청구받은 법원은 **지체 없**이 심문기일을 지정(규칙 §54의2①) 　　[경 08/1차] 　㉡ 통지 : 즉시 검사 / 변호인 / 보석청구인 및 구금 관서의 장에게 심문기일·장소 통지(규칙 동②) → 구금 관서의 장은 심문기일에 피고인 출석(동항) ② 검사의 의견의 필요적 청취와 구속력 　㉠ 필요적 청취 : **검사의 의견을 물어야 함**(§97①) [법원 11/17] 　㉡ 검사의 의견표명 : **지체 없**이 의견 표명(동③) [법원 08, 경 08/1차] → 특별한 사정 없는 한 의견요청을 받은 날의 **다음 날까지**(규칙 §54①) 　　[정리] ⓐ 보석 : 검사 의견 물을 것, ⓑ 구속집행정지 : 급속 제외, ⓒ 구속취소 : 검사 청구 or 급속 제외 　㉢ 법원에 대한 **구속력 無** ③ 피고인심문

결정절차	결 정	① 기한 : 보석청구일 ~ **7일** 이내 원칙(규칙 §55) [국9 15, 법원 17]

① 기한 : 보석청구일 ~ **7일** 이내 원칙(규칙 §55) [국9 15, 법원 17]
② 보석청구기각결정
　㉠ 보석청구가 부적법하나 이유 없는 때
　㉡ 불복 : **보통항고** ○(§403②), 즉시항고 × [행시 03]
③ 보석허가결정
　㉠ 보석청구가 이유 있는 때
　㉡ 보석조건 부과 : 보증금납입은 필수조건 ×
　㉢ 불복 : **보통항고** ○(§403②), 즉시항고 × [국9 10, 경 08/1차]
④ 보석조건
　㉠ 아래 조건 중 하나 이상의 조건 정함(§98 1·2·5·7·8은 **선이행, 3·4·6·9는 후이행, 후이행은 선이행으로 변경 可**, §100①) [법원 07, 국7 09])
　　1. 법원이 지정하는 일시·장소에 출석하고 증거를 인멸하지 아니하겠다는 **서**약서 제출
　　2. 보증금 납입 **약**정서 제출
　　3. **도**주를 방지하기 위하여 행하는 조치를 받아들일 것
　　4. 피해자 등의 생명·신체·재산에 **해**를 가하는 행위를 하지 아니하고 주거·직장 등 그 주변에 접근하지 아니할 것
　　5. 피고인 아닌 자(제**3**자) 작성 출석보증서 제출
　　6. 법원의 허가 없이 외국으로 **출**국하지 아니할 것을 서약
　　7. 법원이 지정하는 방법으로 **피**해자의 권리 회복에 필요한 금전을 공탁하거나 그에 상당하는 담보 제공
　　8. 피고인이나 법원이 지정하는 자가 **보**증금을 납입하거나 담보를 제공할 것 : 보석취소 시 자동실효되지 않는 유일한 조건
　　9. 그 밖에(**기**타) 피고인의 출석을 보증하기 위하여 법원이 정하는 적당한 조건 이행
　　[정리] 서/약/3/피/보는 선이행(서류나 돈은 먼저 내라), 도/해/출/기는 후이행
　㉡ 보석조건 결정 시 고려사항
　　ⓐ 고려사항 : 범죄의 **성**질 및 **죄**상, 증거의 **증명**력(증거능력 ×), 피고인의 **전**과·**성**격·**환**경 및 **자**산(경력 ×), 피해자에 대한 배상 등 범행 후의 **정황**에 관련된 사항(§99①) [법원 07, 국7 09, 경 04/3차, 경 08/3차, 경 09/2차, 경 13/2차]
　　　[정리] 성/죄/증명 성/전/환/자/정황 고려
　　ⓑ **이행할 수 없는 조건 부과 不可**(동②) [국7 09]
　㉢ 보석조건의 변경·이행유예 : 可 [경승 10] ← **직권** or **보석청구권자**(검사 ×) [검·교정7 09] 의 **신청**(§102①) [국7 09]
　㉣ 보석조건의 실효 [법원 09/11, 경 13/2차]
　　ⓐ 구속실효 : **구속영장 효력 소멸** → 보석조건 즉시 실효(§104의2①) ∴ 사형·자유형 확정 or 무죄·면소·공소기각·형면제·벌금·과료 판결선고 → 보석조건 즉시 실효 [법원 07/11, 경 13/2차]
　　ⓑ **보석취소** : 보석조건 즉시 실효 but **보증금 납입** or **담보 제공** 조건(§98 8.)은 **예외**(§104의2②)

결정절차	집 행	① 선이행, 후이행(§100①)
		② 보증금의 제3자 납입 허가 可(동②)
		③ **보증서**(언제든 납입 기재 要, 동④)로써 **보증금 갈음 허가 可**(동③) [경 13/2차]
		④ 보석조건 관련 공사단체의 적절한 조치 요구 可(동⑤) [법원 08]
		⑤ 보석조건 위반의 제재
		    ㉠ 피고인 : **1천만원 이하 과태료 or 20일 이내 감치**(§102③)
		    ㉡ 출석보증인(§98 5.) : **500만원 이하 과태료**(§100의2①)
		    ㉢ 모두 **즉시항고** ○(§102④, §100의2②)

보석
취소
	① 보석취소사유와 절차(§102②)
	    ㉠ 보석취소사유 [국9 15] : ⓐ **도망**, ⓑ 도망·죄증인멸 **염려** 충분한 이유, ⓒ 소환에 정당한 이유 없이 불출석, ⓓ 피해자 등의 생명·신체·재산에 가**해** or 가해 염려 충분한 이유(**보복**의 위험), ⓔ 법원 지정 **조**건 위반
	    ㉡ 절차 : **직권** or **검사청구** → 법원의 결정

퍼써 정리 | 피의자보석의 재구속, 보석취소, 구속집행정지취소사유 비교

피의자보석의 재구속 사유	보석취소 사유	구속집행정지취소 사유
도/염/출/조	도/염/출/보/조	도/염/출/보/조 *cf.* 국회의원 석방요구 시 ×

② 보석취소의 효과
    ㉠ 집행정지 구속영장 효력 다시 발효 : 검사는 **보석취소결정 등본**(피고인에게 송달 不要)으로 피고인 재구금(규칙 §56①本) [법원 10, 경 14/2차, 경 15/1차] ∴ 별도 구속영장 不要
    ㉡ 급속 : 재판장·수명법관·수탁판사 재구금 지휘 可(동 단서)
    ㉢ 보석조건 실효 but **보증금납입조건 실효** × [국9 10]
③ 불복 : **보통항고**(§403②)

보증금	몰 취	① 임의적 몰취 : **보석취소** 시 **직권** or **검사 청구**(§103①) [법원 17] ∴ 보석취소결정과 보증금몰취결정 **동시 不要**(2000모22) [국9 11/16] ② 필요적 몰취 : **형선고판결 확정 후** 소환에 정당한 사유 없이 **불출석** or **도망** 시 **직권** or **검사 청구**(동②)

퍼써 정리 | 피의자보석과 피고인보석의 임의적·필요적 몰수

	피의자보석(§214의4)	피고인보석(§103)
임의적 몰수	① 적보 / 도염출조 - 재구속 ② 법원의 재구속	보석취소
필요적 몰수	유죄판결확정 후 도망 등	유죄판결확정 후 도망 등

보증금	환 부	① 구속취소 ② 보석취소 ③ 구속실효 시 **몰취** × 보증금 등 청구일부터 **7일** 이내 환부(§104) [경 13/1차, 경 13/2차]

	보증금	구속영장실효	검사의 의견	예 외	불 복
보 석	○	실효 ×	물어야 하고 검사는 지체 없이 표명	×	보통항고
구속집행 정지	×	실효 ×	물어야 함	급속을 요하는 경우	보통항고
구속취소	×	실효 ○	물어야 하고 검사는 지체 없이 표명	급속을 요하는 경우 검사의 청구가 있는 때	즉시항고

🔗 한줄판례 Summary

피고인 보석 취소의 경우 **보증금 몰수사건**의 사물관할 : **단독판사**(2001모53) [법원 19]

VI 구속의 집행정지

의 의	법원 · 수사기관이 상당한 이유가 있는 때 결정으로 구속된 피고인·피의자를 친족 · 보호단체 기타 적당한 자에게 부탁하거나 피고인 · 피의자의 주거를 제한하여 구속의 집행을 정지시키는 제도(§101①, §209) [법원 10]

💡 퍼써 정리 | 피고인보석과 구속집행정지의 구별

	피고인보석	구속집행정지
구속영장의 효력	유지	
피고인의 청구권	○	**×(직권)**
주 체	법원	법원 · 수사기관 [경찰 04]
대 상	피고인	피고인 · 피의자
검사의 의견 청취	○	**○(급속 시 ×)**
보증금	○	×
주거제한	○	
취소사유	동일	

절 차	직 권	① 구속집행정지는 **직권**에 의함 ② 피의자 · 피고인 등 **신청권 ×**
	피고인	① 주체 : 법원 ② 사유 : 상당한 이유(예 중한 질병) ③ 절차 : **검사 의견 청취 but 급속 시 예외**(§101②) [법원 10]

절차	피고인	④ 결정 : 법원의 결정 → 구속피고인을 친족·보호단체 기타 적당한 자에게 부탁 or 주거 제한 → 구속집행정지(§101①) ⑤ 불복 　㉠ **검사 즉시항고 위헌**(2011헌가36) 　㉡ ∴ **보통항고만** ○(§403②)
	피의자	① 주체 : 검사 or 사법경찰관(§209) ② 절차 　㉠ 사경 구속집행정지 : (체포 or) 구속 피의자 석방 시 **검사 석방지휘 不要, 석방 후 검사에게 통보·보고**(사법경찰관의 구속영장신청을 검사가 기각한 경우 포함, 수사준칙 §36) 　㉡ 법원에의 통지 : 피의자 석방(예 구속집행정지·구속취소) 시 검사는 지체 없이 영장발부 법원에 서면 통지(§204)
취소	사유·절차	① 사유 : **도/염/출/보/조**(= 보석취소사유와 동일) ② 직권 or 검사 청구 → 결정으로 (보석 or) 구속집행정지 취소(§102②, §209) [경 04, 경 10/2차]
	재구금	구속집행정지 취소결정 → 집행정지 구속영장 다시 발효 → **별도 결정 없이 재구금**(= 보석취소 시 재구금) [법원 07]
관련 문제	감정유치	① 감정유치장 집행 → 유치기간 **구속집행정지 간주** ② 감정유치처분 취소 or 유치기간 만료 → 구속집행정지 취소 간주(§172의2, §221의3②)
	국회의원	① 구속 국회의원에 대한 **국회 석방요구**(헌법 §44) → 당연히 구속영장 집행정지(§101④)(but 현행범 ×) [법원 10] ② **법원의 별도 결정 不要** ∴ 석방요구 통고 받은 검찰총장 즉시 석방지휘 → 수소법원 통지(동⑤) ③ 국회 회기 중 국회의원 구속집행정지 취소 ×(§102②)

💡 퍼써 정리 | 구속집행정지

	피의자	피고인
구속집행정지	검사 / 사경 할 수 있다.	법원 직권 할 수 있다.
구속집행정지취소	검사 / 사경 할 수 있다.	법원 직권 / 검사청구 할 수 있다.
구속취소	검사 / 사경 해야 한다.	법원 직권

Ⅶ 구속의 실효

1. 구속취소

의 의	법원·수사기관이 구속의 사유가 없거나 소멸된 때 직권 또는 청구에 의하여 결정으로 피고인 또는 피의자를 석방하는 제도(§93, §209, §200의6)

🔅 퍼써 정리 ┃ 구속집행정지와 구속취소의 구별

	구속집행정지	구속취소
구속영장의 효력	유지	상실
피고인 등의 청구권	×(직권)	**○(직권 or 청구)**
주 체	법원·수사기관 [경 04]	
대 상	피고인·피의자	
검사의 의견청취	○(급속 시 ×)	**○(검사청구 or 급속 시 ×)**
검사의 즉시항고	×	○

사 유	구속의 사유가 없거나 소멸된 때 ① 구속사유 無 : 부적법한 구속 ② 구속사유 소멸 : 구속 계속이 부당한 경우 ∴ **형이 그대로 확정되어도 잔여형기 8일 이내**(83모42) [경찰 04/3차], **미결구금일수만으로 본형 형기 초과 명백**(91모25) → 구속취소 要 ③ 구속취소사유 × : 이미 구속영장 실효된 경우 구속취소 不可(99초355)

절 차	피고인 구속취소	① 직권 or 검사 / 피고인 / 변호인 / 변호인선임권자(법/배/직/형) 청구(§93) [국9 02, 경 08/3차, 경 15/1차] → **가족 / 동거인 / 고용주 ×** [정리] 적부심/보석청구권자 : 피/변/법배직형/가동고, 구속취소 : 직/검/피/변/법배직형 ② **검사 의견 청취** but **검사 청구 or 급속 시 不要**(§97②) ③ 검사 지체 없이(다음 날까지, 규칙 §54) 의견 표명(동③) ④ 원칙적으로 청구일 ~ **7일** 이내 법원 결정(규칙 §55) ⑤ 불복 : **검사 즉시항고** ○(§97④) [법원 10, 경 04]
	피의자 구속취소	① 피고인구속취소 절차와 유사 ② 사경 구속취소 시 (**검사 석방지휘 폐지**) 검사에게 통보 or 보고(수사준칙 §36) ③ 검사는 지체 없이 영장발부 법원에 서면 통지(§204)

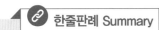 **한줄판례 Summary**

제1심 항소심 **판결선고 전 구금일수만으로도** 구속을 필요로 하는 **본형 형기를 초과할 것이 명백** → 구속취소 (91모25)

2. 구속의 당연실효

구속기간 만료	① 通說 : 구속영장 당연 실효 ② 判例 : **당연 실효 ×** ∴ 별도 법원 결정 要(64도428) [경 05/1차]
석방내용 **판결 선고**	① 무죄 / 면소 / 형면제 / 형선고유예 / 형집행유예 / 공소기각 / 벌금 / 과료 판결 선고 → 구속영장 실효(§331) [법원 09/13/14/15, 국9 10/12/14, 경 11/1차] ② **관할위반판결**은 : **구속실효 ×** ∴ 선고 전 소송행위 유효 [경 08/2차] ③ 부정수표단속법위반죄로 벌금형 선고 : 벌금 가납 시까지 구속영장 실효 ×(동법 §6)
사형·자유형 확정	**사형·자유형 판결 확정** → 즉시 집행(형기에 초일 산입, §459, 형법 §84①, §85) ∴ 구속영장 실효 [행시 02]

> 🔗 **한줄판례 Summary**

무죄 등 판결 선고 후 석방대상 피고인을 의사에 반하여 **교도소로 연행**하는 것은 헌법 §12 규정 위반(95헌마247)

💡 퍼써 정리 | 체포·구속·석방제도 핵심정리

① 체포·구속제도

	영장체포	긴급체포	현행범체포	피의자구속	피고인구속
사 유	① 출석요구 불응 ② 불응 우려	① 긴급성 ② 중대성 : 장3↑ ③ 필요성 : 도망 또는 도망·증거 인멸 염려	① 명백성 ② 필요성 : 도망 또는 도망·증거 인멸 염려	① 객관적 범죄혐의 ② 구속사유 ⓖ 주거부정 ⓛ 도망 ⓔ 증거인멸 및 도망의 염려	
주 체	검사 지휘 사경 집행	검사 / 사경	All	검사 지휘 사경 집행	법원
경 미	주거 부정 출석요구 불응	無	주거 부정	주거 부정	주거 부정
절 차	체포영장청구 • 체포영장 발부 : 불복 × • 체포영장집행 • 체포통지 24h • 구속영장신청 48h	긴급체포 • 긴급체포서 작성 • 체포통지 • 구속영장신청 – 지체 없이	현행범체포 • 체포통지 • 구속영장신청 48h	구속영장청구 • 구인을 위한 구속영장 발부 • 영장실질심사 : 다음 날까지 • 영장발부 – 불복 ×	사전청문 • 구속영장 발부 : 불복 – 항고 • 구속집행 • 구속통지
재체포 · 재구속	제한 ×	동일범죄사실 × *cf.* 영장체포 ○	제한 ×	다른 중요증거 × 동일범죄사실 ×	제한 ×

② 석방제도

	구속적부심	피의자보석	피고인보석	구속집행정지	구속취소
주 체	청구 – 법원	법원 직권	청구 – 법원 법원 직권	법/검/경 직권	청구 – 법/검/경 법/검/경 직권
대 상	피의자	피의자	피고인	피의자 / 피고인	피의자 / 피고인
사 유	불법 / 부당 (구속의 필요성)	법원의 재량	제외사유 없는 한 필요적 보석 (제외사유 있어도 임의적 보석 ○)	상당한 이유	① 구속사유 × ② 사후적 소멸
불허·제외 사유		① 죄증인멸 염려 ② 피해자 등에게 해를 가할 염려	① 사/무/장10↑ ② 누범 / 상습범 ③ 죄증인멸 염려 ④ 도망 염려 ⑤ 주거부정 ⑥ 피해자 등에게 해를 가할 염려	無	
절 차	심사의 청구 • 법원의 심사 • 법원의 결정	구속적부심청구 • 법원의 심사 • 석방결정	보석청구 • 법원의 심리 • 피고인심문 • 보석결정 • 보석집행	법원 • 검사의견 물음 (예외 – 급속)	구속취소청구 • 법원 – 검사의견 물음(예외 : 검사 청구 / 급속) • 취소결정
보증금	×	○		×	
검사 의견	×		○	○ 예외 – 급속	○ 예외 – 검사청구 / 급속
영장 효력	상실		유지(집행정지)		상실
재구속·취소	① 도망 ② 죄증인멸	① 도망 ② 도망·죄증인멸 염려 ③ 출석거부 ④ 법원 조건 위반	취소사유 ① 도망 ② 도망·죄증인멸 염려 ③ 출석거부 ④ 피해자 등에게 해를 가할 염려 ⑤ 법원 조건 위반	無	
불 복	無	보통항고			즉시항고

I 압수 · 수색

◇ 조문정리

제1편 총칙

제10장 압수와 수색

제106조【압수】① 법원은 필요한 때에는 피고사건과 관계가 있다고 인정할 수 있는 것에 한정하여 증거물 또는 몰수할 것으로 사료하는 물건을 압수할 수 있다. 단, 법률에 다른 규정이 있는 때에는 예외로 한다.

② 법원은 압수할 물건을 지정하여 소유자, 소지자 또는 보관자에게 제출을 명할 수 있다.

③ 법원은 압수의 목적물이 컴퓨터용디스크, 그 밖에 이와 비슷한 정보저장매체(이하 이 항에서 "정보저장매체 등"이라 한다)인 경우에는 기억된 정보의 범위를 정하여 출력하거나 복제하여 제출받아야 한다. 다만, 범위를 정하여 출력 또는 복제하는 방법이 불가능하거나 압수의 목적을 달성하기에 현저히 곤란하다고 인정되는 때에는 정보저장매체 등을 압수할 수 있다.

④ 법원은 제3항에 따라 정보를 제공받은 경우 개인정보 보호법 제2조제3호에 따른 정보주체에게 해당 사실을 지체 없이 알려야 한다.

제107조【우체물의 압수】① 법원은 필요한 때에는 피고사건과 관계가 있다고 인정할 수 있는 것에 한정하여 우체물 또는 통신비밀보호법 제2조제3호에 따른 전기통신(이하 "전기통신"이라 한다)에 관한 것으로서 체신관서, 그 밖의 관련 기관 등이 소지 또는 보관하는 물건의 제출을 명하거나 압수를 할 수 있다.

③ 제1항에 따른 처분을 할 때에는 발신인이나 수신인에게 그 취지를 통지하여야 한다. 단, 심리에 방해될 염려가 있는 경우에는 예외로 한다.

제108조【임의 제출물 등의 압수】소유자, 소지자 또는 보관자가 임의로 제출한 물건 또는 유류한 물건은 영장 없이 압수할 수 있다.

제109조【수색】① 법원은 필요한 때에는 피고사건과 관계가 있다고 인정할 수 있는 것에 한정하여 피고인의 신체, 물건 또는 주거, 그 밖의 장소를 수색할 수 있다.

② 피고인 아닌 자의 신체, 물건, 주거 기타 장소에 관하여는 압수할 물건이 있음을 인정할 수 있는 경우에 한하여 수색할 수 있다.

제110조【군사상 비밀과 압수】① 군사상 비밀을 요하는 장소는 그 책임자의 승낙 없이는 압수 또는 수색할 수 없다.

② 전항의 책임자는 국가의 중대한 이익을 해하는 경우를 제외하고는 승낙을 거부하지 못한다.

제111조【공무상 비밀과 압수】① 공무원 또는 공무원이었던 자가 소지 또는 보관하는 물건에 관하여는 본인 또는 그 해당 공무소가 직무상의 비밀에 관한 것임을 신고한 때에는 그 소속공무소 또는 당해 감독관공서의 승낙 없이는 압수하지 못한다.

② 소속공무소 또는 당해 감독관공서는 국가의 중대한 이익을 해하는 경우를 제외하고는 승낙을 거부하지 못한다.

제112조【업무상비밀과 압수】변호사, 변리사, 공증인, 공인회계사, 세무사, 대서업자, 의사, 한의사, 치과의사, 약사, 약종상, 조산사, 간호사, 종교의 직에 있는 자 또는 이러한 직에 있던 자가 그 업무상 위탁을 받아 소지 또는 보관하는 물건으로 타인의 비밀에 관한 것은 압수를 거부할 수 있다. 단, 그 타인의 승낙이 있거나 중대한 공익상 필요가 있는 때에는 예외로 한다.

제113조【압수 · 수색영장】공판정 외에서 압수 또는 수색을 함에는 영장을 발부하여 시행하여야 한다.

제114조【영장의 방식】① 압수 · 수색영장에는 다음 각 호의 사항을 기재하고 재판장이나 수명법관이 서명날인하여야 한다. 다만, 압수 · 수색할 물건이 전기통신에 관한 것인 경우에는 작성기간을 기재하여야 한다. 〈개정 2020.12.8.〉

1. 피고인의 성명
2. 죄명
3. 압수할 물건
4. 수색할 장소 · 신체 · 물건
5. 영장 발부 연월일
6. 영장의 유효기간과 그 기간이 지나면 집행에 착수할 수 없으며 영장을 반환하여야 한다는 취지

7. 그 밖에 대법원규칙으로 정하는 사항

② 제1항의 영장에 관하여는 제75조제2항을 준용한다. 〈개정 2020.12.8.〉

제115조【영장의 집행】① 압수·수색영장은 검사의 지휘에 의하여 사법경찰관리가 집행한다. 단, 필요한 경우에는 재판장은 법원사무관 등에게 그 집행을 명할 수 있다.

② 제83조의 규정은 압수·수색영장의 집행에 준용한다.

제116조【주의사항】압수·수색영장을 집행할 때에는 타인의 비밀을 보호하여야 하며 처분받은 자의 명예를 해하지 아니하도록 주의하여야 한다. 〈개정 2020.12.8.〉

제117조【집행의 보조】법원사무관 등은 압수·수색영장의 집행에 관하여 필요한 때에는 사법경찰관리에게 보조를 구할 수 있다.

제118조【영장의 제시와 사본교부】압수·수색영장은 처분을 받는 자에게 반드시 제시하여야 하고, 처분을 받는 자가 피고인인 경우에는 그 사본을 교부하여야 한다. 다만, 처분을 받는 자가 현장에 없는 등 영장의 제시나 그 사본의 교부가 현실적으로 불가능한 경우 또는 처분을 받는 자가 영장의 제시나 사본의 교부를 거부한 때에는 예외로 한다. 〈개정 2022.2.3.〉

제119조【집행 중의 출입금지】① 압수·수색영장의 집행 중에는 타인의 출입을 금지할 수 있다.

② 전항의 규정에 위배한 자에게는 퇴거하게 하거나 집행종료시까지 간수자를 붙일 수 있다.

제120조【집행과 필요한 처분】① 압수·수색영장의 집행에 있어서는 건정을 열거나 개봉 기타 필요한 처분을 할 수 있다.

② 전항의 처분은 압수물에 대하여도 할 수 있다.

제121조【영장집행과 당사자의 참여】검사, 피고인 또는 변호인은 압수·수색영장의 집행에 참여할 수 있다.

제122조【영장집행과 참여권자에의 통지】압수·수색영장을 집행함에는 미리 집행의 일시와 장소를 전조에 규정한 자에게 통지하여야 한다. 단, 전조에 규정한 자가 참여하지 아니한다는 의사를 명시한 때 또는 급속을 요하는 때에는 예외로 한다.

제123조【영장의 집행과 책임자의 참여】① 공무소, 군사용 항공기 또는 선박·차량 안에서 압수·수색영장을 집행하려면 그 책임자에게 참여할 것을 통지하여야 한다.

② 제1항에 규정한 장소 외에 타인의 주거, 간수자 있는 가옥, 건조물(建造物), 항공기 또는 선박·차량 안에서 압수·수색영장을 집행할 때에는 주거주(住居主), 간수자 또는 이에 준하는 사람을 참여하게 하여야 한다.

③ 제2항의 사람을 참여하게 하지 못할 때에는 이웃 사람 또는 지방공공단체의 직원을 참여하게 하여야 한다.

[전문개정 2020.12.8.]

제124조【여자의 수색과 참여】여자의 신체에 대하여 수색할 때에는 성년의 여자를 참여하게 하여야 한다.

제125조【야간집행의 제한】일출 전, 일몰 후에는 압수·수색영장에 야간집행을 할 수 있는 기재가 없으면 그 영장을 집행하기 위하여 타인의 주거, 간수자 있는 가옥, 건조물, 항공기 또는 선차 내에 들어가지 못한다.

제126조【야간집행제한의 예외】다음 장소에서 압수·수색영장을 집행함에는 전조의 제한을 받지 아니한다.

1. 도박 기타 풍속을 해하는 행위에 상용된다고 인정하는 장소

2. 여관, 음식점 기타 야간에 공중이 출입할 수 있는 장소. 단, 공개한 시간 내에 한한다.

제127조【집행중지와 필요한 처분】압수·수색영장의 집행을 중지한 경우에 필요한 때에는 집행이 종료될 때까지 그 장소를 폐쇄하거나 간수자를 둘 수 있다.

제128조【증명서의 교부】수색한 경우에 증거물 또는 몰취할 물건이 없는 때에는 그 취지의 증명서를 교부하여야 한다.

제129조【압수목록의 교부】압수한 경우에는 목록을 작성하여 소유자, 소지자, 보관자 기타 이에 준할 자에게 교부하여야 한다.

제130조【압수물의 보관과 폐기】① 운반 또는 보관에 불편한 압수물에 관하여는 간수자를 두거나 소유자 또는 적당한 자의 승낙을 얻어 보관하게 할 수 있다.

② 위험발생의 염려가 있는 압수물은 폐기할 수 있다.

③ 법령상 생산·제조·소지·소유 또는 유통이 금지된 압수물로서 부패의 염려가 있거나 보관하기 어려운 압수물은 소유자 등 권한 있는 자의 동의를 받아 폐기할 수 있다.

제131조【주의사항】압수물에 대하여는 그 상실 또는 파손 등의 방지를 위하여 상당한 조치를 하여야 한다.

제132조【압수물의 대가보관】① 몰수하여야 할 압수물로서 멸실·파손·부패 또는 현저한 가치 감소의 염려가 있거나 보관하기 어려운 압수물은 매각하여 대가를 보관할 수 있다.

② 환부하여야 할 압수물 중 환부를 받을 자가 누구인지 알 수 없거나 그 소재가 불명한 경우로서 그 압수물의 멸실·파손·부패 또는 현저한 가치 감소의 염려가 있거나 보관하기 어려운 압수물은 매각하여 대가를 보관할 수 있다.

제133조【압수물의 환부, 가환부】 ① 압수를 계속할 필요가 없다고 인정되는 압수물은 피고사건 종결 전이라도 결정으로 환부하여야 하고 증거에 공할 압수물은 소유자, 소지자, 보관자 또는 제출인의 청구에 의하여 가환부할 수 있다.

② 증거에만 공할 목적으로 압수한 물건으로서 그 소유자 또는 소지자가 계속 사용하여야 할 물건은 사진촬영 기타 원형보존의 조치를 취하고 신속히 가환부하여야 한다.

제134조【압수장물의 피해자환부】 압수한 장물은 피해자에게 환부할 이유가 명백한 때에는 피고사건의 종결 전이라도 결정으로 피해자에게 환부할 수 있다.

제135조【압수물처분과 당사자에의 통지】 전3조의 결정을 함에는 검사, 피해자, 피고인 또는 변호인에게 미리 통지하여야 한다.

제136조【수명법관, 수탁판사】 ① 법원은 압수 또는 수색을 합의부원에게 명할 수 있고 그 목적물의 소재지를 관할하는 지방법원 판사에게 촉탁할 수 있다.

② 수탁판사는 압수 또는 수색의 목적물이 그 관할구역 내에 없는 때에는 그 목적물 소재지지방법원 판사에게 전촉할 수 있다.

③ 수명법관, 수탁판사가 행하는 압수 또는 수색에 관하여는 법원이 행하는 압수 또는 수색에 관한 규정을 준용한다.

제137조【구속영장집행과 수색】 검사, 사법경찰관리 또는 제81조제2항의 규정에 의한 법원사무관 등이 구속영장을 집행할 경우에 필요한 때에는 미리 수색영장을 발부받기 어려운 긴급한 사정이 있는 경우에 한정하여 타인의 주거, 간수자있는 가옥, 건조물, 항공기, 선차 내에 들어가 피고인을 수색할 수 있다. 〈개정 2019.12.31.〉

제138조【준용규정】 제119조, 제120조, 제123조와 제127조의 규정은 전조의 규정에 의한 검사, 사법경찰관리, 법원사무관 등의 수색에 준용한다.

제2편 제1심

제1장 수사

제215조【압수, 수색, 검증】 ① 검사는 범죄수사에 필요한 때에는 피의자가 죄를 범하였다고 의심할 만한 정황이 있고 해당 사건과 관계가 있다고 인정

할 수 있는 것에 한정하여 지방법원판사에게 청구하여 발부받은 영장에 의하여 압수, 수색 또는 검증을 할 수 있다.

② 사법경찰관이 범죄수사에 필요한 때에는 피의자가 죄를 범하였다고 의심할 만한 정황이 있고 해당 사건과 관계가 있다고 인정할 수 있는 것에 한정하여 검사에게 신청하여 검사의 청구로 지방법원판사가 발부한 영장에 의하여 압수, 수색 또는 검증을 할 수 있다.

제216조【영장에 의하지 아니한 강제처분】 ① 검사 또는 사법경찰관은 제200조의2·제200조의3·제201조 또는 제212조의 규정에 의하여 피의자를 체포 또는 구속하는 경우에 필요한 때에는 영장 없이 다음 처분을 할 수 있다. 〈개정 2019.12.31.〉

1. 타인의 주거나 타인이 간수하는 가옥, 건조물, 항공기, 선차 내에서의 피의자 수색. 다만, 제200조의2 또는 제201조에 따라 피의자를 체포 또는 구속하는 경우의 피의자 수색은 미리 수색영장을 발부받기 어려운 긴급한 사정이 있는 때에 한정한다.

2. 체포현장에서의 압수, 수색, 검증

② 전항 제2호의 규정은 검사 또는 사법경찰관이 피고인에 대한 구속영장의 집행의 경우에 준용한다.

③ 범행 중 또는 범행직후의 범죄 장소에서 긴급을 요하여 법원판사의 영장을 받을 수 없는 때에는 영장 없이 압수, 수색 또는 검증을 할 수 있다. 이 경우에는 사후에 지체 없이 영장을 받아야 한다.

제217조【영장에 의하지 아니하는 강제처분】 ① 검사 또는 사법경찰관은 제200조의3에 따라 체포된 자가 소유·소지 또는 보관하는 물건에 대하여 긴급히 압수할 필요가 있는 경우에는 체포한 때부터 24시간 이내에 한하여 영장 없이 압수·수색 또는 검증을 할 수 있다.

② 검사 또는 사법경찰관은 제1항 또는 제216조제1항제2호에 따라 압수한 물건을 계속 압수할 필요가 있는 경우에는 지체 없이 압수수색영장을 청구하여야 한다. 이 경우 압수수색영장의 청구는 체포한 때부터 48시간 이내에 하여야 한다.

③ 검사 또는 사법경찰관은 제2항에 따라 청구한 압수수색영장을 발부받지 못한 때에는 압수한 물건을 즉시 반환하여야 한다.

제218조【영장에 의하지 아니한 압수】 검사, 사법경찰관은 피의자 기타인의 유류한 물건이나 소유자, 소지자 또는 보관자가 임의로 제출한 물건을 영장 없이 압수할 수 있다.

제218조의2【압수물의 환부, 가환부】① 검사는 사본을 확보한 경우 등 압수를 계속할 필요가 없다고 인정되는 압수물 및 증거에 사용할 압수물에 대하여 공소제기 전이라도 소유자, 소지자, 보관자 또는 제출인의 청구가 있는 때에는 환부 또는 가환부하여야 한다.
② 제1항의 청구에 대하여 검사가 이를 거부하는 경우에는 신청인은 해당 검사의 소속 검찰청에 대응한 법원에 압수물의 환부 또는 가환부 결정을 청구할 수 있다.
③ 제2항의 청구에 대하여 법원이 환부 또는 가환부를 결정하면 검사는 신청인에게 압수물을 환부 또는 가환부하여야 한다.
④ 사법경찰관의 환부 또는 가환부 처분에 관하여는 제1항부터 제3항까지의 규정을 준용한다. 이 경우 사법경찰관은 검사의 지휘를 받아야 한다.

제219조【준용규정】제106조, 제107조, 제109조 내지 제112조, 제114조, 제115조제1항 본문, 제2항, 제118조부터 제132조까지, 제134조, 제135조, 제140조, 제141조, 제333조제2항, 제486조의 규정은 검사 또는 사법경찰관의 본장의 규정에 의한 압수, 수색 또는 검증에 준용한다. 단, 사법경찰관이 제130조, 제132조 및 제134조에 따른 처분을 함에는 검사의 지휘를 받아야 한다.

제220조【요급처분】제216조의 규정에 의한 처분을 하는 경우에 급속을 요하는 때에는 제123조제2항, 제125조의 규정에 의함을 요하지 아니한다.

1. 의 의

압 수	증거물 또는 몰수할 것으로 예상되는 물건의 점유를 취득하는 강제처분(압류, 영치, 제출명령) *cf.* 몰수는 형법상 형벌(형법 §41 9.)
	① 압류 : 물리적 강제력을 사용하여 유체물의 점유를 점유자의 의사에 반하여 수사기관·법원에 이전하는 강제처분(§106①, §219)
	② 영치 : 점유의 이전이 점유자의 의사에 반하지 않지만 일단 점유이전 후에는 점유자가 점유를 임의로 회복할 수 없는 강제처분(유류물·임의제출물 압수, §108, §218)
	③ 제출명령 : **법원**(수사기관 × [행시 04, 경 11/2차])이 압수할 물건을 지정하여 소유자·소지자·보관자에게 당해 물건의 제출을 명하는 것(§106②)
수 색	증거물 또는 몰수할 물건이나 체포할 사람을 발견하기 위하여 사람의 주거·신체 또는 물건·장소에 대해서 행해지는 강제처분

한줄판례 Summary

① **우편물 통관검사절차** : 압수·수색 ×(2013도7718) [국7 17]
② 세관 공무원이 수출입물품을 검사하는 과정에서 **마약류**가 감추어져 있다고 밝혀지거나 그러한 의심이 드는 경우 : 압수·수색 ○, 영장주의 원칙 적용 ○(2014도8719)

2. 목적물

(1) 압수의 목적물

목적물		법원·수사기관은 필요한 때 피고·피의사건과 관계가 있다고 인정할 수 있는 것에 한정하여 증거물 또는 몰수할 것으로 사료하는 물건 압수 可(§106①, §219)
	증거물	① 증거물 멸실 방지 → 형사절차 진행을 위한 절차확보 목적
		② 동산·부동산 불문 but 사람의 신체 자체 ×
		③ 신체 분리된 일부(두발, 체모, 손톱, 발톱, 혈액, 정액, 침, 소변) ○
		④ 사람의 사체 ○(*cf.* 사체의 해부·내부검사 : 검증 또는 감정) [행시 02]

목적물	증거물	⑤ 출판물 ○ but **출판사전검열금지에 따른 제한**(헌법 §21②)(91모1)
	몰수물	향후 형 집행에 대비한 판결확보 목적
	정보 저장 매체	압수의 목적물이 컴퓨터용 디스크 등 정보저장매체인 경우 ① **기억된 정보의 범위를 정하여 출력 or 복제** ② (if not) 정보저장**매체 등 압수**(§106③, §219) 　→ **이후 전자정보 출력 or 복사도 압수·수색 집행 ○ ∴ 혐의사실 관련부 　분 한정 要**(2009모1190; 2011도10508; 2011모1839 전합 – 종근당압수 　수색사건) [법원 16, 국7 13, 국9 12/16, 경 16/1차] ③ 정보 제공받은 법원·수사기관은 정보주체(개인정보법 §2 3.)에게 해당 　사실 지체 없이 고지 要(§106④, §219) ④ 압수·수색 전기통신은 작성기간 기재 要(§114① 단서, §219)
특 칙	우체물 전기통신	체신관서 등이 소지·보관하는 우체물 or 전기통신 ① 법원은 피고·피의사건 관련성 ○ 한정 제출명령 or 압수(≠ 감청) 可 　(§107①, 수사기관은 압수 可, §219) ② 위 경우 발신인 or 수신인에게 그 취지 통지 要(but 심리 방해 염려 시 　예외, §107③) ③ 우체물·전기통신은 압수 목적물 요건보다 완화 : 우체물과 전기통신은 　**증거물 또는 몰수물 不要**
	군사상 비밀	① **책임자 승낙** 없이 압수·수색 不可 ② 국가 중대 이익 해하는 경우 외에는 승낙 거부 ×(§110, §219)
	공무상 비밀	① **공무소·관공서 승낙** 없이 압수 不可 [법원 09, 경 01/2차, 경 09/2차] ② 국가 중대 이익 해하는 경우 외에는 승낙 거부 ×(§111, §219) [국9 17]
	업무상 비밀	변호사 / 의사 / 성직자 등(전직 포함)이 업무상 소지·보관하는 물건으로 ① 타인의 비밀에 관한 것은 압수 거부 可 ② But **타인 승낙** or 중대한 공익 → 예외(§112, §219) [경 09/2차] [정리] ① 형소법상 압수거부권자(§112) = 증언거부권자(§149) : 변/변/공/공/세 　(무사)/대/의/한/치/약/조/간(호사)/종/전(직) ② 형법상 업무상 비밀누 　설죄(§317)의 주체 : 의/한/치/약/약/조/변/변/공/공/대/보(조자 : 간호사 등)/ 　차(등의직에 있던 자)/종/종 ∴ 형법과 형소법의 차이 : 세무사 ※ 감정인·교사·법무사·관세사·건축사·공인중개사 ×

◀ 🔗 **한줄판례 Summary**

① 전자정보에 대한 압수·수색 영장 집행 원칙 : **혐의사실과 관련된 부분만을 문서 출력, 해당 파일 복사**
　(2009모1190) [경 15/1차]
② 저장매체를 옮긴 후 출력·복사 방법 : **관련된 부분으로 한정**, 구분 없이 임의로 출력 혹은 복사하는 행위
　는 위법(2009모1190)
③ 열람·복사 시 적법한 집행 절차 : 피압수·수색 당사자나 변호인의 **계속적인 참여권 보장**(2009모1190)
④ 피의자 甲에 대한 공직선거범죄 사실로 발부받은 압수·수색 영장 – 乙, 丙의 공직선거범죄 녹음파일
　발견 : 甲에 대한 압수·수색 영장과 **무관** ∴ 乙, 丙의 녹음파일을 甲의 압수·수색 영장으로 압수했다면
　위법(2013도7101) [국9 15, 경 15/3차]
⑤ 수사기관이 컴퓨터 등 정보처리장치에 저장된 전자정보 외에 **원격지 서버에 저장된 전자정보**를 압수·수색
　하기 위해서는 **압수·수색영장에 적힌 '압수할 물건'에 별도로 원격지 서버 저장 전자정보가 특정되어 있**

어야 함 → ∴ 압수·수색영장에 적힌 '압수할 물건'에 컴퓨터 등 정보처리장치 저장 전자정보만 기재되어 있다면 컴퓨터 등 정보처리장치를 이용하여 원격지 서버 저장 전자정보 압수 不可(2022도1452) [경 23/2차]
⑥ 수사기관은 하드카피나 이미징 등 형태에 담긴 전자정보를 탐색하여 **혐의사실과 관련된 정보를 선별하여 출력하거나 다른 저장매체에 저장하는 등으로 압수를 완료하면 혐의사실과 관련 없는 전자정보를 삭제·폐기하여야 함**(∴ 더 이상 수사기관의 탐색, 복제 또는 출력 대상이 될 수 없음, 2018도19782) [경 23/2차]
⑦ 피의자가 휴대전화를 임의제출하면서 **수사기관에게 클라우드 등에 접속하기 위한 아이디와 비밀번호를 임의로 제공하였다면 위 클라우드 등에 저장된 전자정보를 임의제출하는 것**으로 볼 수 있음(2020도14654) [경 23/2차]

(2) 수색의 목적물

피고인·피의자의 신체, 물건 또는 주거 기타 장소	피고·피의사건과 **관계가 있다**고 인정할 수 있는 것에 한정(§109①, §219)
피고인·피의자 **아닌 자의** 신체, 물건, 주거 기타 장소	**압수할 물건이 있음**을 인정할 수 있는 경우에 한함(§109②, §219) [경 02/1차]

3. 요건(압 – 관/필/비)

범죄혐의	죄를 범하였다고 의심할 만한 정황(§215①②) : 구속영장 발부와 같은 객관적 혐의에 이르지 않는 정도의 단순한 혐의(多)
관련성	① 사건과 **관계가 있다**고 인정할 수 있는 것에 **한정**(§106①, §109①, §215①②) ② 관련성 없는 압수 → 영장주의 위반 → 위법수집증거(2009모1190 : 영장 기재된 피의자와 **무관한** 타인의 범죄사실에 관한 녹음파일 압수는 **위법**)
필요성	① 증거수집과 범죄수사를 위하여 필요한 때에만(§106①, §109①, §215①②) ② 의미 : 단지 수사 위해 필요 × → 압수 않으면 수사 목적 달성 不可 ○(2003모126 [경 08/1차, 경 13/2차, 경 15/3차])
비례성	보충성원칙(임의수사로는 안 됨), 최소침해원칙(필요한 범위 限), 법익균형원칙(수사 상 필요 정도와 피압수자 불이익 정도의 균형)

> **🔗 한줄판례 Summary**
>
> ① 압수·수색의 목적이 된 범죄나 이와 관련된 범죄의 경우에는 … 그 관련성은 압수·수색영장에 기재된 혐의사실의 내용과 수사의 대상, 수사 경위 등을 종합하여 **구체적·개별적 연관관계가 있는 경우에만 인정되고, 혐의사실과 단순히 동종 또는 유사 범행이라는 사유만으로 관련성이 있다고 할 것은 아님** (2017도13458) [경 20/1차]
> ② 추가 자료들로 인하여 밝혀진 피고인의 乙, 丙, 丁에 대한 간음목적 유인, 미성년자의제강간, 13세 미만 미성년자강간, 통신매체이용 등 범행은 압수·수색영장의 범죄사실(미성년자 甲에 대한 간음목적 유인, 통신매체이용음란)과 **단순히 동종 또는 유사 범행인 것을 넘어서서 이와 구체적·개별적 연관관계가 있는 경우**로서 객관적·인적 관련성을 모두 갖추었으므로 추가 자료들은 위법하게 수집된 증거에 해당하지 않음(2019전도130) [경 20/2차]
> ③ 피해자가 임의제출한 피의자 소유의 2대의 휴대폰 사건 : 범죄발생 시점 사이에 상당한 간격이 있고 피해자 및 범행에 이용한 휴대전화도 전혀 다른 피고인의 2013년 범행에 관한 동영상 → 임의제출에 따른 압수의 동기가 된 범죄혐의사실(2014년 범행)과 구체적·개별적 연관관계 있는 전자정보로 보기 어려움(2016도348)
> ④ 영장에 기재된 문언에 반하여 **피고인이 아닌 피고인의 동생을 피의자로 하여 발부된 이 사건 영장을 집** 행하면서 피고인 소유의 휴대전화 등을 압수한 것은 **위법**(2020도14654)

4. 절차

> 수사기관의 압수·수색절차
> ① 영장신청 → ② 영장청구 → ③ 영장발부(예외 : 법원 - 공판정 ×) → ④ 영장집행 : 검사지휘 -
> 사경집행, 영장 제시(必 사전 제시 ∴ 긴급집행 ×), 참여 → ⑤ 조서작성 & 목록작성 교부

(1) 압수·수색영장 발부

법원의 압수수색	공판정 내		**영장 不要**(≠ 피고인구속)
	공판정 외		① **영장 발부 要**(§113) ← 검사 청구 不要, 직권 발부 [정리] 법원의 검증 : 공판정 내·외 불문 영장 不要 ② 재판장 or 수명법관 서명날인 ③ 검사의 지휘에 의하여 사법경찰관리 집행 [경 05/1차] but 재판장은 법원사무관 등에게 집행 명할 수 있음(§115①), 법원사무관은 사경에게 보조 요청 可, §117) ④ 법원의 압수·수색 시 법원사무관 등 참여 要(규칙 §60)
수사기관 압수수색	영장청구	검사 영장청구	① 지방법원판사에게 청구(§215①) [국9 17] ② 서면(영장청구서)(규칙 §107①)
		사경 영장신청	① 검사에게 신청(§215②) ② 독자적 영장청구권 ×
	영장발부	영장 방식	① 피고인의 성명(불분명 시 인상·체격 등 특정할 수 있는 사항으로 표시 可), 죄명, **압수할 물건, 수색할 장소·신체·물건**, 발부 연월일, 유효기간과 그 기간을 경과하면 집행에 착수하지 못하여 영장을 반환하여야 한다는 취지 기타 대법원규칙으로 정한 사항(압수·수색·검증사유) 기재 ② 관할지방법원판사 **서명날인** ③ 전기통신은 작성기간 기재 [경 05/1차] (이상 §114, §219, §75②)
		일반영장 금지	① 영장에는 압수할 물건, 수색할 장소·신체·물건이 명시적·개별적으로 표시·기재 要(§114①, §219, 규칙 §58) [경 05/1차, 경 05/2차] ② 피의사건과 **관계가 있는 모든 물건** = 일반영장 → **영장주의 反** ③ 압수장소 **보관 중**인 물건을 압수장소에 **현존하는** 물건으로 해석 ×(2008도763 : 제주도지사실 압수·수색 사건) [법원 12/13, 국9 12/1차, 국9 13/1차, 경 10, 경 12/1차, 경 11/1차, 경 12/2차, 경 14/1차, 경 16/1차]
		별건압색 금지	① 별건 발부 압수·수색영장으로 영장 미기재 본건 압수·수색은 영장주의 위반 ② But 압수 해제 후 본건 압수수색영장을 발부받아 다시 압수는 적법(96모34) [법원 17]
		종료 후 재집행 금지	압수·수색영장으로 압수·수색 실시 **집행 종료 후** 동일 영장 유효기간 내 **다시 압수·수색** ×(99모161) [국7 17, 국9 17, 법원 13/24, 경 05/1차, 경 05/2차, 경 08/3차, 경 11/2차, 경 12/1차, 경 12/2차, 경 13/1차, 경 13/2차, 경 14/2차, 경 24/1차, 경승 24]
		불복금지	영장 발부 or 기각결정은 불복 不可(수임판사)

(2) 압수·수색영장의 집행

집행 기관		① **검사의 지휘**에 의하여 **사법경찰관리 집행** [경 05/1차] → 관외집행·촉탁집행 可, §115②, §83 ② 검사의 압수·수색·검증 시 검찰청수사관 등 참여 要, 사법경찰관은 다른 사경관리 참여 要(규칙 §110)
집행 방법	영장제시 및 사본교부	① 처분을 받는 자에게 **영장 사전제시 要**+처분을 받는 자가 **피고인인 경우** **에는 그 사본교부**(§118) (피해자 등 사건관계인의 개인정보가 피의자 방어권 보장을 위하여 필요한 정 도를 넘어 불필요하게 노출되지 않도록 유의 : 수사준칙 §32의2) → 피의자로 부터 영장 사본 교부 확인서를 받아 사건기록에 편철 → 피의자가 영장의 사본 을 수령하기를 거부하거나 영장 사본 교부 확인서에 기명날인 또는 서명하는 것을 거부하는 경우에는 검사 또는 사법경찰관이 영장 사본 교부 확인서 끝부 분에 그 사유를 적고 기명날인 또는 서명(수사준칙 §32의2) ② **영장제시 현실적 불가능 시**(예 피처분자 현장 없음) 또는 처분을 받는 자 가 **영장제시나 사본교부를 거부한 때 영장제시 없이 압수수색 可**(§118 단 서)(이상 §219에 의해 수사기관의 압수·수색에 준용) ③ 수인 대상 시 **모두에게 개별 제시하고 사본 교부**(수사준칙 §38②) ④ 사후제시의 방법에 의한 **긴급집행 ×** [법원 12, 경 01/3차, 경 13/1차, 경 13/2차, 경 14/2차] ≠ 체포·구속영장 미소지 긴급집행 ○(§85③④, §200의6, §219)
	집행 중 조치	출입금지·퇴거·개봉·집행중지·폐쇄 등 ① 영장집행 중 출입 금지 可(§119, §219) ② 집행 시 건정을 열거나 개봉 기타 필요한 처분 可(§120, §219) ③ 영장집행 중지 시 집행종료 시까지 장소 폐쇄 可(§127, §219)
	당사자 참여권	① 원칙 : **검사, 피의자·피고인·변호인**은 압수·수색영장의 집행에 참여 可(§121, §219) [경 05/1차, 경 14/2차] ∴ 미리 집행 일시·장소 참여권자에게 **통지 要** [행시 02, 경 13/1차] ② 예외 : **참여하지 아니한다는 의사를 명시** or **급속을 요하는** 때에는 미리 통지 不要(§122, §219) [법원 12, 경 11/2차]
	공무소 군사시설	공무소, 군사용 항공기·선박·차량 내 영장 집행 시 **책임자**(직원 ×)에게 참여 통지 要(§123①, §219)
	일반 건조물 등	① 위 장소 이외 타인의 주거, 간수자 있는 가옥, 건조물, 항공기· 선차 내 영장 집행 시 **주거주, 간수자 또는 이에 준하는 자** 참여 要 ② (if not) **이웃 사람**(인거인) or **지방공공단체 직원** 참여 要 (§123②, §219)
	여자 신체 수색	여자 신체수색 시 **성년 여자** 참여 要(§124, §219) [국9 09, 경 03/1차, 경 10/1차] [정리] 여자 신체검사 시 성년 여자 or 의사(§141③)
	원칙 ×	일출 전, 일몰 후 영장에 **야간집행 기재 없으면** 들어가지 못함 (§125, §219) [법원 10, 경 01/3차, 경 05/2차]
	예외 ○	① **도박 기타 풍속을 해하는 행위** 상용 인정 장소 : ○ ② **여관·음식점 기타 야간에 공중이 출입할 수 있는 장소 : 공개** **한 시간 내**에 한하여 ○(§126, §219) [법원 10, 경 12/1차, 경 13/1차]

당사자 참여권, 공무소 군사시설, 일반 건조물 등, 여자 신체수색 항목은 "당사자 책임자 참여"에 속하며, 원칙 ×, 예외 ○ 항목은 "야간집행"에 속함.

집행 후	압수목록 작성교부	① 압수한 경우 **압수목록** 작성 & 소유자 / 소지자 / 보관자 기타 준할 자에게 **교부 要**(§129, §219) [법원 10, 경 06/1차] ② 압수물목록 : 작성 연월일 기재, 사실과 부합하게 물건의 특징을 **구체적으로 기재 要**(상세목록에는 **정보의 파일 명세가 특정**되어 있어야 하고, 이를 **출력한 서면을 교부**하거나 **전자파일 형태로 복사**해주거나 **이메일을 전송하는 등의 방식**으로도 할 수 있음, 2017도13263) ③ 교부시점 : 압수 **직후 현장**에서 바로 작성·교부(2008도763) [경 11/1차, 경 14/2차, 경 15/2차]
	압수조서 작성편철	① 검증·압수·수색은 조서 작성 要(§49①) ② 압수조서 : 품종, 외형상 특징, 수량 기재 要(§49③), *cf.* 수사준칙 §40 : 압수 경위까지 기재 ③ 편철 : 압수조서는 피압수자에게 **교부 ×**, 서류에 편철함
	없을 때	수색한 경우 증거물·몰수대상물 없는 때에는 **수색증명서 교부 要**(§128, §219) [법원 10]

강제처분과 강제수사

🔗 한줄판례 Summary

① 피의자의 이메일 계정에 대한 접근권한에 갈음하여 발부받은 압수·수색영장에 따라 **원격지의 저장매체**에 적법하게 접속하여 내려 받거나 현출된 전자정보를 대상으로 하여 범죄 혐의사실과 관련된 부분에 대하여 압수·수색하는 것은 … 형사소송법 제120조 제1항에서 정한 압수·수색영장의 집행에 필요한 처분에 해당함(2017도9747) [법원 19, 경 18/2차, 경 19/2차, 경 23/2차, 경승 20]

② 수사기관이 재항고인의 휴대전화 등을 압수할 당시 재항고인에게 압수·수색영장을 제시하였는데 재항고인이 영장의 구체적인 확인을 요구하였으나 수사기관이 **영장의 범죄사실 기재 부분을 보여주지 않았고**, 그 후 재항고인의 변호인이 재항고인에 대한 조사에 참여하면서 영장을 확인한 것은 형사소송법 제219조, 제118조에 따른 적법한 압수·수색영장의 제시라고 인정하기 어려움(2019모3526)

③ 피해자 등 제3자가 피의자의 소유·관리에 속하는 정보저장매체를 영장에 의하지 않고 임의제출한 경우 → 피의자에게 참여권을 보장하고 압수한 전자정보 목록을 교부하는 등 피의자의 절차적 권리를 보장하여야 함(2016도348)

④ 임의제출한 피압수자에 더하여 피의자에게도 참여권이 보장되어야 하는 '피의자의 소유·관리에 속하는 정보저장매체' : 피의자가 압수·수색 당시 또는 이와 시간적으로 근접한 시기까지 해당 정보저장매체를 현실적으로 지배·관리하면서 그 정보저장매체 내 전자정보 전반에 관한 전속적인 관리처분권을 보유·행사하고, 그 저장된 전자정보에 대하여 실질적인 피압수자로 평가할 수 있는 경우 → 이에 해당하는지 여부는 압수·수색 당시 외형적·객관적으로 인식 가능한 사실상의 상태를 기준으로 판단함(2021도11170)

⑤ 수사기관이 정보저장매체에 기억된 정보 중에서 범죄 혐의사실과 관련 있는 정보를 선별한 다음 정보저장매체와 동일하게 복제하여 생성한 파일(이미지 파일)을 제출받아 압수하였다면(압수·수색 절차 종료) 수사기관이 수사기관 사무실에서 위 이미지 파일을 탐색·복제·출력하는 과정에서 **피의자 등에게 참여의 기회 보장 不要**(2017도13263) [경 24/2차]

⑥ 수사기관이 피의자로부터 범죄혐의사실과 관련된 전자정보와 그렇지 않은 전자정보가 섞인 매체를 임의제출 받아 사무실 등지에서 정보를 탐색·복제·출력하는 경우 피의자나 변호인에게 참여의 기회를 보장하고 압수된 전자정보가 특정된 목록을 교부해야 하나, 그러한 조치를 하지 않았더라도 절차 위반행위가 이루어진 과정의 성질과 내용 등에 비추어 **피의자의 절차상 권리가 실질적으로 침해되지 않았다면 압수·수색이 위법하다고 볼 것은 아님**(2019도4938) [경 23/2차]

⑦ **증거은닉범 B가 본범 A로부터 은닉을 교사받고 소지·보관 중이던 A 등의 정보저장매체를 임의제출**하는 경우 증거은닉범행의 피의자이면서 임의제출자인 B에게만 참여의 기회를 부여하고 A 등에게 참여의 기회를 부여하지 않은 것은 적법(2022도7453)

CHAPTER 02 강제처분과 강제수사 87

5. 압수·수색·검증과 영장주의의 예외

사전영장이 필요하지 않은 대물적 강제처분					
체포·구속	전 (목적)	체포·구속목적의 피의자수색(§216①1.)	요급처분 ○	사후영장 ×	
	중 (현장)	① 체포·구속현장에서의 압수·수색·검증(§216①2.) ② 피고인 구속현장에서의 압수·수색·검증(§216②)	요급처분 ○	사후영장 ○ 지체 없이 (체포~48h) 청구	
	후 (현장 ×)	긴급체포된 자가 소지·소유·보관하는 물건에 대한 압수·수색·검증(§217①) 24h	요급처분 ×		
범죄장소		(범행 중·직후) 범죄장소에서의 압수·수색·검증(§216③)	요급처분 ○	사후영장 ○ 지체 없이 받을 것	
임의 제출물		임의제출물의 압수(§108, §218)	요급처분 ×	사후영장 ×	
법원 내		법원의 공판정에서의 압수·수색(§113) cf. 공판정 외 : 영장 要			
검 증		① 법원의 검증(§139) : 공판정 내·외 불문 ② 변사자 긴급검증(§222)			

[정리] 대인적 강제처분의 영장주의의 예외 : 긴급체포(§200의3)와 현행범체포(§212)

(1) 체포·구속목적의 피의자 수색

의 의		검사·사경은 피의자 체포·구속 시 (피의자의 발견을 위하여) 필요한 때에는 영장 없이 타인의 주거 등 내에서 피의자 수색 可(§216①1.本) [법원 17, 국9 13, 경간 13, 해간 12] but **영장체포 or 구속**하는 경우의 피의자 수색은 **미리 수색영장을 발부받기 어려운 긴급한 사정이 있는 때에 한정**(2019.12.31. 개정 동但) cf. 법원의 피고인 구속영장 집행 시의 피고인 수색도 同(§137)
요 건	주 체	① 검사 or 사법경찰관만 可 ② **사인 ×** → 사인의 현행범체포를 위한 타인 주거 수색 不可 [해간 12, 경승 11, 경 03/1차]
	필요성	피의자의 발견을 위해서만 인정 ≠ 이미 피의자를 발견하고 체포·구속 위해 추적하며 주거 등 들어간 것은 수색 아닌 체포·구속(§216①2.)
	체포 전	① 제1호 수색은 **체포 전**일 것 ≠ 체포한 후 수색은 동 제2호 ② 구별실익 : 제1호는 사후영장 不要, 제2호는 必要
	타 인	피의자와 제3자의 주거 모두 포함
	개연성	영장주의 예외 ∴ 주거 등에 **피의자 존재 개연성 소명 要**
	긴급성	① 영장주의 예외 ∴ 별도로 수색영장 발부받기 어렵다는 긴급성 要(2015헌바370; 2016헌가7) ② 2019.12.31. 개정 동호 단서 : ㉠ **영장체포와 구속 시 긴급성 要,** ㉡ ∴ 긴급체포·현행범체포 시 별도 긴급성 不要
영 장		**사후영장 不要** [경승 09/11]

(2) 체포·구속현장에서의 압수·수색·검증

의 의			① 검사·사경은 피의자 체포·구속 시 필요한 때에는 영장 없이 체포·구속 현장에서 압수·수색·검증 可(§216①2.) [국9 13, 경 04/1차, 경 06/2차, 경 15/1차] ② 취지 : 부수처분설과 긴급행위설
요 건	체포 현장	시간적 접착성	① 체포와의 **시간적 접착성 要** ② 의미 : 체포설 〉 체포착수설 〉 현장설 〉 체포접착설
		장 소	피체포자의 신체 및 그가 직접 지배하는 장소 要
	대 상		① 무기·흉기 or 피의사건과 **관련성** 있는 증거물 要 ② 별건의 증거물 × ∴ 임의제출 or 영장 要
요급 처분			§216 처분 시 급속을 요하는 때 → §123②(**주거주 등 참여**)과 §125(**야간집행제한**)의 규정 **준수 不要**(§220) [정리] §220 요급처분 : §216 적용 ○ but §217①과 §218에는 적용 ×
사후 영장	영장 청구		① 체포현장에서 압수한 물건을 계속 압수할 필요가 있는 경우 ② **지체 없이** 압수수색영장 **청구**(구속영장과 관계없이 해야 [국7 08, 교정9 특채 10]) → **체포**한 때 ~ **48시간** 이내(§217②) [국9 17, 법원 15/17, 국7 08]
	반 환		청구한 압수수색영장 발부 × → 압수물 **즉시 반환**(환부, 동③)

▶ 🔗 **한줄판례 Summary**

① 피체포자의 **집에서 20m 떨어진 곳에서 체포**하여 수갑을 채운 후 **그 집으로 가서 집안을 수색하여 압수**한 칼과 합의서 → 위법수집증거(2009도14376)
② 피고인을 현행범인으로 체포하면서 **체포현장에서 영장 없이 대마를 압수**하고 그 다음 날 피고인을 석방했음에도 **사후** 압수·수색 **영장을 발부받지 않은 때** → 위법수집증거(2008도10914 : 스와핑카페 사건)
[법원 12, 국9 17, 국7 12/23, 경 13/1차, 경 14/1차]

(3) 피고인 구속현장에서의 압수·수색·검증

의 의	① 검사·사경은 피고인 구속영장 집행 시 필요한 때에는 집행현장에서 영장 없이 압수·수색·검증 可(§216②) [정리] 피고인 구속현장 압수·수색·검증과 임의제출물 압수(§218) : 공소제기 이후임에도 수사기관 강제처분 허용 ② 성격 : ㉠ 피고인 구속은 집행기관으로서의 활동, ㉡ but 집행현장 압수·수색·검증은 **수사기관 강제처분** ∴ **법관에 대한 결과보고·압수물제출 의무 ×**
범 위	피고인 구속영장 집행 시에만 적용 ∴ 증인 구인장 집행에는 적용 ×
수 색	① 검사 / 사경관리 / 법원사무관 등(§81②)은 구속영장 집행 시 필요한 때에는 **미리 수색영장을 발부받기 어려운 긴급한 사정이 있는 경우에 한정하여**(2019.12.31. 개정) 타인의 주거 등 내에서 **피고인 수색** 可(§137) ② 구속영장 집행을 위한 재판의 집행처분 ∴ 사후영장 不要(= §216①1.)
요 급	급속을 요하는 때 → 주거주 등 참여 및 야간집행 제한 적용 ×(§220)

(4) 범죄장소에서의 압수·수색·검증

의 의	범행 중 또는 범행 직후의 범죄장소에서 긴급을 요하여 법원판사의 영장을 받을 수 없는 때 영장 없이 압수·수색·검증 可(§216③) [행시 04]	
요 건	범죄장소	① **범행 중 또는 범행 직후의 범죄장소** 要 ② 피의자 현장 소재 不要, **체포·구속 不要** [법원 15, 경 08/2차, 경 09/2차, 경 15/1차]
	긴급성	① 긴급을 요하여 법원 판사의 영장을 받을 수 없는 때 ② **긴급성 불비 시 (사후영장에도) 위법**(2009도14884; 2014도16080)
요 급	**급속**을 요하는 때 → **주거주 등 참여 및 야간집행 제한 적용** ×(§220)	
사후 영장	압수·수색·검증 후 **지체 없이** 압수·수색·검증**영장을 받아야** (청구 ×) 함(§216③ 제2문) [법원 15/17, 국7 07, 경 02/1차, 경 06/2차, 경 13/1차, 경 15/1차]	

> **🔗 한줄판례 Summary**
>
> ① 범죄의 증적이 현저한 준현행범인의 요건(§211②3.)이 갖추어져 있고 범행시각으로부터 사회통념상 범행 직후라고 볼 수 있는 시간 내라면, 의식불명된 피의자를 곧바로 후송한 **병원응급실 등의 장소**도 제216조 제3항의 범죄장소 ○(2011도15258) [경 24/1차]
> ② 불법게임장 주변 순찰 중 남자들을 우연히 목격하고 따라 들어가 (**상당한 부피·무게로 은폐·은닉 어려운) 불법게임기 압수·수색은 위법**(2009도14884)
> ③ 음주운전 중 교통사고를 내고 의식불명 상태에 빠져 병원으로 후송된 운전자에 대하여 의료인으로 하여금 필요최소한도에서 수사기관이 **영장 없이 강제채혈(可)** 후 **지체 없이 사후영장을 받지 않으면 위법** (2011도15258, 압수 후 작성된 압수조서 등도 위법, 90도1263) [국9 17]

(5) 긴급체포된 자에 대한 압수·수색·검증

의 의	검사·사경은 긴급체포된 자가 소유·소지·보관하는 물건에 대하여 긴급히 압수할 필요가 있는 경우에는 체포한 때로부터 24시간 이내에 한하여 영장 없이 압수·수색·검증 可(§217①) [법원 17]	
요 건	대 상	① **현실로 긴급체포된 자**(긴급체포 할 수 있는 자 ×)가 **소유·소지·보관**하는 물건 ② 긴급체포 사유 당해범죄와 **관련된** 물건 限(2008도2245) [경 12/1차, 경 13/1차, 경 15/2차, 경 15/3차]
	긴급성	긴급히 압수할 필요가 있는 경우일 것
	시 한	**체포**한 때 ~ **24시간** 이내 [법원 15, 국9 09/14, 경 04/3차, 경 15/1차]
요 급	**§220 요급처분** : §216에만 적용 ○, **§217①에는 적용 ×** ∴ 긴급체포된 자 24h 내 압수·수색·검증은 주거주참여 要, 야간집행 제한 ○	
사후 영장	① 압수한 물건을 계속 압수할 필요가 있는 경우 ② **지체 없이 청구**(구속영장과 관계없이 해야) → **체포 ~ 48시간**(§217②) ③ 영장을 받지 못하면 압수물 **즉시 환부**(동③) [국9 13, 경 15/3차]	

제217조 제1항의 압수·수색은 **체포현장이 아닌 장소**에서도 긴급체포된 자가 소유·소지 또는 보관하는 물건을 대상으로 **할 수 있음**(2017도10309) [경승 20]

(6) 유류물·임의제출물 등의 압수(영치)

의 의		검사·사경은 피의자·피고인·기타인의 유류한 물건이나 소유자·소지자·보관자가 임의로 제출한 물건 영장 없이 압수 可(§218, 법원도 可, §108) [법원 09, 경 15/1차]
목적물	유류물	범죄현장에서 발견된 범인이 버리고 간 흉기, 혈흔, **지문**(2008도7471), 족적, 범행현장에서 발견된 **강판조각**(2011도1902) 등
	임의 제출물	① 증거물·몰수물 제한 × ② 소유자·소지자·보관자 : **적법한 권리자 不要** ∴ 진료목적으로 채혈된 혈액을 보관하는 **간호사**(98도968) [국9 15, 경 08/3차], 재소자가 맡긴 비망록을 보관하는 **교도관**(2008도1097) ○ ③ 임의제출물 × : ㉠ 소유자·소지자·보관자 **아닌 자**로부터 제출받은 쇠파이프 및 그 사진(2009도10092) [국7 10/23, 경 13/1차, 경 16/1차], ㉡ 운전 중 교통사고를 내고 의식을 잃은 채 병원 응급실로 호송된 피의자로부터 수사기관의 영장 없는 요구에 의하여 **의사가 강제채혈한 혈액**(2009도2109), ㉢ 영장에 의하지 아니하고 수사기관이 요구하여 금융회사로부터 제출받은 고객의 **금융정보**(2012도13607)
사후 영장		① 임의제출물 압수에는 **사후영장 不要** [경 06/2차] ② But 압수조서 작성, 압수목록 교부, 압수 계속 不要 시 즉시 환부는 同 ③ 임의제출물을 소유권 포기로 볼 수는 없음

현행범 체포 현장이나 범죄 장소에서도 소지자 등이 **임의로 제출하는 물건**은 형사소송법 제218조에 의하여 영장 없이 압수할 수 있고, 이 경우에는 검사나 사법경찰관이 사후에 영장을 받을 필요가 없음(2015도13726) [국9 20, 경 19/2차]

6. 압수물의 처리

(1) 압수물의 보관과 폐기

자청보관 원칙	① 압수물은 압수한 법원·수사기관 청사로 운반하여 직접 보관 원칙 ② 상실·파손 등 방지를 위한 상당한 조치 要(§131, §219)
위탁보관	① 운반·보관 **불편** 압수물은 간수자를 두거나 소유자 또는 적당한 자의 승낙을 얻어 보관하게 할 수 있음(§130①, §219) [법원 10] ② 사법경찰관 위탁보관은 검사 지휘 要(폐기처분·대가보관 同, §219但)
폐기처분	**위험**발생 염려 있는 압수물 [경 10/1차] or 법령상 생산·제조·소지·소유·유통 **금지** 압수물 → 부패 염려 or 보관 곤란 → 폐기 可(§130②③, §219, 단, **금지물은 권리자 동의 要**) [법원 09, 경15/3차]

대가보관 환가처분	대 상	① **몰수**하여야 할 압수물 or **환부**하여야 할 압수물 중 환부를 받을 자가 누구인지 **알 수 없거나 그 소재가 불명**한 경우 [경 04/2차, 경 04/3차, 경 12/3차] → **멸실·파손·부패·현저 가치 감소** 염려 or 보관 곤란 → 매각하여 대가 보관 可(§132, §219) ② **증거물** : 그 존재·형태 자체 중요 ∴ 환가처분 **不可**
	통 지	검사 / 피해자 / 피고인 / 변호인에게 **미리 통지 要**(§135, §219)
	몰 수	**대가보관금**이 몰수의 대상인 압수물(66도886; 96도2477)

🔦 퍼써 정리 | 압수물의 보관과 폐기

위탁보관	운반·보관 불편
폐기처분	위험물 / 금지물 – 동의 要
대가보관	몰수물 or 환부대상물 : 멸실 or 보관 곤란 증거물 ×

[정리] 위 – 불편/폐 – 위험/대 – 몰멸

> **🔗 한줄판례 Summary**
>
> ① **위탁보관**은 공법상 권력작용 ×, 단순한 사법상 임치계약 ○ ∴ 수탁자와 법원 간 명시적인 임치료 약정 없는 한 보관자는 **임치료 청구 不可**(68다285) [주사보 03]
> ② **몰수하여야 할 물건이 아니면** 멸실·부패 염려 있어도 **환가처분 不可**(64다1150)

(2) 압수물의 가환부와 환부

가환부	잠정적	압수효력 유지 • 처분금지의무 • 보관의무 • 제출의무	**임의적 가환부**	• 압수 계속 필요 ○ • **증거물** ○ • **임의적 몰수물** ○ • 필요적 몰수물 ×
			필요적 가환부	• 증거물 ○ • **몰수물** ×
환 부	종국적	압수효력 상실	• **압수 계속 필요** × • 증거물 × • 몰수물 ×	• **필요적 환부** • 청구 필요 × • 사전종결

① 가환부

의 의	압수의 효력은 그대로 존속시키면서 압수물을 소유자 등에게 잠정적으로 돌려주어 그에 대한 사용을 가능하게 하는 제도
대 상	① **압수를 계속할 필요가 있다**고 인정되는 압수물 　㉠ **증거**에 공할 압수물 : 가환부 可(**임의적 가환부**, §133①後, §219) [경 08/3차] 　㉡ **증거에만** 공할 목적으로 압수한 물건 : 소유자·소지자 계속 사용 要 → 사진촬영 / 기타 원형보존 조치 & 신속 가환부 要(**필요적 가환부**, §133②, §219) [법원 10, 경 11/1차] ② **임의적 몰수** 대상물 : **임의적 가환부** 可(97모25) [경 10/2차, 경 11/2차]

절 차	청 구	① 소유자·소지자·보관자·제출인의 **청구**
		② 법원 또는 수사기관의 결정(§133①, §218의2②④)
	통 지	검사 / 피해자 / 피고인 / 변호인에게 **미리 통지 要**(§135, §219)
효 력		① 환부와 달리 압수 효력 지속 ∴ 가환부받은 자는 압수물 보관의무 ∴ 소유자라도 임의 처분 不可 → 법원·수사기관 요구 시 **제출의무**(94모42) [경 07/2차, 경 09/1차]
		② 가환부한 장물 : 별도 선고 없으면 환부 선고 간주(§333③) [법원 05/09, 경 08/3차, 경 11/2차]

② 환 부

의 의		압수를 계속할 필요가 없을 때 압수를 해제하여 압수물을 종국적으로 소유자·제출인에게 반환하는 법원 또는 수사기관의 처분 [경 09/2차]
대 상		**압수를 계속할 필요가 없다**고 인정되는 압수물 [경 07/2차, 경 09/2차] ∴ 몰수 대상 압수물 : 환부 × ∴ 증거에 공할 압수물 : (가환부 ○ but) 환부 ×(66모58)
절 차	청구 不要	① 법원·수사기관 결정(§133①, §219, 재판선고 시 판결) ② 사법경찰관은 검사 지휘 要(§218의2④ 제2문) ③ 소유자 등 **청구 不要**
	포 기	**환부청구권의 포기 ×** → 법원·수사기관 **환부의무 소멸 ×** 고/**환**/약/진/상 : 포기 ×
	통 지	검사 / 피해자 / 피고인 / 변호인에게 **미리 통지 要**(§135, §219)
	결 정	압수 계속 필요 無 → 피고사건 **종결 전**이라도 결정으로 환부 要(**필요적 환부 결정**, §133①, §219) [법원 17]
	국고 귀속	① 압수물 환부받을 자 소재불명 등 → 검사는 관보 공고 → 3월 이내 환부 청구 無 → 국고귀속(§486①②) ② 위 기간 내에도 가치 없는 물건 폐기 可, 보관곤란 물건 공매하여 대가 보관 可(동③)
효 력		① 환부 → 압수 효력 상실 ② 환부받은 자의 **실체법상 권리 확인·확정 효력 無**(94모51 전합) [경 02/1차, 경 09/1차] → 이해관계인은 **민사소송 권리 주장 可**(§333④) ③ 압수해제 간주 : 압수한 서류·물품 **몰수선고 無** → 압수해제 간주(§332) ∴ 환부 要 [법원 15, 경 02/1차, 경 13/3차] ④ **압수 ≠ 몰수** : 몰수(형벌)는 압수물만 하는 것이 아님 ∴ **위법한 압수물도 몰수 可** (2003도705), 압수 후 판결선고 전 피고인에게 **환부된 물건도 몰수 可**(76도4001) [사무관 05] ⑤ 환부 후 재압수 : 공범자 범죄수사 필요 또는 몰수될 가능성 있으면 검사는 압수해제 된 물품을 **다시 압수 可**(96모34) [경 08/2차, 경 15/3차]

압수장물 피해자 환부	의 의	압수한 장물은 피해자에게 환부할 이유가 명백한 때에는 피고사건의 종결 전이라도 결정으로 피해자에게 환부 可(§134, §219) *cf.* 판결에 의한 압수장물 환부선고는 §333
	요 건	피해자에게 환부할 이유가 **명백**한 경우일 것 ∴ 인도청구권에 관하여 사실상·법률상 **다소라도 의문**이 있는 경우 **환부 不可**(84모38)
	절 차	① 피고사건 **종결 전** : **임의적 환부결정**(§134, §219) ② 종국재판 시 : **필요적 환부판결** 선고(§333)
	효 력	피해자 환부선고가 있어도 이해관계인은 **민사소송절차로 권리 주장 可**(§333④) [경승 14, 경 08/3차]
수사기관 환부 · 가환부	의 의	검사·사경 → 사본을 확보한 경우 등 압수를 계속할 필요가 없다고 인정되는 압수물 및 증거에 사용할 압수물 → 공소제기 전이라도 소유자 / 소지자 / 보관자 / 제출인 **청구 → 환부 or 가환부 要** [경 12/1차] **(공소제기 전 필요적 환부·가환부, §218의2①④)** [정리] **필요적 가환부** : ① 증거에만 공할 압수물(§133②), ② 공소제기 전 증거에 사용할 압수물에 대한 수사기관의 가환부
	사 경	사법경찰관 환부·가환부는 검사 지휘 要(동④但) [경 09/2차]
	거 부	검·경 거부 → 신청인은 해당 검사의 소속 검찰청에 대응한 법원에 압수물의 환부·가환부결정 청구 可(동②)
	통 지	피해자 / 피의자 / 변호인에게 **미리 통지 要**(§135, §219) [경 09/2차]

🔗 **한줄판례 Summary**

① 관세포탈된 물건인지 알 수 없어 **기소중지처분**을 한 경우 당해 압수물은 국고에 귀속시킬 수 없으며 압수를 더 이상 계속할 필요도 없어 **환부 要**(94모51 전합) [행시 04, 법원 13]
② (환부청구권은 필요적 환부의무에 대응하는 절차법적 공권) 피압수자가 **소유권이나 환부청구권을 포기**하는 경우에도 법원·수사기관의 **환부의무는 소멸 ✕**(∴ 법원·수사기관은 환부결정 要, 94모51 전합)
　[법원 17, 행시 02, 국9 12/14/24, 경 09/1차, 경 11/1차, 경 12/2차, 경 13/2차, 경 15/3차]
③ 수사단계에서 **소유권을 포기한 압수물**이라 하더라도 형사재판에서 몰수형이 선고되지 않은 경우라면, 피압수자는 국가에 대하여 **민사소송반환청구 可**(2000다27725) [경 15/3차]

💡 **퍼써 정리 | 환부**

압수물의 환부	법원의 공판 중에는 필요적 환부결정(형사소송법 제133조 제1항)
압수장물의 피해자 환부	법원의 공판 중 또는 수사기관의 수사 중에는 임의적 환부결정(형사소송법 제134조, 제219조)
공소제기 전 수사기관의 압수물의 환부·가환부	소유자·소지자·보관자·제출인의 청구 시 필요적 환부·가환부(형사소송법 제218조의2 제1항)

⊘ 조문정리

제1편 총칙

제11장 검증

제139조【검증】 법원은 사실을 발견함에 필요한 때에는 검증을 할 수 있다.

제140조【검증과 필요한 처분】 검증을 함에는 신체의 검사, 사체의 해부, 분묘의 발굴, 물건의 파괴 기타 필요한 처분을 할 수 있다.

제141조【신체검사에 관한 주의】 ① 신체의 검사에 관하여는 검사를 받는 사람의 성별, 나이, 건강상태, 그 밖의 사정을 고려하여 그 사람의 건강과 명예를 해하지 아니하도록 주의하여야 한다.

② 피고인 아닌 사람의 신체검사는 증거가 될 만한 흔적을 확인할 수 있는 현저한 사유가 있는 경우에만 할 수 있다.

③ 여자의 신체를 검사하는 경우에는 의사나 성년 여자를 참여하게 하여야 한다.

④ 시체의 해부 또는 분묘의 발굴을 하는 때에는 예(禮)에 어긋나지 아니하도록 주의하고 미리 유족에게 통지하여야 한다.

[전문개정 2020.12.8.]

제142조【신체검사와 소환】 법원은 신체를 검사하기 위하여 피고인 아닌 자를 법원 기타 지정한 장소에 소환할 수 있다.

제143조【시각의 제한】 ① 일출 전, 일몰 후에는 가주, 간수자 또는 이에 준하는 자의 승낙이 없으면 검증을 하기 위하여 타인의 주거, 간수자 있는 가옥, 건조물, 항공기, 선차 내에 들어가지 못한다. 단, 일출 후에는 검증의 목적을 달성할 수 없을 염려가 있는 경우에는 예외로 한다.

② 일몰 전에 검증에 착수한 때에는 일몰 후라도 검증을 계속할 수 있다.

③ 제126조에 규정한 장소에는 제1항의 제한을 받지 아니한다.

제144조【검증의 보조】 검증을 함에 필요한 때에는 사법경찰관리에게 보조를 명할 수 있다.

제145조【준용규정】 제110조, 제119조 내지 제123조, 제127조와 제136조의 규정은 검증에 관하여 준용한다.

제2편 제1심

제1장 수사

제219조【준용규정】 제106조, 제107조, 제109조 내지 제112조, 제114조, 제115조제1항 본문, 제2항, 제118조부터 제132조까지, 제134조, 제135조, 제140조, 제141조, 제333조제2항, 제486조의 규정은 검사 또는 사법경찰관의 본장의 규정에 의한 압수, 수색 또는 검증에 준용한다. 단, 사법경찰관이 제130조, 제132조 및 제134조에 따른 처분을 함에는 검사의 지휘를 받아야 한다.

의 의	개 념		사람·물건·장소의 성질과 형상을 오관의 작용에 의하여 인식하는 강제처분
	구별 개념	법원검증	증거조사의 일종으로서 영장 不要
		승낙검증	① **임의수사** ∴ **적법** ② 음주운전 혐의자에 대한 **호흡측정 후** 오류가 있을만한 **합리적 사정** **有** → **혈액채취 측정 可** → **운전자의 자발적 의사 要**(2014도16051)
		실황조사	① 수사기관의 범죄현장 기타 장소(교통사고·화재사고 등 현장)에 임하여 실제 상황을 조사하는 활동 ② 원칙적으로 **검증**에 준하는 강제수사 ∴ (당사자 동의 不要 장소 or 당사자 동의 하의 실황조사는 임의수사 but) 사고장소에서 긴급을 요하여 **영장 없이 행해진 실황조사**는 범죄장소 긴급검증(§216③, 88도1399) → **지체 없이 사후영장 발부 要**

요 건				① 범죄혐의, ② 사건 관련성, ③ 검증의 필요성, ④ 비례성(= 압수수색)
절 차				① 수사기관의 검증은 법원의 검증에 관한 규정 준용(§219) ∴ 검증영장청구 / 검증영장발부 / 영장기재사항 / 영장집행방법 등은 압수·수색과 同 ② 신체검사 / 사체해부 / 분묘발굴 / 물건파괴 / 기타 필요처분 可(§219, §140) [경 06/2차] → 시체해부 / 분묘발굴 시 예(禮) 준수, 미리 유족에 통지 要(§141④) ③ 조서 작성 要(§49①), 도화·사진 첨부 可(동②) ④ 수사기관 검증조서는 전문증거(§312⑥ : 적 + 성)
신체 검사	의 의			① 사람의 신체 자체를 검사의 대상으로 하는 강제처분 ② 원칙적으로 검증(§140, §219) [경 06/2차]
	구별 개념			① 신체수색 : 신체 외부(표면)이나 착의에서 증거물을 찾는 강제처분(§109, §219), 역시 영장주의 적용(§215) ② 감정으로서의 신체검사 : 전문적 지식·경험 要(혈액채취, X선 촬영)
	절 차			① 영장주의 : 수사상 신체검사도 검증이므로 검증영장 要 ② 영장주의의 예외 : 체포·구속현장, 범죄장소, 긴급체포된 자 영장없는 긴급검증 可(§216, §217①) → 사후영장 要(= 압수·수색) ③ 신체검사에 관한 주의 ㉠ 피의자 대상 원칙 but 피의자 아닌 자 대상 可(§141②) → 증거가 될 만한 흔적을 확인할 수 있는 현저한 사유가 있는 경우에만 [경 09/2차] ㉡ 건강과 명예를 해하지 아니하도록 주의(동①) ㉢ 여자 신체검사 : **의사 or 성년 여자** 참여 要(동③) [경 09/2차] [정리] 여자의 신체 수색 : 성년의 여자 참여(§124)
	체내 검사	의 의		신체의 내부에 대한 검사(보다 엄격한 기준 적용)
		체내 수색		① 구강 내, 항문 내, 질 내 등 신체 내부 수사기관의 수색 ② 압수할 물건이 신체의 내부에 있을 고도의 개연성과 검사방법의 상당성이 구비될 경우에 한하여 허용 ③ 압수수색영장 & 검증영장 병용설(多) but **判例는 택일설**
		체내 검증		신체 내부에 대한 수사기관의 검증(검증영장 要)
		체내물 강제채취	의 의	① 혈액·정액·뇨 등 수사기관 강제채취 ② 강제채뇨, 강제채혈
			요 건	① 사건 관련성, ② 강제채취 필요성, ③ 증거로서의 중요성, ④ 대체수단의 부존재(보충성), ⑤ 의학적으로 상당하다고 인정되는 방법(채취방법의 상당성)
			절 차	① 多 : 검증영장 및 감정처분허가장 병용설 ② 判例 : **택일설** → 검증영장 or 감정처분허가장 택일설(2009도2109), 압수·수색영장 or 감정처분허가장 택일설(2011도15258) [국7 13, 국9 12/14, 경 11/2차, 경 13/1차]
		연하물 강제배출		① 연하물 등 위장 내에 있는 물건을 구토제·하제 등을 사용하여 강제로 배출시키는 것 ② 요건 : 압수할 물건이 위장 내 존재(압수물 존재의 명백성) 외 강제채취와 유사 ③ 영장 관련 判例는 명시적이지 않지만 택일설 취지

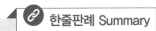

피의자가 인근 병원 응급실 등 소변채취에 적합한 장소로 이동하는 것에 동의하지 않거나 저항하는 등 임의동행을 기대할 수 없는 사정이 있는 때에는 수사기관으로서는 **소변채취에 적합한 장소로 피의자를 데려가기 위해서 필요 최소한의 유형력을 행사**하는 것이 허용된다. 이는 형사소송법 제219조, 제120조 제1항에서 정한 '**압수·수색영장의 집행에 필요한 처분**'에 해당함(2018도6219) [경 18/3차]

Ⅲ 수사상의 감정

조문정리

제2편 제1심

제1장 수사

제221조【제3자의 출석요구 등】 ② 검사 또는 사법경찰관은 수사에 필요한 때에는 감정·통역 또는 번역을 위촉할 수 있다.

제221조의3【감정의 위촉과 감정유치의 청구】
① 검사는 제221조의 규정에 의하여 감정을 위촉하는 경우에 제172조제3항의 유치처분이 필요할 때에는 판사에게 이를 청구하여야 한다.
② 판사는 제1항의 청구가 상당하다고 인정할 때에는 유치처분을 하여야 한다. 제172조 및 제172조의2의 규정은 이 경우에 준용한다.

제221조의4【감정에 필요한 처분, 허가장】 ① 제221조의 규정에 의하여 감정의 위촉을 받은 자는 판사의 허가를 얻어 제173조제1항에 규정된 처분을 할 수 있다.
② 제1항의 허가의 청구는 검사가 하여야 한다.
③ 판사는 제2항의 청구가 상당하다고 인정할 때에는 허가장을 발부하여야 한다.
④ 제173조제2항, 제3항 및 제5항의 규정은 제3항의 허가장에 준용한다.

제1편 총칙

제13장 감정

제172조【법원 외의 감정】 ① 법원은 필요한 때에는 감정인으로 하여금 법원 외에서 감정하게 할 수 있다.
② 전항의 경우에는 감정을 요하는 물건을 감정인에게 교부할 수 있다.
③ 피고인의 정신 또는 신체에 관한 감정에 필요한 때에는 법원은 기간을 정하여 병원 기타 적당한 장소에 피고인을 유치하게 할 수 있고 감정이 완료되면 즉시 유치를 해제하여야 한다.
④ 전항의 유치를 함에는 감정유치장을 발부하여야 한다.
⑤ 제3항의 유치를 함에 있어서 필요한 때에는 법원은 직권 또는 피고인을 수용할 병원 기타 장소의 관리자의 신청에 의하여 사법경찰관리에게 피고인의 간수를 명할 수 있다.
⑥ 법원은 필요한 때에는 유치기간을 연장하거나 단축할 수 있다.
⑦ 구속에 관한 규정은 이 법률에 특별한 규정이 없는 경우에는 제3항의 유치에 관하여 이를 준용한다. 단, 보석에 관한 규정은 그러하지 아니하다.
⑧ 제3항의 유치는 미결구금일수의 산입에 있어서는 이를 구속으로 간주한다.

제172조의2【감정유치와 구속】 ① 구속 중인 피고인에 대하여 감정유치장이 집행되었을 때에는 피고인이 유치되어 있는 기간 구속은 그 집행이 정지된 것으로 간주한다.
② 전항의 경우에 전조 제3항의 유치처분이 취소되거나 유치기간이 만료된 때에는 구속의 집행정지가 취소된 것으로 간주한다.

제173조【감정에 필요한 처분】 ① 감정인은 감정에 관하여 필요한 때에는 법원의 허가를 얻어 타인의 주거, 간수자 있는 가옥, 건조물, 항공기, 선차 내에 들어 갈 수 있고 신체의 검사, 사체의 해부, 분묘발굴, 물건의 파괴를 할 수 있다.
② 전항의 허가에는 피고인의 성명, 죄명, 들어갈 장소, 검사할 신체, 해부할 사체, 발굴할 분묘, 파괴할 물건, 감정인의 성명과 유효기간을 기재한 허가장을 발부하여야 한다.
③ 감정인은 제1항의 처분을 받는 자에게 허가장을 제시하여야 한다.

④ 전2항의 규정은 감정인이 공판정에서 행하는 제1항의 처분에는 적용하지 아니한다.

⑤ 제141조, 제143조의 규정은 제1항의 경우에 준용한다.

수사상 감정 위촉	의 의	① 감정 : 특별한 전문지식 있는 자가 그 전문지식을 이용하여 일정한 사실판단을 하는 것 ② 수사상 감정위촉 : 임의수사로서 검사·사경은 수사에 필요한 때에는 감정 위촉 可(§221②), 감정수탁자는 선서의무 등 無 ③ 법원의 감정 : 법원의 증거조사(§169, §184) [행시 04], 감정의 명을 받은 자는 감정인으로서 선서의무, 허위감정죄(형법 §154) 적용
	성 질	① 임의수사 : 감정위촉 그 자체는 임의수사로서 영장 不要 ② 강제수사 : 강제력의 행사가 불가피한 감정유치와 감정처분은 감정유치장(§221의3)과 감정처분허가장(§221의4) 要
수사상 감정 유치	의 의	피의자의 정신·신체를 감정하기 위하여 일정 기간 동안 병원 기타 적당한 장소에 피의자를 유치하는 강제처분(§221의3, §172③)
	대 상	(구속·불구속) 피의자 ○, 제3자 ×, 피고인 ×(∵ 법원 감정유치) [정리] 제3자에 대한 신체검사(검증)는 可(§141②)
	요 건	① 정신·신체 감정 위해 계속적 유치·관찰 要 ② 범죄혐의 要 cf. 감정유치는 구속사유와는 무관
	절 차	① 검사는 감정유치 필요시 판사에게 청구(§221의3①) ② 청구가 상당하면 판사는 유치처분(동②) with **감정유치장** 발부 要(§172④) ③ 판사는 기간을 정하여 병원 기타 적당한 장소에 피의자 유치 可, 감정완료 시 즉시 유치 해제 要(§172③) ④ 감정유치 시 판사는 직권 또는 수용 장소 관리자의 신청에 의하여 사법경찰관리에게 피의자의 간수 명령 可(동⑤) ⑤ 감정유치기간 　㉠ **재정기간** : 법률상 제한 無 [경 03/3차] 　㉡ 연장·단축 可 : 연장은 검사 청구, 판사 결정(동⑥) 　㉢ 미결구금일수 산입 : 유치기간은 **미결구금일수산입**(형법 §57)에 있어서는 **구속 간주**(§172⑧) [법원 11, 국9 10, 경 02/3차]
	구속 관계	① 구속에 관한 규정 감정유치에 준용 but **보석** ×(§172⑦) ② ∴ 감정유치 피의자 → 접견교통권, 구속적부심 청구, (구속취소에 준하여) 감정유치 취소청구 ○ ③ **구속기간 제외** : 감정유치 기간 **구속은 그 집행이 정지된 것으로 간주**(§172의2①) [법원 11, 경 03/3차] ∴ 감정유치처분 취소 or 유치기간 만료 → 구속집행정지 취소 간주(동②)

수사상 감정 처분 허가	의 의	감정수탁자(수탁감정인)는 감정에 필요한 경우 판사의 허가를 얻어 감정에 필요한 처분 可(§221의4①, §173①)
	필요 처분	주거 등 진입 / 신체검사 / 사체해부 / 분묘발굴 / 물건파괴(§173①) [정리] 검증필요처분과 유사 : 신/사/분/물/기(§140)
	절 차	① (감정수탁자가 집행 but) 허가청구는 검사(§221의4②) ② 상당하면 판사 **감정처분허가장** 발부(동③) ③ 감정처분허가장 기재사항 : 피의자의 성명, 죄명, 들어갈 장소, 검사할 신체, 해부할 사체, 발굴할 분묘, 파괴할 물건, 감정수탁자의 성명과 유효기간(§221의4④, §173②) [정리] 법원의 감정은 감정인이 법원의 허가 要(§173①), 수사상 감정처분은 감정수탁자가 지방법원판사의 허가 要(청구는 검사) ④ 감정수탁자는 감정처분을 받는 자에게 허가장 제시 要(§221의4④, §173③) ⑤ 신체검사 주의규정(§141)과 야간집행제한규정(§143)은 수사상 감정처분 집행에 준용(§221의4④, §173⑤)

03 수사상의 증거보전

⊘ 조문정리

제1편 총칙

제15장 증거보전

제184조【증거보전의 청구와 그 절차】 ① 검사, 피고인, 피의자 또는 변호인은 미리 증거를 보전하지 아니하면 그 증거를 사용하기 곤란한 사정이 있는 때에는 제1회 공판기일 전이라도 판사에게 압수, 수색, 검증, 증인신문 또는 감정을 청구할 수 있다.
② 전항의 청구를 받은 판사는 그 처분에 관하여 법원 또는 재판장과 동일한 권한이 있다.
③ 제1항의 청구를 함에는 서면으로 그 사유를 소명하여야 한다.
④ 제1항의 청구를 기각하는 결정에 대하여는 3일 이내에 항고할 수 있다.

제2편 제1심

제1장 수사

제221조의2【증인신문의 청구】 ① 범죄의 수사에 없어서는 아니될 사실을 안다고 명백히 인정되는 자가 전조의 규정에 의한 출석 또는 진술을 거부한 경우에는 검사는 제1회 공판기일 전에 한하여 판사에게 그에 대한 증인신문을 청구할 수 있다.
③ 제1항의 청구를 함에는 서면으로 그 사유를 소명하여야 한다.
④ 제1항의 청구를 받은 판사는 증인신문에 관하여 법원 또는 재판장과 동일한 권한이 있다.
⑤ 판사는 제1항의 청구에 따라 증인신문기일을 정한 때에는 피고인·피의자 또는 변호인에게 이를 통지하여 증인신문에 참여할 수 있도록 하여야 한다.
⑥ 판사는 제1항의 청구에 의한 증인신문을 한 때에는 지체 없이 이에 관한 서류를 검사에게 송부하여야 한다.

I 수사상 증거보전청구

의의	개념	판사가 수사절차에서 미리 증거조사 또는 증인신문을 하여 그 결과를 보전하여 두는 제도 → 여기서 정리하는 수사상 증거보전절차(§184)와 다음에 정리하는 수사상 증인신문절차(§221의2)
	구별	① 수사와의 차이 : 판사 처분, 증거보전 필요성 要 ② 법원의 증거조사와의 차이 : 수임판사 처분, 제1회 공판기일 전
	취지	강제처분권 없는 피의자·피고인에게도 유리한 증거 수집·보전의 기회를 보장하여 공정한 재판의 이념 실현
요건	증거 보전 필요성	① <u>미리 증거를 보전하지 않으면 증거 사용 곤란</u> 사정(§184①) ② 증거조사 곤란뿐 아니라 증명력 변화 예상도 포함 예 증인 – 생명위독·해외여행, 진술번복 염려(≠ 수사상증인신문), 증거물 멸실·훼손·변경의 위험성, 현장·원상 보존 불가능 등
	시한	① 형사입건 이후 <u>제1회 공판기일 전</u>(모두절차 완료 전 = 증거조사 시작 전) 要 ∴ <u>공소제기 전후 불문</u>(§184①) [행시 02, 법원 11, 국7 08, 경 01/2차, 경 06/2차, 경 14/2차] ② 형사입건 전 <u>내사단계</u> ×(79도792) ③ 제1회 공판기일 이후 ×(∵ 79도792, 수소법원 증거조사 可) [경 13/2차] ∴ 항소심 ×, 재심 ×(84모15) [국7 15, 경 05/1차, 경 12/3차]
절차	청구	**청구권자** ① <u>검사·피고인·피의자·변호인</u>(명反독 – 명/구/보/증보/증이/공)(§184①) [법원 06/07, 국7 08/09/15, 국9 13, 경 02/1차, 경 14/1차] ∴ 사법경찰관·피해자[법원 06]·피내사자 × ② 성폭력피해자 측의 증거보전청구요청권(2023.10.12. 시행 성폭법 §41, 아청법 §27) ㉠ 증거보전청구 요청권자 : <u>성폭력범죄·아동청소년대상 성범죄의 피해자·법정대리인·사법경찰관</u> ㉡ 사유 : <u>피해자가 공판기일에 출석하여 증언하는 것에 현저히 곤란한 사정</u>이 있을 때(19세미만피해자등인 경우 이에 해당되는 것으로 간주) ㉢ 증거보전청구의 요청 : 요청권자는 위 사유를 소명하여 피해자 진술 영상녹화물 그 밖의 증거에 대하여 <u>검사에게 증거보전청구 요청 可</u> ㉣ 검사의 증거보전청구 : ⓐ 검사는 타당하면 증거보전청구 可, ⓑ but <u>19세미만피해자등이나 그 법정대리인이 증거보전 요청을 하는 경우에는 원칙적 증거보전청구 要</u>
		관할 ① <u>관할지방법원 판사</u>(수임판사) → <u>공소제기 후에도 not to 수소법원</u>(규칙 §91) [법원 11, 경 02/1차] ② 관할 : 피의자 소재지 ×, <u>해당 증거 소재지 or 증인 주거지·현재지 등의 관할지방법원</u> ○(규칙 동조) [국9 13, 경 12, 경 13/2차, 국가 15]
		방식 <u>서면으로 그 사유 소명 要</u>(§184③) [정리] 서면으로 그 사유를 소명해야 하는 것 : ① 기피신청, ② 수사상 증거보전, ③ 수사상 증인신문청구, ④ 정식재판청구, ⑤ 증인거부권, ⑥ 상소권회복 (증보/증인/정/기/거/상회)
		내용 ① <u>압수·수색·검증·증인신문·감정 청구 可</u> [행시 02, 경 15/3차] ② <u>피의자신문·피고인신문 청구 不可</u> [법원 08/11, 국7 08/09/15, 국9 13, 경 06/2차, 경 13/2차, 경 14/2차, 경 15/3차]

절 차	청 구	내 용	③ **공범자·공동피고인**은 제3자 ∴ **증인신문 可**(86도1646) [국7 13/15, 국9 13, 경 01/3차, 경 11/1차, 경 13/1차, 경 13/2차, 경 14/2차]
	증거 보전	결 정	① 인용결정 : 청구가 적법하고 필요성 有 → 판사는 증거보전 要 → 별도 결정 不要 [경 06/2차] ② 기각결정 : 청구 부적법 or 필요성 無 ← 기각결정은 **3일 이내 항고 可** (§184④) [법원 08, 국7 09, 국9 13, 경 11/1차, 경 12/2차, 경 12/3차, 경 13/2차, 경 14/2차, 경 15/3차]
		참 여	① 증거보전청구받은 판사는 법원·재판장과 동일한 권한(동②) [국7 00, 경 14/1차] ∴ 증인 소환·구인·유치 可(§68, §71·71의2), 압수·수색·검증·증인신문·감정 可 [국9 08] ② 당사자의 참여권 보장 : 판사 압수·수색·검증·증인신문·감정 시 검사 / 피의자 / 피고인 / 변호인 **참여권 보장 要**(§121, §122, §145, §163, §176, §177) → 시일·장소 미리 통지 ③ **참여권배제조서**의 증거능력 : ㉠ **위법수집증거**(91도2337) [국7 08/09, 경 13/2차] but ㉡ **증거동의** 있으면 인정(86도1646) [정리] 위법수집증거임에도 증거동의의 대상 : 이외에 공판정 진술 번복 참고인 진술조서도 同(99도1108)
증거 이용	보 관		압수한 물건 또는 작성한 조서는 **판사 소속 법원에 보관** [법원 11, 주사보 07] ∴ 검사에게 송부 不可
	열람 등사		검사·피고인·피의자·변호인은 **판사**(법원 ×)의 **허가**를 얻어 서류·증거물 **열람·등사 可**(§185, 제1회 공판기일 전후 불문) [법원 08, 경 04/3차, 경 06/2차, 경 11/1차, 경 15/3차] → 증거보전 청구인뿐 아니라 상대방도 열람·등사권 ○
	증 거		**법관 면전 조서**(절대적 ○, §311 제2문) [법원 08, 경 01/3차, 경 14/2차]

🔗 **한줄판례 Summary**

증거보전절차 증인신문조서 중 **피의자 진술기재 부분은 증거능력 ×**(84도508)

Ⅱ 수사상 증인신문청구

의 의	개 념		범죄 수사에 없어서는 아니 될 사실을 안다고 명백히 인정되는 자가 참고인조사 (임의수사)를 위한 출석·진술 거부 시 그 진술증거의 수집과 보전을 위해 제1회 공판기일 전에 한하여 검사가 판사에게 그에 대한 증인신문을 청구하여 그 진술을 확보하는 대인적 강제처분(§221의2①)
	증거 보전	구 별	① 공통점 : 수소법원 이외의 판사 처분, 제1회 공판기일 전에 한함, 당사자 참여권 보장, 조서는 절대적 증거능력 인정 ② 차이점 : 증거보전은 미리 행하는 공판의 성격(공개), 증인신문은 검사 청구를 받은 수임판사에 의한 수사의 성격(비공개)
		법 원	판사 처분 ∴ 수소법원에 의한 증인신문과 다름

요 건	필요성	① <u>범죄수사에 없어서는 아니 될 사실을 안다고 명백히 인정되는 자</u>(중요참고인)가 출석 or 진술 거부(§221의2①) [경 09/2차, 경 12/2차, 경 13/1차] 　㉠ 피의사실 존재 要 : 수사기관의 **수사 개시 要** 　㉡ 증인신문 대상인 참고인 : 피의자 소재를 알고 있는 자, 범행의 목격자, 범죄의 증명에 없어서는 아니 될 지식을 가지고 있는 참고인의 소재를 알고 있는 자, 공범자·공동피고인 ○ but 감정인 × 　㉢ 범죄수사에 없어서는 아니 될 사실 : 범죄성립요건에 관한 사실, 정상관계 사실, 기소·불기소처분 및 양형에 중요한 영향을 미치는 사실 ○ ② **출석거부** : 정당한 이유 있는 거부(증언거부권자)도 포함 ③ <u>진술거부</u> : 일부거부·전부거부 불문, 진술을 하였으나 진술조서에 서명·날인 거부도 포함
	번복 염려 위헌	수사기관에게 임의의 진술을 한 자가 공판기일에 **전의 진술과 다른 진술을 할 염려** 요건(구법 §221의2②)은 헌재 위헌결정(94헌바)으로 **삭제** → 진술번복 염려로는 수사상 증인신문청구 不可
	시 한	**제1회 공판기일 전, 공소제기 전후 불문** [경 09/1차, 경 09/2차, 경 14/1차]
절 차	청 구	① **검사만 청구권** ○, 사법경찰관 × [행시 02] ② 관할은 수소법원 아닌 **판사**(수임판사) → 공소제기 이후에도 판사에게 ③ **서면**으로 **사유 소명 要**(동③, 증보/**증인**/정/기/거/상회)
	심사 결정	① 인용결정 : 판사는 청구 적법 / 이유 有 증인신문 要(별도 결정 不要) ② 기각결정 : 부적법 or 이유 無 ← 증거보전청구 기각결정과 달리 **불복 ×**
	판사 참여	① 청구받은 판사는 법원·재판장과 동일한 권한(§221의2④) ② **당사자의 참여권 보장**(동⑤, 규칙 §112) but 통지받은 피의자·피고인·변호인 **출석은 증인신문 요건 ×** [국9 09, 경 09/2차]
송 부	송 부	증인신문 후 판사는 지체 없이 **검사에게 서류 송부**(§221의2⑥)
	열 람	피의자·피고인·변호인에게 서류 **열람·등사권 ×** [경 09/2차]
	증 거	**법관 면전 조서**(절대적 ○, §311 제2문)
관 련		**특정범죄의 범죄신고자** 등에 대하여 법 §184 또는 §221의2에 따른 **증인신문**을 하는 경우 판사는 직권으로 또는 검사의 신청에 의하여 그 과정을 비디오테이프 등 **영상물로 촬영 명하는 것 可**(범죄신고자법 §10①, 영상물은 **검사에게 송부**) → 영상물 수록 범죄신고자 등 진술은 증거 可(동③)

퍼써 정리 l 증거보전 · 증거개시 · 증거조사제도와의 비교

	수사상 증거보전	수사상 증인신문	증거개시	증거조사
절 차	당사자 참여권 ○		검사 의견(지체 없이)	사실심리절차(공판)
신청기간	제1회 공판기일 전 (공소제기 전후 불문)		공소제기 후	제한 ×
관할법원	지방법원 판사(수임판사)		수소법원	

	수사상 증거보전	수사상 증인신문	증거개시	증거조사
청구권자 [경 10/2차]	피의자, 피고인, 변호인, 검사	검사	피고인, 변호인, 검사	검사, 피고인 또는 변호인 / 직권 / 범죄피해자
증거 보관 이용	수임판사 법원 보관	검사에게 증인신문 조서 송부	검사 보관서류 • 서류 또는 물건목록 • 열람·등사 거부 × 피고인 / 변호인 보관서류 • if 검사가 교부 거부 • 교부 거부 ○	증거신청 → 증거결정
내 용	압수, 수색, 검증, 증인신문, 감정	증인신문	소송서류 열람·등사	증거서류 – 낭독 증거물 – 제시 영상녹화물 – 전부 또는 일부 재생 증인신문
불 복	3일 이내 항고	×	×	즉시 이의신청 (항고 ×)
요 건	증거멸실, 증거가치 변화 위험	참고인 출석거부, 진술거부	검사 보관서류 • 전면적 개시 피고인 / 변호인 보관서류 • 현장부재·심신상실 등 법률상·사실상 주장을 한 때	증거능력 ○

🔖 퍼써 정리 | 증거보전과 증인신문

	증거보전	증인신문
요 건	증거의 사용 곤란·증거보전의 필요성	참고인의 출석거부·진술거부
청구권자	검사·피고인·피의자·변호인	검사
청구내용	압수·수색·검증·증인신문 또는 감정	증인신문
불 복	3일 이내 항고	불복 ×
보 관	판사 소속법원 보관 판사 허가 ○ → 열람·등사 ○	검사 보관 열람·등사 ×
기 간	제1회 공판기일 전	

01 사법경찰관과 검사의 수사종결

I 수사종결의 의의와 종류

의의	개념	① 공소제기 여부를 결정할 수 있을 정도로 피의사건이 규명되었을 때 수사절차를 종료하는 행위(수사종결처분) ② 2020.2.4. 수사권 조정 개정법은 검사의 사법경찰관 수사지휘권 폐지 → 사법경찰관에게도 1차적 수사종결권 부여
	권한	① 사법경찰관의 수사종결처분 : 1차적·제한적 권한 ② 검사의 수사종결처분 : 최종적·궁극적 권한
종류	사경	**의의** ① 2020.2.4. 개정법은 **사법경찰관에게 1차적 수사종결권 부여**(§245의5) ② **검사에게 보완수사요구권·재수사요청권 부여**(§197의2, §245의8) ③ **고소인 등에게 이의신청권 부여, 고발인 제외**(§245의6, §245의7)
		1차적 수사종결권 사법경찰관은 범죄를 수사한 때 ① **범죄의 혐의가 인정되면 검사에게 사건을 송치**(**검찰송치**, §245의5 1.) ② **그 밖의 경우**(혐의 없음, 죄가 안 됨, 공소권 없음, 각하)**에는 그 이유를 명시한 서면과 함께 관계 서류와 증거물을 검사에게 송부**(**사건불송치**, 동2.) → 검사는 송부받은 날부터 **90일 이내** 사법경찰관에게 반환
		검찰송치 보완수사 요구 ① 검찰송치사건에 대한 검사의 보완수사요구권(§197의2①1.) ㉠ 주체 : 검사 ㉡ 대상 : 사경의 검찰송치사건 ㉢ 사유 : 공소제기 여부 결정 또는 공소의 유지에 관하여 필요한 경우 ㉣ 절차 : ⓐ 검사는 **사법경찰관에게 보완수사 요구** → ⓑ 사경은 정당한 이유가 없는 한 **지체 없이 이행**(사법경찰관은 **보완수사요구가 접수된 날로부터 3개월 이내에 보완수사를 마쳐야 함, 수사준칙 §60④**) *cf.* 사경은 보완수사 이행 결과 사건송치 해당 없다고 판단하면 불송치 or 수사중지 可, 수사준칙 §60⑤ ② 보완수사의 주체 : 검사는 사법경찰관으로부터 송치받은 사건에 대해 보완수사가 필요하다고 인정하는 경우 ㉠ **직접 보완수사**하거나 ㉡ **사법경찰관에게 보완수사를 요구**할 수 있음(수사준칙 §59①본문, 구 수사준칙은 사경보완수사 원칙이었으나, 위 수사준칙에서 변경됨)

종 류	**사 경**	검찰 송치 보완수사 요구	[보충] 수사준칙 §59①단서 　　　다만, 법 제197조의2 제1항 제1호 전단의 경우(**송치사건의 공소제기 여부 결정에 관한 보완수사**)로서 <u>다음 각 호의 어느 하나에 해당하는 때</u>에는 특별히 사법경찰관에게 보완수사를 요구할 필요가 있다고 인정되는 경우를 제외하고는 <u>검사가 직접 보완수사를 하는 것을 원칙</u>으로 한다. 　　　1. 사건을 수리한 날(이미 보완수사요구가 있었던 사건의 경우 보완수사 이행 결과를 통보받은 날)로부터 1개월이 경과한 경우 　　　2. 사건이 송치된 이후 검사에 의하여 해당 피의자 및 피의사실에 대해 상당한 정도의 보완수사가 이루어진 경우 　　　3. 법 제197조의3 제5항, 제197조의4 제1항, 제198조의2 제2항에 따라 사법경찰관으로부터 송치받은 경우 　　　4. 제7조 또는 제8조에 따라 검사와 사법경찰관이 사건 송치 전에 수사할 사항, 증거수집의 대상, 법령의 적용 등에 관하여 협의를 마치고 송치한 경우 [보충] 2010년 7월 제정 구 수사준칙에 의하면, 검사는 보완수사가 필요하다고 인정하는 경우에는 특별히 직접 보완수사를 할 필요가 있다고 인정되는 경우를 제외하고는 사법경찰관에게 보완수사를 요구하는 것을 원칙으로 하였고(2020.10.7. 수사준칙 §59①), 관련 기출문제에서도 "사경 검찰송치 사건에 대하여 '특별히 직접 보완수사를 할 필요가 있다고 인정되는 경우'라면 검사는 예외적으로 직접적 보완수사권 행사 可" [경 22/1차]의 내용으로 출제된 바 있음
		사건 불송치 이의신청	① 사경의 고소인 등에 대한 사건불송치처분 통지(§245의6) 　㉠ 주체 : 사법경찰관 　㉡ 기간·방식 : 검사에게 송부한 날 ~ **7일** 이내, <u>서면</u> 　㉢ 대상 : <u>고소인·고발인·피해자</u> 또는 그 <u>법정대리인</u> 　㉣ 내용 : 사건을 검사에게 **송치하지 아니하는 취지와 이유** 　㉤ 고소인 등의 통지요구 : 불송치 통지를 받지 못한 경우 사법경찰관에게 불송치 통지서로 통지 요구 可(수사준칙 §53②) ② 사건불송치처분에 대한 고소인 등의 이의신청(§245의7) 　㉠ 주체 : 사법경찰관으로부터 위 통지를 받은 사람(**고발인 제외**) 　㉡ 대상 : **해당 사법경찰관의 소속 관서의 장** 　㉢ 이의신청 기간 : **제한 無** 　㉣ 사경의 검찰송치의무 : 사법경찰관은 이의신청이 있는 때에는 **지체 없이 검사에게 사건을 송치**하여야 함(→ 사법경찰관의 수사종결권은 1차적·**제한적 수사종결권**의 의미)
		사건 불송치 재수사 요청	① 불송치사건에 대한 검사의 재수사요청권(§245의8) 　㉠ 주체 : 검사 　㉡ 사유 : 사경의 사건불송치가 **위법 또는 부당**한 때 　㉢ 기간·방식 : 관계서류·증거물 송부받은 날 ~ **90일** 이내(수사준칙 §63①, 예외 有), 이유를 문서로 명시 [경 22/1차] 　㉣ 절차 : ⓐ 검사의 **재수사요청** → ⓑ 사법경찰관 **재수사(재수사요청 접수 일로부터 3개월 이내에 재수사 완료 要, 수사준칙 §63④)** ② 재수사결과에 대한 검사의 재수사요청권 재행사 or 사건송치요구 　㉠ **원칙적 제한** : 사경 사건 불송치결정 유지 재수사결과 통보 → 검사 **다시 재수사 요청 or 송치요구 不可**(수사준칙 §64②本)

종류	사경	사건 불송치 재수사 요청	ⓛ **예외적 허용** : if 사건불송치 **위법·부당 시정** × → 재수사결과 통보일 ~ **30일** 이내 검사 **사건송치요구 可**(동③)
	검사	공소 제기	**의의** 수사결과 범죄의 객관적 혐의 충분, 소송조건 구비, 유죄판결받을 수 있다는 판단 시 행하는 검사의 소송행위(§246)
			방식 ① 관할법원에 공소장 제출(§254①) ② 벌금·과료·몰수 사건은 공소제기와 동시에 약식명령 청구 可(§449)
		불기소 처분	**의의** ① 검사가 피의사건에 대하여 공소를 제기하지 않기로 하는 처분 ② 협의의 불기소처분과 기소유예(수사준칙 §52①) ③ 불기소처분 이후 : 수사 재개 可 → 즉시고발사건에서 **고발이 있으면** 불기소 이후에도 별도 고발 없이 공소제기 可(2009도6614) [국9 09, 경 05/2차]

협의의 불기소처분

	구성요건	위법성	책임	소송조건
검사	× **혐의 없음**	조각사유 ○		× **공소권 없음**
		죄가 안 됨 [국7 13, 교정9 특채 12, 경 04/2차]		
법원	무죄판결			형식재판

cf. 각하 : 고소·고발사건에서 불기소처분사유 명백한 경우 등

		불기소 처분	**기소 유예** 피의사실 인정 but 형법 §51(양형조건) 참작 → 공소제기하지 않는 처분(§247 - 기소편의주의)
		기타 처분	**기소 중지** 피의자의 소재불명 또는 참고인중지의 사유 외의 사유로 수사를 종결할 수 없는 경우 잠정적 수사 중지(수사준칙 §52①3.)
			참고인 중지 참고인·고소인·고발인 또는 같은 사건 피의자의 소재불명으로 수사를 종결할 수 없는 경우 잠정적 수사 중지(동 §52①4.)
			공소 보류 국가보안법 위반, 형법 §51 참작 → 2년간 공소제기 보류(국가보안법 §20, 기소유예와 유사)
			타관 송치 사건이 그 소속 검찰청에 대응한 법원의 관할 × → 사건을 관할법원에 대응한 검찰청검사에게 송치(§256)
			군검찰 송치 사건이 군사법원의 재판권에 속하는 때 관할 군검찰부 검찰관에게 송치 → 송치 전 소송행위 유효(§256의2 등)
			소년부 송치 등 소년 피의사건 수사 결과 보호처분 사유가 있다고 인정한 때 → 사건을 관할 소년부에 송치(소년 §49①) *cf.* 이외에 가정폭력범죄로서 보호처분 적절 인정 → 관할가정법원 또는 지방법원에 송치하는 가정보호사건송치(가폭 §11①), 성매매자에게 성매매법상 보호처분 적절 → 보호사건으로 관할법원에 송치하는 성매매보호사건송치(성매매처벌 §12①) 등이 있음

☆ 퍼써 정리 | 사법경찰관의 수사종결처분과 이에 대한 통제와 감독

사법경찰관의 1차적 수사종결		검사의 감독과 고소인 등의 통제	
검찰송치		보완수사 필요시 ① 원칙 : 검사 직접 or 보완수사 요구 ② 예외 : 직접 보완수사	① 공소제기 ② 불기소처분
사건불송치	불송치이유서 · 관계서류 · 증거물 송부	① **90일** 내(예외 ○) 　　㉠ 반환 or　　　　　　㉡ 재수사요청(1회 한정) ② 사경 재불송치 시 　　㉠ 원칙 : 검사 재재수사요청 ×, 송치요구 × 　　㉡ 예외 : 위법·부당 시 **30일** 내 사건송치요구 ○	
	고소인 등에 대한 통지(**7일**)	고소인 등의 이의신청 ① **기간 제한** ×　　　　　② 소속 경찰관서의 장에게 ③ 검찰송치의무 발생	

▌ Ⅱ ▌ 수사종결처분의 부수절차

1. 검사의 고소·고발사건 처리 및 수사종결처분 통지

고소 · 고발	수리일 → 수사완료, 공소제기 여부 결정	**3월** 이내(훈시, §257)
고소인 · 고발인	① **공소제기 / 불기소 / 공소취소 / 타관송치** ② **불기소 이유** 설명 **청구시 서면으로**[행시 02, 국9 09/17, 경 05/2차]	① 처분일 ~ **7일** 이내(§258①) ② 청구일 ~ **7일** 이내(§259) [국9 04, 경 05/2차]
피의자	(고소·고발 불문) **불기소 / 타관송치**	즉시(§258②)
피해자	① **공소제기** 여부 / **공판**일시·장소·재판 결과 / 피의자·피고인구속·석방 등 **구금** 관련 사실 ② 피해자 or 법정대리인(피해자 사망 시 배/직/형) **신청**	신속하게(§259의2) [법원 11/16, 국7 08, 국9 09/14/17, 경 09/2차]

[정리] 고고공불취타 – 7/고고불이유청 – 7/피불타 – 즉/피해자 – 공공구 – 신청

[정리] 통지는 서면으로 함

2. 압수물의 환부

1	**불기소처분** 시 검사는 압수물을 원래의 점유자에게 **필요적 환부**(94모51 전합)
2	피의자가 **소유권포기**의 의사표시 **시에도 환부**(동 判例)
3	압수물이 장물로서 피해자에게 환부해야 할 이유가 명백한 경우 검사는 압수된 장물을 피해자에게 환부(§219, §333①②)

III 불기소처분에 대한 불복

검찰 항고	항 고	의 의	검사의 불기소처분에 불복하는 고소인·고발인이 보다 상급검찰청 검사 장에게 항고하여 불기소처분의 당부를 다투는 제도
		항고권자	① 검사의 불기소처분에 불복하는 **고소인·고발인** ○ ② **고소하지 않은 피해자** : 검찰항고 × [국9 09/14] **(헌법소원** ○**)**
		대 상	① 검사의 불기소처분 : **협의의 불기소처분, 기소유예** ○ ② 공소취소·타관송치 × ③ 검찰항고 대상범죄 : **제한 無**
		기 간	① 불기소처분통지(§258①)를 받은 날부터 **30일** 이내(검찰 §10④) ② 기간경과 항고는 기각 but 중요증거 새로 발견 예외(동⑦)
		절차 · 방식	① 지방검찰청·지청 거쳐 서면 관할 고검 검사장에게 항고(동①) ② 해당 지검·지청 검사 항고이유 인정 → **처분경정**(更正) [법원 10]
		처 리	① 고등검찰청 검사장 항고이유 인정 → 소속 검사로 하여금 불기소처분 직접 경정 可 ② 이 경우 고검 검사는 지검·지청 검사 직무수행 간주(동②)
	재항고	의 의	항고기각처분에 불복하여 검찰총장에게 그 당부를 다투는 제도
		재항고 권자	**재정신청이 가능한 자**(고소인 및 형법 §123~126 고발인)를 **제외**한(재정신 청권자는 재항고 不可, 동③) 검찰항고권자(= 주로 고발인)
		기 간	항고기각 결정을 통지받은 날 또는 항고 후 항고에 대한 처분이 이루어지 지 아니하고 3개월이 지난 날부터 **30일** 이내(동⑤)
		절차 · 방식	① 고검 거쳐 서면으로 검찰총장에게 재항고(동③) ② 해당 고검 검사 재항고이유 인정 → 처분경정
재정 신청			고소인(형법 §123~126 고발인 포함)이 검사의 불기소처분을 통지받은 때, 검찰항고를 거쳐 그 검사 소속 지검 소재지 관할 고등법원에 그 당부에 관한 재정을 신청할 수 있는 제도(§260① 이하, 109p 기소강제절차에서 후술)
헌법 소원		의 의	공권력의 행사·불행사로 인하여 헌법상 기본권을 침해받은 자가 헌법재판소에 그 권 리구제를 청구하는 제도(헌법 §111①5.)
		대 상	① **검사의 불기소처분** ○ ② 검사의 공소제기 × ∵ 공소제기하면 법원 재판 可
		요 건	① 공권력의 행사 또는 불행사(대상적격)(이하 헌재 §68①) ② 헌법상 보장된 기본권을 침해받은 자(청구인적격) ③ 법원의 재판 제외(재판소원금지원칙) ④ 다른 법률에 구제절차가 있는 경우에는 그 절차를 모두 거칠 것(보충성) ⑤ 기타 : 청구인능력, 권리보호이익
	청구 권자	고소인	모든 고소사건 **재정신청 可** & 재정신청 법원 재판은 헌법소원 不可 → 고소인은 **헌법소원 不可** [경 12/1차]
		고발인	고발인은 제3자 & 헌법소원은 **자기 기본권 침해만 可** → 고발인은 자기관 련성 없어 **헌법소원 不可** [경 15/1차, 국9 17]

헌법 소원	청구 권자	미고소 피해자	고소인 아니므로 **검찰항고·재정신청 不可** & 불기소처분으로 자기의 재판절차 진술권 침해 → **헌법소원 可**(2008헌마399·400병합; 2008헌마387) [국9 17]
		기소 유예	if 혐의 없음, 불기소 아닌 기소유예 → **피의자** 평등권·행복추구권 침해 → **헌법소원 可**(89헌마56; 2008헌마257) [국7 00, 국9 01]
	효력		검사의 불기소처분을 취소하는 헌법재판소의 결정 → 불기소사건을 재기하여 수사하 는 검사는 헌재결정에 맞도록 성실히 수사하여 결정(95헌마290)

💡 퍼써 정리 I 불기소처분 불복유형 신청권자별 정리

	고소인	고발인		미고소피해자	기소유예 피의자
		형법 §123~126	그 이외의 자		
검찰항고	○	○	○	×	×
검찰재항고	×	×	○	×	×
재정신청	○	○	×	×	×
헌법소원	×	×	×	○	○

▌ IV ▌ 기소강제절차 – 재정신청제도

⊘ 조문정리

제2편 제1심

제2장 공소

제260조 【재정신청】 ① 고소권자로서 고소를 한 자 (형법 제123조부터 제126조까지의 죄에 대하여는 고발을 한 자를 포함한다. 이하 이 조에서 같다)는 검사로부터 공소를 제기하지 아니한다는 통지를 받은 때에는 그 검사 소속의 지방검찰청 소재지를 관할하는 고등법원(이하 "관할 고등법원"이라 한다)에 그 당부에 관한 재정을 신청할 수 있다. 다만, 형법 제126조의 죄에 대하여는 피공표자의 명시한 의사에 반하여 재정을 신청할 수 없다.

② 제1항에 따른 재정신청을 하려면 검찰청법 제10조에 따른 항고를 거쳐야 한다. 다만, 다음 각 호의 어느 하나에 해당하는 경우에는 그러하지 아니하다.

1. 항고 이후 재기수사가 이루어진 다음에 다시 공소를 제기하지 아니한다는 통지를 받은 경우
2. 항고 신청 후 항고에 대한 처분이 행하여지지 아니하고 3개월이 경과한 경우
3. 검사가 공소시효 만료일 30일 전까지 공소를 제기하지 아니하는 경우

③ 제1항에 따른 재정신청을 하려는 자는 항고기각 결정을 통지받은 날 또는 제2항 각 호의 사유가 발생한 날부터 10일 이내에 지방검찰청검사장 또는 지청장에게 재정신청서를 제출하여야 한다. 다만, 제2항제3호의 경우에는 공소시효 만료일 전날까지 재정신청서를 제출할 수 있다.

④ 재정신청서에는 재정신청의 대상이 되는 사건의 범죄사실 및 증거 등 재정신청을 이유있게 하는 사유를 기재하여야 한다.

제261조 【지방검찰청검사장 등의 처리】 제260조제3항에 따라 재정신청서를 제출받은 지방검찰청검사장 또는 지청장은 재정신청서를 제출받은 날부터 7일 이내에 재정신청서·의견서·수사 관계 서류 및 증거물을 관할 고등검찰청을 경유하여 관할 고등법원에 송부하여야 한다. 다만, 제260조제2항 각 호의 어느 하나에 해당하는 경우에는 지방검찰청검사장 또는 지청장은 다음의 구분에 따른다.

1. 신청이 이유 있는 것으로 인정하는 때에는 즉시 공소를 제기하고 그 취지를 관할 고등법원과 재정신청인에게 통지한다.

2. 신청이 이유 없는 것으로 인정하는 때에는 30일 이내에 관할 고등법원에 송부한다.

제262조 【심리와 결정】① 법원은 재정신청서를 송부받은 때에는 송부받은 날부터 10일 이내에 피의자에게 그 사실을 통지하여야 한다.

② 법원은 재정신청서를 송부받은 날부터 3개월 이내에 항고의 절차에 준하여 다음 각 호의 구분에 따라 결정한다. 이 경우 필요한 때에는 증거를 조사할 수 있다.

1. 신청이 법률상의 방식에 위배되거나 이유 없는 때에는 신청을 기각한다.

2. 신청이 이유 있는 때에는 사건에 대한 공소제기를 결정한다.

③ 재정신청사건의 심리는 특별한 사정이 없는 한 공개하지 아니한다.

④ 제2항제1호의 결정에 대하여는 제415조에 따른 즉시항고를 할 수 있고, 제2항제2호의 결정에 대하여는 불복할 수 없다. 제2항제1호의 결정이 확정된 사건에 대하여는 다른 중요한 증거를 발견한 경우를 제외하고는 소추할 수 없다.

⑤ 법원은 제2항의 결정을 한 때에는 즉시 그 정본을 재정신청인·피의자와 관할 지방검찰청검사장 또는 지청장에게 송부하여야 한다. 이 경우 제2항제2호의 결정을 한 때에는 관할 지방검찰청검사장 또는 지청장에게 사건기록을 함께 송부하여야 한다.

⑥ 제2항제2호의 결정에 따른 재정결정서를 송부받은 관할 지방검찰청 검사장 또는 지청장은 지체 없이 담당 검사를 지정하고 지정받은 검사는 공소를 제기하여야 한다.

제262조의2 【재정신청사건 기록의 열람·등사 제한】재정신청사건의 심리 중에는 관련 서류 및 증거물을 열람 또는 등사할 수 없다. 다만, 법원은 제262조제2항 후단의 증거조사과정에서 작성된 서류의 전부 또는 일부의 열람 또는 등사를 허가할 수 있다.

제262조의3 【비용부담 등】① 법원은 제262조제2항제1호의 결정 또는 제264조제2항의 취소가 있는 경우에는 결정으로 재정신청인에게 신청절차에 의하여 생긴 비용의 전부 또는 일부를 부담하게 할 수 있다.

② 법원은 직권 또는 피의자의 신청에 따라 재정신청인에게 피의자가 재정신청절차에서 부담하였거나 부담할 변호인선임료 등 비용의 전부 또는 일부의 지급을 명할 수 있다.

③ 제1항 및 제2항의 결정에 대하여는 즉시항고를 할 수 있다.

④ 제1항 및 제2항에 따른 비용의 지급범위와 절차 등에 대하여는 대법원규칙으로 정한다.

제262조의4 【공소시효의 정지 등】① 제260조에 따른 재정신청이 있으면 제262조에 따른 재정결정이 확정될 때까지 공소시효의 진행이 정지된다.

② 제262조제2항제2호의 결정이 있는 때에는 공소시효에 관하여 그 결정이 있는 날에 공소가 제기된 것으로 본다.

제264조 【대리인에 의한 신청과 1인의 신청의 효력, 취소】① 재정신청은 대리인에 의하여 할 수 있으며 공동신청권자 중 1인의 신청은 그 전원을 위하여 효력을 발생한다.

② 재정신청은 제262조제2항의 결정이 있을 때까지 취소할 수 있다. 취소한 자는 다시 재정신청을 할 수 없다.

③ 전항의 취소는 다른 공동신청권자에게 효력을 미치지 아니한다.

제264조의2 【공소취소의 제한】검사는 제262조제2항제2호의 결정에 따라 공소를 제기한 때에는 이를 취소할 수 없다.

의 의	① 기소강제절차 : 검사의 불기소처분에 불복하는 고소인 등의 재정신청에 의해 법원이 공소제기 결정을 한 경우 검사에게 공소제기를 강제하는 제도 ② 취지 : 기소독점주의·기소편의주의 → 검사의 자의적 공소권 행사 규제 ③ 2007 ~ 2016년 개정법의 특징 　㉠ 재정신청 대상 범죄 → 모든 범죄로 확대 　㉡ 신청인 : 원칙적으로 고소인으로 제한 　㉢ 검찰항고전치주의 원칙 　㉣ 부심판결정에 의한 기소의제 및 공소유지 담당변호사 제도 폐지 → 재정결정서에 따른 검사의 기소의무 강제제도로 전환 　㉤ 재정신청사건기록의 열람·등사 제한

의 의			ⓑ 재정신청 기각·취소 시 재정신청인 비용부담 可(이상 07년 개정) ⓐ 고발인은 형법 §123~125 범죄만 재정신청 可 → 형법 §126(피의사실공표) 포함(2011년 개정) ⓞ 재정신청 기각결정 즉시항고 可(2016.1.6. 개정)

재정 신청	신청권		① **고소인** or **형법 §123~126**(§126 **피공표자 명시의사 反** ×) **고발인** ② **대리인** ○ ③ **고소하지 않은 피해자** × [국7 08, 국9 08, 경 10/1차, 경 11/2차, 경 15/2차]
	대 상		① **고소인 : 모든 범죄**에 대한 검사의 불기소처분 [국9 16] ② 고발인 : 대상범죄 제한 ③ 협의의 불기소처분 or 기소유예처분 ○(86모58) [법원 17, 국9 16] ④ 검사의 내사종결·공소제기·공소취소 ×(∵ 불기소처분 ×) [행시 04] ⑤ **공소시효 완성 시 : 재정신청** ×
	신청 절차	검찰 항고 전치 주의	① 전치주의 원칙 : 재정신청하려면 **검찰항고 거쳐야 함**(§260②) ② 전치주의 **예외**(동但) ㉠ 항고 → **재**기수사 → 불기소처분 통지 ㉡ 항고 → 항고에 대한 처분 없이 **3**개월 경과 ㉢ 공**소시효** 만료일 30일 전까지 공소제기 없음 [정리] 재(기수사)/3(개월)/시(효만료 30일 전) 검찰항고 不要

		신청
		방식
			① 재정신청 사유 기재한 **재정신청서** 제출(동③④)
			② 부적법한 재정신청 : ㉠ 재정신청서 기재사항 미기재(2000모216), ㉡ 재정신청보충서를 제출하면서 원래의 재정신청에 재정신청 대상으로 포함되어 있지 않은 고발사실 추가(97모30)
			③ 제출대상 : 검사 소속 **지검장·지청장**(동③) [법원 08/10/12]
			④ 재정신청기간
			 ㉠ 전치한 경우 : 항고기각결정 통지일 ~ **10일** 이내
			 ㉡ 전치주의 예외
			  ⓐ 재기수사 불기소통지 or 검찰항고 미처분 3개월 경과 : 사유발생일 ~ **10일** 이내
			  ⓑ 공소시효만료 30일 전까지 공소제기 없음 : 공소시효 만료일 **전날**까지(만료일까지 ×) [법원 12, 국9 14, 경 10/1차, 경 12/1차, 경 12/2차, 경 14/2차]
			⑤ 재정신청기간의 성격 : 불변기간 ∴ 기간 도과 시 무효(97모30) & **재소자특칙**(§344①) **적용** ×(98모127)

	효 력		① 공소시효정지 : **재정신청 ~ 재정결정 확정까지**(§262의4①) [주사보 07, 국7 02, 경 08/1차, 경 15/1차] ② 공동신청권자 중 1인의 신청 : 전원 효력 ○(§264①) [경 12/3차, 경 14/2차]
	취 소		① 시기 : 고등법원의 재정결정이 있을 때까지 ② 방식 : **서면** [법원 12, 국7 02] (취소 / 포기 / 철회 중 유일한 서면주의) ③ 취소대상 : ㉠ 관할 고등법원 but ㉡ 기록 관할 고법 송부 전에는 그 기록이 있는 검찰청 검사장 또는 지청장에게(§264②, 규칙 §121①) ④ 재재정신청 금지 : 재정신청취소 → (다른 중요한 증거 발견된 경우라도) **다시 재정신청 不可**(§264②) [법원 07] but **다른 공동신청권자에게 효력 無**(동③) [국7 02, 국9 16](재정신청과 취소의 차이)

수사의 종결

지검 처리		검찰 항고 전치	재정신청서를 제출받은 지검장·지청장 → 재정신청서 제출일 ~ **7일** 이내 → 재정신청서 / 의견서 / 수사관계서류 / 증거물 → 관할 고검 경유 → 관할 고등법원에 송부(§261本) 검찰항고를 거친 경우 : 10 − 7 − 10 − 3월 검찰항고기각 → 10일 내 재정신청 → 지검장 / 지청장 7일 내 고법송부 → 고법 10일 내 피의자 / 재정신청인통지 → 고법 3개월 내 결정
		전치 예외	(검찰항고전치주의 예외의 경우) 지검장·지청장은 ① 신청 이유 有 : 즉시 공소제기 ② 신청 이유 無 : **30일** 이내 관할 고법 송부(§261)
고법 심리 결정		구 조	형사소송유사설 ① 재판 : 고법은 항고의 절차에 준하여 결정 & 증거조사 可(§262②) ② 수사 : 심리 비공개, 관계서류 열람·등사 제한
	심 리	관 할	검사 소속 지방검찰청 소재지 관할 고등법원(§260①) [국9 08]
		접수 통지	① 기한 : 재정신청서 송부일 ~ **10일** 이내 ② 대상 : **피의자**(§262①) & 재정신청인(규칙 §120)에게 통지 [법원 12, 국9 16, 경 12/3차, 경 13/1차]
		기 간	**3개월**(§262②) → **훈시기간**에 불과(90모58) [국9 17]
		방 식	① 항고절차 준하여 심리 : **서면심리 可, 구두변론 不要** [국9 17] ② 증거조사 : 필요시 **증거조사 可**(§262②) [경 11/2차, 국9 17] ③ 특별한 사정이 없는 한 **공개하지 아니함**(수사단계, §262③) ④ 열람·등사 　㉠ 재정신청사건 심리 중 **관련 서류 및 증거물** 열람·등사 × 　㉡ 법원은 **증거조사과정에서 작성된 서류**의 전부·일부 열람·등사 **허가 可** 　　(§262의2) [법원 17]
	재정 결정	기 각	① 사유 : 법률상 방식에 위배되거나 이유 없는 때(§262②1.) [행시 02, 국9 14, 경 12/2차] 　㉠ 법률상 방식 위배 : 검찰항고 없이 재정신청한 경우 등 　　*cf.* 재정신청서 고법 제출 시 기각결정 ×(지검장에게 송부) 　㉡ 이유 없음 : 불기소처분 정당 ∴ **불기소처분 위법 but 기소유예할 만한 사건** 재정신청 이유 없음(**기각**결정, 97모30) [법원 07, 국7 02] ② 기각결정 확정 시 공소제기 제한 　㉠ **다른 중**요한 증거를 새로 발견한 경우를 제외하고 **소추 ×**(동④) [국9 17] → 다른 피해자의 고소 있어도 同(66도1222) 　㉡ 소추제한은 재정신청기각결정 확정사건만 ∴ **기각결정 대상사건 아닌 사건**은 고소내용 포함되어도 **기소제한 ×**(2012도14755) [국9 14, 법원 15, 변시 17]
		인 용	① 사유 : 적법하고 이유 있는 때(공소제기결정, 동②2.) ② 공소제기결정 시 **결정일 공소제기 간주**(§262의4②) ∴ 공소시효 정지효 발생 [경 12/1차, 경 15/1차]

고법 심리 결정	송 부		① 재정결정 후 즉시 그 정본을 재정신청인, 피의자와 관할 지방검찰청검사장 또는 지청장에게 송부 ② 공소제기결정은 사건기록과 함께 관할 지검장 · 지청장(관할법원 × ∵ 공소장일본주의)에게 송부(§262⑤)
	불 복	기 각	기각결정에 영향을 미친 헌법 / 법률 / 명령 / 규칙 위반 있음을 이유로 하는 때에 한하여 대법원에 **즉시항고** ○(헌재 한정위헌 – 2008헌마578 – 에 따른 2016.1.6. 개정 §262④)
		인 용	공소제기결정에 대한 **불복 不可** [법원 08/17, 경 06/2차, 경 12/1차]
공소 제기	지 정		공소제기결정 송부받은 지검장 · 지청장은 지체 없이 담당검사 지정(동⑥)
	공소 제기 유지	검 사	지정받은 검사 **공소제기 要**(동⑥, **기소강제주의** ∵ 기소독점주의 예외 ×, 기소편의주의 예외 ○) [국9 08/14]
		취소 금지	① 검사 **공소제기 후 취소 不可**(공소유지의무, §264의2) ② But 공소장변경 可(88도2428), 상소 可 [법원 08, 국9 14/16, 경 12/2차, 경 12/3차]
비용 부담	취 지		재정신청 대상범죄 전면 확대에 따른 재정신청 남용 억제책으로서 재정신청인에게 국가 또는 피의자의 비용을 부담케 하는 제도

	부 담		① 국가에 대한 비용부담결정(§262의3①)
			   ㉠ 사유 : 재정신청기각결정 or 재정신청취소
			   ㉡ 재정신청인에게 비용 전부 · 일부 **임의적** 부담 [경 08/2차, 경 10/1차, 경 12/2차, 국9 17]
			② 피의자에 대한 비용부담결정(동②)
			   ㉠ 절차 : 직권 또는 피의자의 신청
			   ㉡ 재정신청인에게 피의자 비용(변호사선임료 등, 규칙 §122의4) 전부 · 일부 **임의적** 부담 [경 14/2차]

	불 복		**즉시항고** ○(§262의3③) [경 12/3차]

 한줄판례 Summary

재정신청

① 재정신청 기각결정에 대한 재항고나 그 재항고 기각결정에 대한 즉시항고로서의 재항고에 대한 법정기간의 준수 여부는 도달주의 원칙에 따라 재항고장이나 즉시항고장이 **법원에 도달한 시점을 기준으로 판단**하여야 하고, 거기에 **재소자 피고인 특칙은 준용되지 아니함**(2013모2347 전합) [국7 11]

② 형사소송법 제262조 제4항 후문에서 말하는 '다른 중요한 증거를 발견한 경우'란 재정신청 기각결정 당시에 제출된 증거에 새로 발견된 증거를 추가하면 충분히 유죄의 확신을 가지게 될 정도의 증거가 있는 경우를 말하고, **단순히 재정신청 기각결정의 정당성에 의문이 제기되거나 범죄 피해자의 권리를 보호하기 위하여 형사 재판절차를 진행할 필요가 있는 정도의 증거**가 있는 경우는 여기에 해당하지 않음(2014도17182)

③ 법원이 재정신청 대상 사건이 아님에도 이를 간과한 채 형사소송법 제262조 제2항 제2호에 따라 **공소제기결정**을 하였더라도, 그에 따른 공소가 제기되어 본안 사건의 절차가 개시된 후에는 다른 특별한 사정이 없는 한 **본안 사건에서 위와 같은 잘못을 다툴 수 없음**(2017도13465) [국9 19, 법원 19]

의의 · 쟁점	① 검사의 공소제기 → 수소법원이 강제처분권 행사 but 공소유지(또는 그 결정)를 위한 검사의 수사의 필요성 존재 ② 공소제기 후 수사 무제한 허용 → 법원의 심리에 지장 초래 & 피고인의 당사자지위와 충돌 → 공소제기 후 수사는 구체적인 허용범위가 문제되는 것		
공소제기 후 강제수사	원 칙		공소제기로 강제처분권은 법원 귀속 ∴ **원칙 불가**
	피고인 체포 · 구속		① 체포는 피의자만 可 ∴ 검사 **피고인 체포 불가** ② 피고인구속은 수소법원 권한(§70) ∴ **검사는 피고인 구속 불가, 구속영장 청구** **불가** (법원 직권발동 촉구만 可) [국9 13]
	압수 · 수색 · 검증	원 칙	① 공소제기 후 압수·수색·검증 허용 여부 학설 대립 ② 부정설(通·判) ∴ 기소 후 강제처분은 법원 권한 → **검사가 기소** **후 수소법원 외 판사에게 발부받은 압수·수색영장으로 수집한 증거의** **증거능력 ×**(2009도10412) [법원 15, 국9 12, 경 12/1차, 경 15/2차, 경 15/3차, 경 16/1차]
		예 외	① 피고인 구속영장 집행현장 압수·수색·검증(§216②) ② 임의제출물의 압수(§218)
공소제기 후 임의수사	원 칙		공소제기 후 임의수사 **금지할 필요 없음** but 일정한 한계 要
	피고인 신문		① 공소제기 후 수사기관이 피고인을 공판정 외 장소에서 신문 可? : **긍정설**(判), 부정설(多), 절충설 대립 ② 判例 : **피고인에 대한 진술조서가 공소제기 후 작성**되어도 **증거능력** ○(84도 1646) [국9 13]
	참고인 조사	쟁 점	① 공소제기 후 제1회 공판기일 전후 불문 원칙적 허용 ② But 공판정에서 피고인에게 유리한 증언을 한 증인을 수사기관이 공판정 외에서 참고인으로 조사하여 공판정의 증언내용을 번복시 키는 것이 허용되는가?
		허용 여부	① 通說 : 공판중심주의 소송구조를 침해하는 위법한 수사이므로 위 증사건의 수사가 개시된 경우가 아닌 한 不可 ② 判例 : **증언번복 진술조서**는 증거동의하지 않는 한 **증거능력 부정** (99도1108 전합) [국7 10, 국9 13, 법원 14, 경 05/1차] ③ **증인**으로 소환된 사람을 **미리 수사기관에서 조사**한 진술조서의 증거 능력도 같은 이유로 **부정**(2013도6825, 참고인의 동일 내용 법정 진술의 증명력 판단도 신중 要)

🔗 **한줄판례 Summary**

수사기관이 항소심 공판기일에 증인으로 신청하여 신문할 수 있는 사람을 특별한 사정 없이 미리 수사기관에 소환하여 작성한 진술조서는 피고인이 **증거로 할 수 있음에 동의하지 않는 한 증거능력이 없음**(2013도6825)

CHAPTER 04 증 거

조문정리

제2편 제1심

제3장 공판

제2절 증거

제307조【증거재판주의】① 사실의 인정은 증거에 의하여야 한다.

② 범죄사실의 인정은 합리적인 의심이 없는 정도의 증명에 이르러야 한다.G

제308조【자유심증주의】증거의 증명력은 법관의 자유판단에 의한다.

제308조의2【위법수집증거의 배제】적법한 절차에 따르지 아니하고 수집한 증거는 증거로 할 수 없다.

제309조【강제 등 자백의 증거능력】피고인의 자백이 고문, 폭행, 협박, 신체구속의 부당한 장기화 또는 기망 기타의 방법으로 임의로 진술한 것이 아니라고 의심할 만한 이유가 있는 때에는 이를 유죄의 증거로 하지 못한다.

제310조【불이익한 자백의 증거능력】피고인의 자백이 그 피고인에게 불이익한 유일의 증거인 때에는 이를 유죄의 증거로 하지 못한다.

제310조의2【전문증거와 증거능력의 제한】제311조 내지 제316조에 규정한 것 이외에는 공판준비 또는 공판기일에서의 진술에 대신하여 진술을 기재한 서류나 공판준비 또는 공판기일 외에서의 타인의 진술을 내용으로 하는 진술은 이를 증거로 할 수 없다.

제311조【법원 또는 법관의 조서】공판준비 또는 공판기일에 피고인이나 피고인 아닌 자의 진술을 기재한 조서와 법원 또는 법관의 검증의 결과를 기재한 조서는 증거로 할 수 있다. 제184조 및 제221조의2의 규정에 의하여 작성한 조서도 또한 같다.

제312조【검사 또는 사법경찰관의 조서 등】① 검사가 작성한 피의자신문조서는 적법한 절차와 방식에 따라 작성된 것으로서 공판준비, 공판기일에 그 피의자였던 피고인 또는 변호인이 그 내용을 인정할 때에 한정하여 증거로 할 수 있다.〈개정 2020.2.4.〉

② 삭제〈2020.2.4.〉

③ 검사 이외의 수사기관이 작성한 피의자신문조서는 적법한 절차와 방식에 따라 작성된 것으로서 공판준비 또는 공판기일에 그 피의자였던 피고인 또는 변호인이 그 내용을 인정할 때에 한하여 증거로 할 수 있다.

④ 검사 또는 사법경찰관이 피고인이 아닌 자의 진술을 기재한 조서는 적법한 절차와 방식에 따라 작성된 것으로서 그 조서가 검사 또는 사법경찰관 앞에서 진술한 내용과 동일하게 기재되어 있음이 원진술자의 공판준비 또는 공판기일에서의 진술이나 영상녹화물 또는 그 밖의 객관적인 방법에 의하여 증명되고, 피고인 또는 변호인이 공판준비 또는 공판기일에 그 기재 내용에 관하여 원진술자를 신문할 수 있었던 때에는 증거로 할 수 있다. 다만, 그 조서에 기재된 진술이 특히 신빙할 수 있는 상태 하에서 행하여졌음이 증명된 때에 한한다.

⑤ 제1항부터 제4항까지의 규정은 피고인 또는 피고인이 아닌 자가 수사과정에서 작성한 진술서에 관하여 준용한다.

⑥ 검사 또는 사법경찰관이 검증의 결과를 기재한 조서는 적법한 절차와 방식에 따라 작성된 것으로서 공판준비 또는 공판기일에서의 작성자의 진술에 따라 그 성립의 진정함이 증명된 때에는 증거로 할 수 있다.

제313조【진술서 등】① 전2조의 규정 이외에 피고인 또는 피고인이 아닌 자가 작성한 진술서나 그 진술을 기재한 서류로서 그 작성자 또는 진술자의 자필이거나 그 서명 또는 날인이 있는 것(피고인 또는 피고인 아닌 자가 작성하였거나 진술한 내용이 포함된 문자·사진·영상 등의 정보로서 컴퓨터용디스크, 그 밖에 이와 비슷한 정보저장매체에 저장된 것을 포함한다. 이하 이 조에서 같다)은 공판준비나 공판기일에서의 그 작성자 또는 진술자의 진술에 의하여 그 성립의 진정함이 증명된 때에는 증거로

할 수 있다. 단, 피고인의 진술을 기재한 서류는 공판준비 또는 공판기일에서의 그 작성자의 진술에 의하여 그 성립의 진정함이 증명되고 그 진술이 특히 신빙할 수 있는 상태 하에서 행하여 진 때에 한하여 피고인의 공판준비 또는 공판기일에서의 진술에 불구하고 증거로 할 수 있다. 〈개정 2016.5.29.〉

② 제1항 본문에도 불구하고 진술서의 작성자가 공판준비나 공판기일에서 그 성립의 진정을 부인하는 경우에는 과학적 분석결과에 기초한 디지털포렌식 자료, 감정 등 객관적 방법으로 성립의 진정함이 증명되는 때에는 증거로 할 수 있다. 다만, 피고인 아닌 자가 작성한 진술서는 피고인 또는 변호인이 공판준비 또는 공판기일에 그 기재 내용에 관하여 작성자를 신문할 수 있었을 것을 요한다. 〈개정 2016.5.29.〉

③ 감정의 경과와 결과를 기재한 서류도 제1항 및 제2항과 같다. 〈신설 2016.5.29.〉

제314조【증거능력에 대한 예외】 제312조 또는 제313조의 경우에 공판준비 또는 공판기일에 진술을 요하는 자가 사망·질병·외국거주·소재불명 그 밖에 이에 준하는 사유로 인하여 진술할 수 없는 때에는 그 조서 및 그 밖의 서류(피고인 또는 피고인 아닌 자가 작성하였거나 진술한 내용이 포함된 문자·사진·영상 등의 정보로서 컴퓨터용디스크, 그 밖에 이와 비슷한 정보저장매체에 저장된 것을 포함한다)를 증거로 할 수 있다. 다만, 그 진술 또는 작성이 특히 신빙할 수 있는 상태 하에서 행하여졌음이 증명된 때에 한한다.

제315조【당연히 증거능력이 있는 서류】 다음에 게기한 서류는 증거로 할 수 있다.

1. 가족관계기록사항에 관한 증명서, 공정증서등본 기타 공무원 또는 외국공무원의 직무상 증명할 수 있는 사항에 관하여 작성한 문서
2. 상업장부, 항해일지 기타 업무상 필요로 작성한 통상문서
3. 기타 특히 신용할 만한 정황에 의하여 작성된 문서

제316조【전문의 진술】 ① 피고인이 아닌 자(공소제기 전에 피고인을 피의자로 조사하였거나 그 조사에 참여하였던 자를 포함한다. 이하 이 조에서 같다)의 공판준비 또는 공판기일에서의 진술이 피고인의 진술을 그 내용으로 하는 것인 때에는 그 진술이 특히 신빙할 수 있는 상태 하에서 행하여졌음이 증명된 때에 한하여 이를 증거로 할 수 있다.

② 피고인 아닌 자의 공판준비 또는 공판기일에서의 진술이 피고인 아닌 타인의 진술을 그 내용으로 하는 것인 때에는 원진술자가 사망, 질병, 외국거주, 소재불명 그 밖에 이에 준하는 사유로 인하여 진술할 수 없고, 그 진술이 특히 신빙할 수 있는 상태 하에서 행하여졌음이 증명된 때에 한하여 이를 증거로 할 수 있다.

제317조【진술의 임의성】 ① 피고인 또는 피고인 아닌 자의 진술이 임의로 된 것이 아닌 것은 증거로 할 수 없다.

② 전항의 서류는 그 작성 또는 내용인 진술이 임의로 되었다는 것이 증명된 것이 아니면 증거로 할 수 없다.

③ 검증조서의 일부가 피고인 또는 피고인 아닌 자의 진술을 기재한 것인 때에는 그 부분에 한하여 전2항의 예에 의한다.

제318조【당사자의 동의와 증거능력】 ① 검사와 피고인이 증거로 할 수 있음을 동의한 서류 또는 물건은 진정한 것으로 인정한 때에는 증거로 할 수 있다.

② 피고인의 출정 없이 증거조사를 할 수 있는 경우에 피고인이 출정하지 아니한 때에는 전항의 동의가 있는 것으로 간주한다. 단, 대리인 또는 변호인이 출정한 때에는 예외로 한다.

제318조의2【증명력을 다투기 위한 증거】 ① 제312조부터 제316조까지의 규정에 따라 증거로 할 수 없는 서류나 진술이라도 공판준비 또는 공판기일에서의 피고인 또는 피고인이 아닌 자(공소제기 전에 피고인을 피의자로 조사하였거나 그 조사에 참여하였던 자를 포함한다. 이하 이 조에서 같다)의 진술의 증명력을 다투기 위하여 증거로 할 수 있다.

② 제1항에도 불구하고 피고인 또는 피고인이 아닌 자의 진술을 내용으로 하는 영상녹화물은 공판준비 또는 공판기일에 피고인 또는 피고인이 아닌 자가 진술함에 있어서 기억이 명백하지 아니한 사항에 관하여 기억을 환기시켜야 할 필요가 있다고 인정되는 때에 한하여 피고인 또는 피고인이 아닌 자에게 재생하여 시청하게 할 수 있다.

제318조의3【간이공판절차에서의 증거능력에 관한 특례】 제286조의2의 결정이 있는 사건의 증거에 관하여는 제310조의2, 제312조 내지 제314조 및 제316조의 규정에 의한 증거에 대하여 제318조제1항의 동의가 있는 것으로 간주한다. 단, 검사, 피고인 또는 변호인이 증거로 함에 이의가 있는 때에는 그러하지 아니하다.

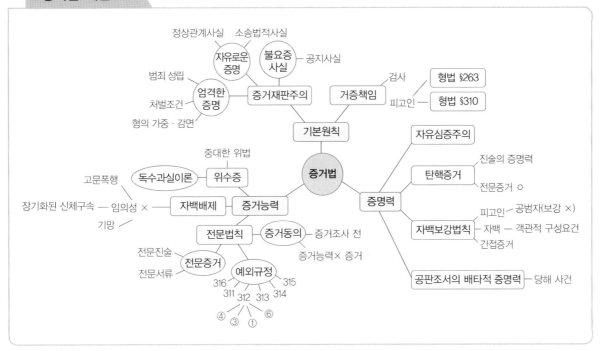

I 증거의 의의

의 의		① 증거 : 사실의 인정에 사용되는 객관적인 자료 ② 증명 : 증거에 의하여 사실관계가 확인되는 과정 ③ 요증사실 : 증명하고자 하는 사실 ④ 입증취지 : 증거와 요증사실과의 관계(규칙 §132의2①)
증거의 의미	증거방법	① 증인·증거물 등 사실인정에 사용될 수 있는 사람 또는 물건 그 자체 등 예 증인, 감정인, 증거물, 증거서류, 피고인(증거방법으로서의 지위 : 피고인의 진술은 유죄·무죄의 증거로 되며, 그 신체는 검증의 대상이 됨) [행시 03] ② 증거방법은 증거조사의 대상
	증거자료	증거방법을 조사하여 얻어진 내용 그 자체 예 (증인신문에 의하여 얻게 된) 증인의 증언, 감정인의 감정결과, (증거물의 조사에 의하여 얻게 된) 증거물의 성질과 상태, 서증의 의미내용, 피고인의 자백

PART 04

압 류

직접증거와 간접증거	내 용	증거자료와 요증사실과의 관계에 따른 분류[경간 12] ① 직접증거 : 요증사실을 직접적으로 증명하는 증거(피고인의 자백, 범죄현장을 목격한 증인의 증언) ② 간접증거 : 요증사실을 간접적으로 증명하는 증거(정황증거)(범죄현장에서 채취된 피고인의 지문[행시 03, 국9 08, 경 01/3차], 피고인의 옷에 묻은 피해자의 혈흔[경간 12], 상해사건에 있어 피해자의 진단서[경간 12, 경 01/1차])[검7 07, 국9 08] [정리] 자백 및 목격자의 증언 외에는 간접증거 [정리] 피고인이 치사량의 모르핀을 소지하고 있는 것을 목격하였다는 증언 : 마약소지죄가 요증사실이면 직접증거, 살인죄가 요증사실이면 간접증거 ∴ 동일한 증거자료도 요증사실에 따라 직접증거가 될 수도 있고 간접증거가 될 수도 있음[행시 03]
	구별의 실익	① 형사소송법은 증거의 증명력을 법관의 자유판단에 의존하는 자유심증주의 채택(§308) → **직접증거와 간접증거 사이에 증명력의 차이는 없음** [정리] 직접증거에 높은 증명력을 인정하였던 법정증거주의하에서는 간접증거와의 구별의 실익이 있으나, 자유심증주의하에서는 구별의 실익이 없음[경간 12] ② 간접증거에 의한 증명 ㉠ **간접증거로도 범죄사실 증명 可**(96도1783) ㉡ 논리칙과 경험칙을 적용하여 **합리적 의심이 없을 정도로 증명 要**(92오3327; 94도1335) ㉢ 간접증거를 **개별적·고립적으로 평가하여서는 안 됨** → 모든 관점에서 상호 관련시켜 종합적으로 평가하고 치밀하고 모순 없는 논증 要(2008도8486; 2004도2221)[국9 12] ㉣ **뚜렷한 확증도 없이 단지 정황증거 내지 간접증거들만으로 공소사실 유죄 인정** → 채증법칙을 위배하여 판결결과에 영향을 미친 사실오인의 **위법**(87도795)[국7 07, 경간 12]
인적 증거 물적 증거 증거서류	인적 증거	① 사람의 진술내용이 증거로 되는 것(인증) 예 증인의 증언, 감정인의 진술, 피고인의 진술 등 ② 증거조사의 방식 : 신문 예 증인신문, 감정인신문, 피고인신문
	물적 증거	① 물건의 존재 또는 상태가 증거로 되는 것(물증) 예 범행에 사용된 흉기, 절도죄의 장물, 위조문서, 무고죄의 고소장 등 ② 증거조사의 방식 : 검증
	증거서류 서증	증거서류와 증거물인 서면의 구별 : 서류의 내용만 증거인지(증거서류) 그밖에 서류의 존재·상태도 증거인지(증거물인 서면)에 따라 구별됨(내용기준설, 通·判)

	증거서류	① 서면의 의미내용이 증거로 되는 것 예 공판조서, 검증조서, 피의자신문조서, 참고인진술조서, 의사의 진단서 등 ② 증거조사의 방식 : 낭독(→ 내용의 고지 → 제시하여 열람)
	증거물인 서면	① 서면의 내용(증거서류)과 동시에 그 서면의 존재 또는 상태(증거물)가 증거가 되는 것 예 위조죄의 위조문서, 무고죄의 허위 고소장, 협박죄의 협박편지, 명예훼손죄의 수단인 인쇄물 등 ② 증거조사의 방식 : 제시 & 낭독(－내용고지－제시·열람)(§292, §292의2)

본증과 반증	거증책임의 부담에 따른 분류	
	본 증	거증책임을 지는 당사자(거의 검사)가 제출하는 증거
	반 증	본증에 의하여 증명될 사실을 부정하기 위하여 반대당사자(거의 피고인)가 제출하는 증거

진술증거와 비진술증거	진술증거	의 의	① 사람의 진술의 의미내용이 증거로 되는 것 ② 진술과 그 진술이 기재된 서면 포함 ③ 진술증거에 대해서는 전문법칙(§310의2) 적용
		종 류	① 원본증거 : 사실을 체험한 자가 중간의 매개체를 거치지 않고 직접 법원에 진술하는 것(본래증거) 예 범행을 본 목격자의 공판정 진술 [경간 12] ② 전문증거 : 직접 체험한 자의 진술이 서면이나 타인의 진술의 형식으로 간접적으로 법원에 전달되는 것 → 원칙적으로 증거능력 부정(전문법칙) ③ 원진술의 내용의 진실이 요증사실이면 전문증거, 원진술의 존재 자체가 요증사실이면 원본증거
		증거 능력	① 원본증거 : 진술의 임의성, 증거수집절차의 적법성 要 ② 전문증거 : 진술의 임의성, 증거수집절차의 적법성 要 → 이후 전문법칙 적용
	비진술 증거		① 진술증거 이외의 증거 예 단순한 증거물이나 사람의 신체상태 등 ② 증거능력 : 수사기관이 수집한 비진술증거는 그 수집절차의 적법성이 인정되면 증거능력 ○ → 전문법칙 적용 ×

실질증거와 보조증거	① 실질증거 : 주요사실의 존부를 직접·간접으로 증명하기 위하여 사용되는 증거 ② 보조증거 : 실질증거의 증명력을 보강·감쇄하기 위하여 사용되는 증거 ㉠ 보강증거 : 증명력을 증강하기 위한 증거(증강증거) ㉡ 탄핵증거 : 증명력을 감쇄하기 위한 증거 예 살인사건의 목격자 甲의 증언은 직접증거·원본증거이자 실질증거 → 증인 A가 현장에 있는 甲을 보았다고 증언하면 보강증거, 증인 B가 범행시각에 甲은 B와 함께 다른 곳에 있었다고 증언하면 탄핵증거

Ⅲ 증거능력과 증명력

증거능력	의 의	① 증거가 엄격한 증명의 자료로 사용될 수 있는 법률상의 자격 ② 증거능력은 **법률에 의하여 형식적으로 결정**
	내 용	진술의 임의성(§317), 자백배제법칙(§309), 위법수집증거배제법칙(§308의2), 전문법칙(§310의2), 증거동의(§318①)

증명력	의 의	① 증거의 증거능력이 인정됨을 전제로, 문제되는 사실을 증명할 수 있는 증거의 실질적 가치(신빙성) ② 증명력은 법관의 주관적인 판단의 대상으로서 **법관의 자유판단**에 의함
	증거법칙	자유심증주의(기본원칙, §308), 탄핵증거(§318의2①), 자백의 보강법칙(§310), 공판조서의 배타적 증명력(§56)

02 증명의 기본원칙

I 증거재판주의

① 개념 : "사실의 인정은 증거에 의하여야 한다"(§ 307①) → 사실이란 범죄될 사실 → 범죄될 사실을 인정하려면 증거능력이 있고 적법한 증거조사를 거친 증거에 의하여야 함
② 취지 : 인권 보장 & 국가형벌권의 적정한 실현 도모

1. 증명 : 사실의 인정

> 공소제기 → 1st 소송조건 → 2nd 유죄 / 무죄
> ① 소송조건 : 친고죄의 고소, 공소시효 등은 자유로운 증명의 대상
> ② 유죄 : 형벌권의 존부와 범위는 증거능력 있는 증거에 의한 엄격한 증명의 대상

의 의		① 증명 : 법관으로 하여금 사실의 존부에 관하여(단지 우월한 증명력을 가진 정도가 아니라) 합리적인 의심의 여지가 없을 정도의 확신을 가지게 하는 것 ② **범죄사실의 인정 : 합리적인 의심이 없는 정도의 증명**에 이르러야 함(§307②) [국9 08] ③ 합리적 의심(2008도8486; 2004도2221) [국9 09/12] 　㉠ 모든 의문·불신 아님 → 또한 <u>단순히 관념적인 의심이나 추상적 가능성에 기초한 의심</u> × 　㉡ <u>논리칙·경험칙에 기한 요증사실과 양립할 수 없는</u> 사실의 개연성에 대한 합리성 있는 의문(reasonable doubt) → <u>피고인에게 유리한 정황을 사실인정과 관련하여 파악한 이성적 추론에 그 근거</u>를 두어야 하는 것
소명과의 구별	증 명	법관이 어떤 사실의 존부에 관하여 증거에 의하여 확신을 얻는 것
	소 명	법관이 어떤 사실의 존부를 추측할 수 있게 하는 정도('그럴 수도 있겠다')의 심증을 갖게 하는 것 예 기피사유(§19②), 국선변호인 선정 청구사유(청구국선 피고인의 소명자료 제출, 규칙 §17의2), 수사상 증거보전청구사유(§184③), 공판준비기일종료 후 실권효저지사유(§266의13①), 수사상 증인신문청구사유(§221의2③), 증언거부사유(§150), 상소권회복청구사유(§346②), 정식재판청구권회복청구사유(§458②, §346②)

2. 증명의 방법

엄격한 증명	① 의의 : <u>법률상 증거능력이 있고 적법한 증거조사를 거친 증거에 의한 증명</u> [법원 15] ② 대상 : 형벌권의 존부와 그 범위에 관한 사실(주요사실) 　㉠ **구**성요건해당사실(객관적·주관적 구성요건) 　㉡ **위**법성조각사유와 **책**임조각사유의 부존재 　㉢ **처**벌조건 　㉣ 법률상 **형**의 가중·감면 근거사실 　㉤ **간**접사실 　㉥ **경**험법칙 중 특별한 법칙 　㉦ **법**규 중 특별한 법규 　㉧ **보**강증거
자유로운 증명	① 의의 : **증거능력이 없는 증거 또는 적법한 증거조사를 거치지 아니한 증거에 의한 증명** 　예 자백 증거 신청 시 → 자백의 임의성을 증명하기 위해 법관은 공판절차 외에서 　제출된 서면이나 전화통화에 의해서도 사실을 인정 可 ② 대상 　㉠ **정**상관계사실 　㉡ **소**송법적 사실(소송조건, 증거능력) 　㉢ **탄**핵증거 　㉣ **명**예훼손죄의 사실증명(判) 　㉤ **심**신상실·심신미약(判) 　㉥ **몰**수·추징(判)
증명의 정도	① 심증형성의 정도 : 통상인으로서의 '합리적 의심이 없을 정도의 확신' 要 ② **엄격한 증명뿐만 아니라 자유로운 증명의 경우에도 법관의 합리적 의심이 없는 확신** 　**要**[경승 11, 경 22/2차] → 엄격한 증명과 자유로운 증명은 증거능력의 유무와 증거조사 　의 방법에 차이가 있을 뿐이고, 심증의 정도에 차이가 있는 것은 아님

3. 엄격한 증명의 대상[법원 15]

공소 범죄사실 [법원 15]	의 의	① 범죄의 특별구성요건을 충족하는 구체적 사실로서 위법성과 책임을 구 비한 것 ② 구성요건해당성·위법성·책임을 구성하거나 조각하는 사실(형법적 사 실)에 대해서는 엄격한 증명 要
	구성요건 해당사실	구성요건에 해당하는 사실(요소)은 **객관적 구성요건요소**인가 **주관적 구성** **요건요소**인가를 불문하고 <u>모두 엄격한 증명</u>의 대상 [경 09/1차]
		객관적 구성요건 요소

		객관적 구성요건 요소	• 행위주체 • 행위객체 • 행위(예 교사범에 있어 **교사의 사실**[행시 01, 경 03/1차, 경 09 /1차])

공소 범죄사실 [법원 15]	**구**성요건 해당사실	객관적 구성요건 요소	• 결과의 발생 및 인과관계 • 행위수단 • 행위상황(예 야간주거침입절도의 일출·일몰시각)
		주관적 구성요건 요소	• **고의**(2001도2064; 2002도4229; 2002도3131; 2004도7359) • **공모**(2000도1899; 2001도4947; 2002도603; 2001도606; 2012도16086) • **목적**(예 강제집행면탈의 **강제집행을 면할 목적** [경 04/3차, 경 08 /3차], 2014도9030 [국9 15])
	위법성과 책임에 관한 사실		① 위법성조각사유·책임조각사유의 부존재 : 구성요건해당성이 인정되면 위법성과 책임은 사실상 추정 → but 사실상의 추정은 피고인이 이를 다투면 깨짐 → **위법성조각사유와 책임조각사유의 부존재**에 대해서는 **검사가 엄격한 증명**을 해야 함 [경 01/3차, 경 04/1차] ② 예외 　㉠ **명예훼손죄의 위법성조각사유인 사실의 증명**(형법 §310) : 적시한 사실이 공공의 이익에 관한 것이고 진실한 사실임에 대해서는 – **거증책임을 행위자에게 부담**시키는 대신 – **자유로운 증명**으로 족함(判) [국9 17, 국7 14, 경간 15] 　㉡ **심신상실이나 심신미약**의 기초가 되는 사실 : **자유로운 증명**으로 족함 (判, 4294형상590; 71도212)

처벌조건	**객관적 처벌조건**과 **인적 처벌조각사유**와 같은 범죄의 처벌조건은 공소범죄 사실 자체는 아니나 형벌권의 발생에 직접 관련되는 사실이므로 엄격한 증명 要 [행시 04] 예 **사전수뢰죄**(형법 §129②)의 **공무원 또는 중재인이 된 사실**, 파산범죄에서 **파산선고의 확정** [경승 10], **친족상도례**의 경우 **일정한 친족관계**(직계혈족·배우자·동거친족·동거가족 또는 그 배우자, 형법 §328①)의 **부존재** [경 01/3차, 전의경 09]
형벌권의 범위에 관한 사실	① **형벌가중·감면사유** : 범죄사실 자체는 아니지만, 형벌의 종류나 형량은 이에 못지않게 피고인의 이익에 중대한 영향을 미침 ∴ 형의 가중·감면사유에 해당하는 사실에 대해서는 엄격한 증명 要 [경 03/1차] 예 **누범전과, 상습성** [국9 08, 경간 13], **심신미약**(判例는 자유로운 증명), 장애미수, 중지미수의 자의성 [경 08/3차], 불능미수, 자수·자복 등 [주의] 전과사실은 누범전과가 아니라면 형의 양정을 위한 일반적 정상관계사실에 불과하므로 소송경제의 관점에서 엄격한 증명 不要 ② **몰수·추징의 대상이 되는지 여부와 추징액의 인정** : 몰수·추징은 부가형으로서 형벌임 (형법 §41 9.) → (이에 엄격한 증명을 요한다는 것이 通說) but 判例는 몰수·추징의 대상이 되는지 여부나 추징액의 인정은 **엄격한 증명 不要**(91도3346) [법원 07, 국7 14, 국9 05/07/08/09/16, 해간 12, 경승 09/10, 전의경 09, 경 04/1차, 경 08/3차] [정리] 통설은 엄격한 증명의 대상으로 보지만, 판례는 자유로운 증명의 대상으로 보는 것 : ① **명예훼손죄의 위법성조각사유인 사실의 증명**, ② **심신상실·심신미약**, ③ **몰수·추징 대상 여부 및 추징액의 인정** *명/심/몰에서는 자유롭게 증명해

간접사실 · 경험법칙 · 법규 · 보조사실	**간접사실**	주요사실의 존부를 간접적으로 추인하게 하는 사실 → 주요사실이 엄격한 증명을 요한다면 간접사실도 엄격한 증명 要 [국9 05] **예** 피고인의 알리바이(현장부재)에 대한 증명의 경우에는, 피고인은 자유로운 증명으로 알리바이를 주장할 수 있으나, 이에 대한 **검사의 알리바이 부존재의 증명**은 결국 구성요건해당사실을 증명하는 것이므로 엄격한 증명 要 [교정9 특채 11]
	경험법칙	경험법칙이란 인간의 경험에서 결과적으로 얻어진 사물의 성상이나 인과관계에 관한 법칙 → 경험법칙 중 ① 일반적 경험법칙(총을 쏘거나 독극물을 먹여서 사람을 살해할 수 있음)은 공지의 사실이므로 증명 不要(불요증사실) but ② **특별한 경험법칙**(예 법관이 특별한 지식이 있어 개인적으로 알고 있는 법칙)과 같이 경험법칙의 내용이 명백하지 않고 그것이 엄격한 증명을 요하는 사실의 인정에 필요한 때에는 엄격한 증명 要
	법 규	① 법규의 존재와 내용은 직권조사사항이므로 불요증사실 but ② **외국법**·관습법·자치법규와 같이 법규의 내용이 명백하지 않고 그것이 엄격한 증명을 요하는 사실을 인정하는 전제가 되는 경우에는 엄격한 증명 要(외국법규의 존재 [경 14/1차], 형법 §6但, 73도289) [해간 12, 경승 10/11]
	보강사실	증거의 증명력에 영향을 미치는 사실로서 ① 증명력을 감쇄시키는 사실에 대해서는 증거능력이 부정되는 탄핵증거를 가지고도 입증할 수 있으므로 자유로운 증명으로 충분 [경 03/2차, 경 14/1차] but ② 주요사실에 대한 증거의 증명력을 **보강**하는 보조사실에 대한 증명은 엄격한 증명 要

🔗 한줄판례 Summary

엄격한 증명

① 특가법 제5조의9 제1항 위반죄의 행위자에게 **보복의 목적**이 있었다는 점의 증명은 법관으로 하여금 합리적인 의심을 할 여지가 없을 정도의 확신을 생기게 하는 엄격한 증명에 의하여야 함(2014도9030) [국9 15]

② 공동정범의 성립요건인 **공동가공의 의사에 기한 상호 이용의 관계**는 합리적인 의심을 할 여지가 없을 정도로 증명 要(2015도5355)

③ **공모공동정범**에 있어서 **모의**는 '범죄될 사실' : 엄격한 증명 要(88도1114) [국9 05/08, 경승 09/11, 경 14/1차]

④ **위드마크(Widmark) 공식**(주취정도 계산)의 **전제사실** : 엄격한 증명 要(99도128)(2021도14074) [사무관 12, 국9 09, 경간 12]

⑤ **뇌물죄에서의 수뢰액** : 엄격한 증명 要(2009도2453) [사무관 12, 경 14/1차] ≠ 몰수·추징의 대상 여부 및 추징액 : 자유로운 증명

⑥ **횡령죄의 위탁관계 및 금전의 목적과 용도** : 엄격한 증명 要(횡령죄의 구성요건, 2013도8121) [법원 15, 경 24/2차]

4. 자유로운 증명의 대상

정상관계 사실	의 의	법률에 규정된 형의 가중·감면사유 이외에 **형의 양정(양형)의 기초가 되는 정상과 관계된 사실** → 정상참작의 '정상(情狀)'에 해당하는 사실 예 피고인의 경력·전과·성격·환경, 범행 후의 정황(죄를 뉘우치는 정황) 등 형의 양형의 조건(형법 §51), 정상참작감경(형법 §53), 선고유예(형법 §59)·집행유예(형법 §62)의 조건이 되는 사실 등
	원 칙	형벌권 범위에 관한 사실임 but 정상관계사실은 복잡다단한 양상을 띠고 양형은 법관의 재량에 의하므로 **자유로운 증명으로 충분**(2010도750) [경 01/3차, 경 03/2차, 경 04/3차, 교정9 특채 11]
	예 외	범죄의 수단·방법, 피해의 정도는 오히려 공소범죄사실 자체의 내용 ∴ 엄격한 증명 要
소송법적 사실	**소송조건의** 존부 및 절차진행의 적법성에 관한 사실	형벌권의 존부 및 범위와 직접 관계가 없고 소송의 존속과 유지를 위한 조건에 불과함 ∴ 자유로운 증명으로 족함 • **친고죄에 있어서 고소의 유무**(98도2074) [법원 13/15, 국7 15, 국9 16, 해간 12, 경승 11, 경 04/1차, 경 06/1차, 경 08/3차, 경 12/1차, 경 14/1차, 경 15/2차, 경 22/2차] • 친고죄의 고소취소 및 반의사불벌죄의 처벌을 희망하지 않는다는 의사표시 또는 처벌희망 의사표시의 철회의 유무나 효력 여부(2010도5610) • 즉시고발사건에서 적법한 고발이 있었는지 여부(2021도404) • 피고인의 구속기간, 공소제기, 관할권의 존재, 피고인신문의 적법성 등
	증거의 **증거능력** 인정을 위한 기초사실	소송법적 사실에 속하므로 자유로운 증명으로 족함(多·判, 83도328; 83도1718) [법원 13, 검7 07, 국9 07/08, 경간 12, 경승 11, 경 06/1차, 경 14/1차, 경 16/1차, 전의경 09] (but 거증책임은 검사 부담) • **자백의 임의성** • **진술서의 진정성립** • **전문증거의 특신상태 등**
탄핵사실		(보강사실은 엄격한 증명 要 but) 증거의 증명력을 **탄핵(감쇄)**하는 사실은 자유로운 증명으로 족함 [경간 12, 경승 11, 경 03/2차, 경 08/3차, 경 09/1차]

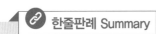 한줄판례 Summary

반의사불벌죄에서 '처벌불원의 의사표시' 또는 '처벌희망 의사표시 철회' : 자유로운 증명(2010도5610)

5. 불요증사실

증명이 필요 없는 사실, 즉 엄격한 증명은 물론 자유로운 증명도 필요 없는 사실		
공지의 사실	의 의	역사상 명백한 사실이나 자연계의 현저한 사실과 같이 보통의 지식이나 경험이 있는 사람이면 누구나 의심하지 않고 인정하는 사실
	내 용	① 모든 사람에게 알려져 있음을 요하지 않고 일정한 범위의 사람에게 일반적으로 알려져 있으면 충분(상대적 개념, 93도1730) ② 공지의 사실은 증명을 요하지 않음 but 반증이 금지되는 것은 아님
	법원에 현저한 사실	① 법원이 그 직무상 명백히 알고 있는 사실 예 당해 재판부가 이전에 선고한 판결·결정 [경간 13] ② But 공정한 재판을 담보하기 위해서는 법관이 알고 있는 사실이라 하더라도 증명 필요(通, 자유로운 증명으로 족함)
추정된 사실	법률상 추정된 사실	① 전제사실이 증명되면 반증이 없는 한 다른 사실을 인정하도록 법률에 규정되어 있는 경우 → 법률상 추정은 법관에게 추정된 사실의 인정이 강제되는 효과 ② But 실체적 진실주의, 자유심증주의 및 무죄추정의 원칙에 반하므로 형사소송에서는 인정할 수 없음
	사실상 추정된 사실	① 전제사실에 의하여 다른 사실을 추정하는 것이 논리적으로 합리적인 경우 예 구성요건해당성 인정 → 위법성·책임 사실상 추정 ② 사실상 추정된 사실은 증명 不要 → But 당사자 간에 다툼이 있으면 추정은 즉시 깨지므로 이 경우에는 증명 必要
거증금지사실		공무원의 직무상 비밀(§147)과 같이 증명으로 인하여 얻게 될 소송법적 이익보다 더 큰 초소송법적 이익 때문에 증명이 금지된 사실 → 원칙적으로 증명 不要

6. 증거재판주의의 위반

증거에 의하지 아니하고 공소사실 등을 인정하거나, 증거능력이 없는 증거에 의하여 공소사실 등을 인정하거나, 적법한 증거조사를 거치지 않은 증거에 의하여 공소사실 등을 인정 → 증거재판주의 위반 → 판결에 영향을 미친 법률위반으로 항소이유(§361의5 1.) 또는 상고이유(§383 1.)

Ⅱ 거증책임

1. 의 의

요증사실의 존부에 관하여 소송의 종결단계에서의 증명불능이 있을 때 증명불능으로 인한 불이익을 받게 되는 당사자의 지위

2. 거증책임의 분배

무죄추정의 원칙(§275의2)과 in dubio pro reo(의심스러울 때에는 피고인에게 유리하게)의 원칙에 따라 범죄의 성립과 형벌권의 발생에 영향을 미치는 모든 사실에 대하여 **검사가 거증책임**을 지는 것이 원칙(2003도5255) [법원 09, 국9 12/13, 경승 14]

적용 범위	공소범죄 사실과 처벌조건인 사실	공소범죄 사실	① 구성요건해당사실 및 위법성·책임의 존재 : 거증책임 검사 부담 [국9 13, 교정9 특채 10, 경 03/1차] ② 범죄성립조각사유 : 피고인이 **위법성조각사유나 책임조각사유**를 주장하는 경우 → 그 **부존재 거증책임 검사 부담** ③ 알리바이 : 피고인의 **알리바이** 주장에 대해서 법원이 확신을 갖지 못한 경우 → **거증책임 검사** 부담(多) [국7 14]
		처벌 조건인 사실	객관적 처벌조건의 존재 및 인적 처벌조각사유의 부존재 → 거증책임 검사 부담
	형의 가중·감면의 사유가 되는 사실	가중사유 사실	피고인에 불리한 사실 → 거증책임 검사 부담 예 누범전과 사실
		감면사유 사실	형의 감경·면제사유이지만 형벌권의 범위에 영향을 미침 ∴ **형의 감면사유의 부존재** → **거증책임 검사** 부담 [경 03/1차] 예 심신미약, 자수
	소송조건 존부		**소송조건**은 자유로운 증명 but 공소제기의 적법·유효요건이므로 **거증책임 검사** 부담 [경 03/1차] 예 **친고죄(반의사불벌죄)의 고소 및 그 취소**, 공소시효의 완성, 사면 등
	소송법적 사실	증거능력 전제사실	① 거증책임은 증거를 제출한 당사자에게 있음 ∴ 검사가 **피고인의 자필진술서**(2000도1743) [법원 13], 의사의 진단서(69도179), 서증(70도2109)을 증거로 제출할 경우 → **거증책임도 검사** 부담 ② **자백의 임의성**을 의심할 만한 합리적이고 구체적인 사실 → 피고인이 증명하는 것이 아님 → 무죄추정원칙상 **검사**가 그 **임의성의 의문점을 해소하는 입증**을 해야 함(2010도3029 등) [법원 15, 국9 08/11/13/14/15, 교정9 특채 10]

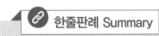

한줄판례 Summary

거증책임

선행차량에 이어 피고인 운전 차량이 피해자를 연속하여 역과하는 과정에서 피해자가 사망한 경우 피고인이 일으킨 후행 교통사고 당시에 피해자가 **생존해 있었다는 증거가 없다면** 설령 피고인에게 유죄의 의심이 있다고 하더라도 **피고인의 이익으로 판단**(2014도3163)

3. 거증책임의 전환

의의 및 예외적 허용		① 원칙적으로 검사가 부담하는 거증책임이 피고인에게 전가되는 예외적인 경우 ② 거증책임의 전환은 명문의 규정과 합리적 근거를 갖춘 경우에만 허용
상해죄의 동시범의 특례	형법 §263	"독립행위가 경합하여 상해의 결과를 발생하게 한 경우에 있어서 원인된 행위가 판명되지 아니한 때에는 공동정범의 예에 의한다"
	법적 성격	빈번하게 발생하는 상해·폭행사건에 대하여 피고인에게 소송법상 거증책임을 부담시키는 정책적 예외규정(거증책임전환규정설)
명예훼손죄의 위법성 조각사유	형법 §310	"제307조 제1항의 행위가 진실한 사실로서 오로지 공공의 이익에 관한 때에는 처벌하지 아니한다"
	법적 성격	① 判例는 거증책임전환설(*cf.* 通說은 검사거증책임부담설) → 형법 §310의 공익성과 진실성은 행위자가 증명 ② But 그 증명은 엄격한 증거에 의하여야 하는 것은 아니므로 전문증거에 대한 증거능력의 제한을 규정한 법 §310의2는 적용될 여지 없음 (자유로운 증명, 95도1473) [국9 13, 경 24/2차, 교정9 특채 11]

▌III 자유심증주의

1. 의 의

개 념	① 증거의 증명력을 법률로 정하지 않고 법관의 자유로운 판단에 맡기는 주의(증거평가자유의 원칙) ② 법 §308 : "증거의 증명력은 법관의 자유판단에 의한다" ③ 충분한 증명력이 있는 증거를 합리적인 근거 없이 배척하거나 반대로 객관적인 사실에 명백히 반하는 증거를 아무런 합리적인 근거 없이 채택·사용하는 등으로 논리와 경험의 법칙에 어긋나는 것이 아닌 이상 → 법관은 자유심증으로 증거를 채택하여 사실을 인정할 수 있음	
	법정증거주의	자유심증주의
평 가	① 증거의 증명력을 적극적 또는 소극적으로 법률로써 정해 놓는 주의 [행시 03] ② 장점 : 법관의 자의 방지 ③ 단점 : 천차만별한 증거의 증명력을 획일적으로 규정하면 실체적 진실발견에는 부당한 결과 초래 可	① 장점 : 법관이 구체적으로 타당한 증거가치를 평가하여 사안의 진상을 파악함으로써 실체적 진실발견에 기여 可 [교정9 특채 10] ② 단점 : 법관의 자의에 흐를 위험

2. 내용

	법관	합의부
자유판단의 주체	증명력 판단의 주체는 수소법원인 합의부 또는 단독판사가 아니라 **개개의 법관**(§308)	각 법관의 자유심증을 합의의 방식으로 결정 [보충] 참여재판의 경우 각 배심원이 증명력 판단의 주체(but 기속력 無, 국참법 §46⑤)
자유판단의 대상	증명력	① 자유판단의 대상은 증거능력이 아니라 **증거의 증명력** [국7 08] ② 증명력 : 요증사실의 인정을 위한 증거의 실질적 가치 　㉠ 신용력 : 증거 자체가 진실일 가능성 　㉡ 협의의 증명력 : 요증사실의 존재를 인정케 하는 힘
	증거	증거능력 있는 증거로서 적법한 증거조사절차에 의하여 엄격한 증명을 하는 증거이든, 자유로운 증명을 하는 증거이든 그 증명력은 자유심증주의 적용
자유판단의 의미	자유판단	① 증명력 판단에는 법률적 제한 無 ② 증거의 취사와 이를 근거로 한 사실의 인정 → 경험칙에 위배된다는 등의 특단의 사정이 없는 한 → 사실심법원의 전권(87도2709) [국9 09]

[구체적 고찰]
① 증인의 증언
　㉠ 증언의 취사선택의 자유 : 증인의 성년·미성년, 책임능력, 선서의 유무를 불문하고 증언의 증명력에는 법적 차이 無 → 선서한 증인의 증언과 선서하지 아니한 증인의 증언 중에서도 **법관은 선서하지 아니한 증인의 증언의 증명력을 인정하여 선서한 증인의 증언 배척 可** [행시 03]
　㉡ 원본증거와 전문증거 : **본래증거인 공판정 진술보다 전문증거에 보다 높은 증명력을 부여할 수도 있음** [경간 14] → 증인이 수사기관에서의 진술을 법정에서 번복하였다 하더라도 **수사기관에서의 진술의 신빙성은 그 자체로서 판단하여야 하며 이를 번복하였다는 이유로 신빙성을 부정할 수는 없음**(2013도11650 전원합의체 : 한명숙 전총리 사건)
　㉢ But 피고인이 범죄사실을 부인하고 **객관적 물증이 없는 사건에서 유일한 증인의 증언은 합리적 의심을 배제할 만한 신빙성이 있어야 함**(2014도1779)
② 피고인의 진술
　㉠ **피고인의 자백이라 하더라도 다른 증거에 비해 우월적 증거가치가 인정되는 것은 아님**
　㉡ **법관은 자백과는 다른 사실을 인정할 수도 있음**(92도2656)
③ 감정인의 의견
　㉠ 법관은 감정인의 감정의견에 구속되지 않음
　㉡ **법관은 감정결과에 반하는 사실을 인정할 수 있음**(71도212; 90도2210; 94도3163)
　　[행시 03]
　㉢ 감정의견이 상충된 경우에 다수의견을 따르지 않고 소수의견을 따를 수 있고, **여러 의견 가운데 각각 일부를 채용하여도 무방**(75도2068) [국9 24]
　㉣ But 상반된 과학적 분석기법을 사용한 감정에 대해서는 면밀한 심리 要(2013도9605)

자유판단의 의미	④ 증거서류
	    ㉠ 공판조서의 기재내용이라 하더라도 공판정 외에서 작성된 조서의 기재내용보다 그 증명력이 강하지 않음
	    ㉡ **피고인의 공판정 진술도 증거서류에 기재된 내용보다 우월한 증명력을 가지는 것도 아님**(81도3148; 86도1547) [경간 15]
	⑤ 동일증거의 일부증거와 종합증거
	    ㉠ 일부증거 : 법관은 하나의 증거의 **일부만 믿을 수 있음**(80도145; 95도2043 : 공동피고인 중 1인이 공동범행 자백 시 일부만 인정해도 됨) [국9 09/15, 경승 09]
	    ㉡ 종합증거
	        ⓐ **단독으로는 증명력이 없는 여러 증거가 불가분적으로 결합**하여 단일증거로는 인정되지 않던 **증명력을 가질 수 있음** [행시 03]
	        ⓑ 종합증거 가운데 모순 증거가 있거나 위법증거가 있는 경우 → 해당 증거 제외하고도 범죄사실을 인정할 수 있고 이것이 논리칙과 경험칙에 반하지 아니한다면 유죄의 증명력 ○(93도1936)
	⑥ 간접증거
	    ㉠ 간접증거(정황증거)에 의하여 사실을 인정할 수 있음
	    ㉡ **간접증거를 개별적·고립적으로 평가해서는 안 되고** 모든 관점에서 빠짐없이 상호관련시켜 **종합적으로 평가하고 치밀하고 모순 없는 논증을 하여야 함**(2008도8486; 2004도2221) [국7 08]

자유판단의 기준	한 계	증명력의 판단은 **논리법칙과 경험법칙**에 부합하여야 함 [행시 03, 경 04/2차]
	논리법칙	① 인간의 추론능력에 비추어 보아 자명한 사고법칙 ② 계산착오, 개념의 혼동, 판결이유의 모순은 논리법칙 위반

	경험법칙	① 개별적인 체험의 관찰과 그 귀납적 일반화에 의하여 경험적으로 얻어진 판단법칙
		② 유형
		    ㉠ 필연법칙적 경험칙 : 예외를 허용하지 않는 물리학상의 원리나 자연법칙 등은 법관의 심증형성을 구속하므로 자유심증 불허용
		    예 혈액 감정에 의한 친자관계 확인, 혈중알콜농도 측정에 의한 음주운전 판단
		    ㉡ 사회심리적 경험칙 : 개연성 또는 가능성의 정도에 불과 → 예외가 가능하므로 법관의 심증형성 구속 ×

		[구체적 고찰](보다 자세한 판례정리는 기본서 참조)
		① 수사기관 작성 참고인진술조서의 증명력
		    ㉠ **수사기관이 원진술자의 진술을 기재한 조서는 원본증거인 원진술자의 진술에 비하여 본질적으로 낮은 정도의 증명력을 가질 수밖에 없다는 한계를 가짐**(2005도9730, 주의해야 할 判例의 표현)
		    ㉡ 엉성한 진술조서의 원진술자 불출석 사건 : 피고인이 조서 내용을 부인하고 **원진술자의 법정 출석과 피고인에 의한 반대신문이 이루어지지 못한 경우** → 조서를 증거로 함에 피고인이 동의한 경우에도 → **이를 주된 증거로 하여 공소사실을 인정하는 것은 원칙적으로 허용될 수 없음**(2005도9730 : 증거동의에 의해 증거능력이 인정되더라도 증명력이 없음) [법원 08, 경승 10/12, 경 12/3차]

자유판단의 기준	② 자유심증과 상소 ㉠ **항소심법원이** 제1심(자유심증의 주체)에서 채용된 증거의 신빙성에 의문을 가지더라도 **심리 없이 그 증거를 곧바로 배척할 수 없음** [국7 11, 경승 12] ㉡ **증명력의 판단이 논리법칙과 경험법칙에 위배된 때** → 판결에 영향을 미친 사실오인으로서 **항소이유** ○, 채증법칙위반으로서 **상고이유** ○(2013도1222; 2006도4994; 2008도7462 등) [교정9 특채 10] ③ 증거요지의 명시 : 유죄판결의 이유에는 증거의 요지 명시 要(§323①) → 위반 시 절대적 항소이유(이유불비, §361의5 11.)

🔗 한줄판례 Summary

① 피고인이 수사기관에서부터 공판기일에 이르기까지 일관되게 범행을 자백하다가 **어느 공판기일부터 갑자기 자백을 번복한 경우** → 번복 진술이 납득할 만한 것이고 이를 뒷받침할 증거가 있는지 등을 살펴보아야 함(2015도17869) [변시 17]

② 국회의원인 피고인이 甲 주식회사 대표이사 乙에게서 3차례에 걸쳐 약 9억원의 불법정치자금을 수수하였다는 내용으로 기소되었는데, 乙이 검찰의 소환 조사에서는 자금을 조성하여 피고인에게 정치자금으로 제공하였다고 진술하였다가, 제1심 법정에서는 이를 번복하여 자금 조성 사실은 시인하면서도 피고인에게 정치자금으로 제공한 사실을 부인하고 자금의 사용처를 달리 진술한 경우 → **자금 사용처에 관한 乙의 검찰진술의 신빙성이 인정** → 공소사실 유죄(2013도11650 전합) [변시 17]

③ 강간죄에서 공소사실을 인정할 증거로 **사실상 피해자의 진술이 유일한 경우** → **피고인의 진술이 경험칙상 합리성이 없고 그 자체로 모순되어 믿을 수 없음** → 공소사실 인정하는 직접증거는 아님 → but 이러한 사정은 법관의 자유판단에 따라 **피해자 진술의 신빙성을 뒷받침하거나 직접증거인 피해자 진술과 결합하여 공소사실을 뒷받침하는 간접정황이 될 수 있음**(2018도7709) [경 20/2차]

④ 피고인의 친딸로 가족관계에 있던 성폭력피해자가 '마땅히 그러한 반응을 보여야만 하는 피해자'로 보이지 않는다는 이유만으로 피해자 진술의 신빙성을 함부로 배척할 수 없음(2020도6965) [경 20/2차]

⑤ 과학적 분석기법을 사용하여 제출된 공소사실을 뒷받침하는 1차적 증거방법 자체에 오류가 발생할 가능성이 내포되어 있고, 그와 동일한 분석기법에 의하여 제출된 2차적 증거방법이 공소사실과 배치되는 소극적인 사실을 뒷받침하고 있는 경우 → **각 분석결과 사이의 차이점이 합리적인 의심 없이 해명 & 1차적 증거방법에 따른 결과의 오류가능성이 무시할 정도로 극소함이 인정** → 공소사실을 뒷받침하는 **1차적 증거방법만을 취신** → **자유심증주의의 한계를 벗어난 것이 아님**(2013도9605)

⑥ **과학적 증거방법이** 사실인정에 있어서 상당한 정도로 구속력을 갖기 위한 요건 : **감정인이 전문적인 지식, 기술, 경험을 가지고 공인된 표준 검사기법으로 분석한 후 법원에 제출하였다는 것만으로는 부족** → 시료의 채취, 보관, 분석 등 모든 과정에서 시료의 동일성이 인정되고 인위적인 조작, 훼손, 첨가가 없었음이 담보되어야 하며 각 단계에서 시료에 대한 정확한 인수, 인계 절차를 확인할 수 있는 기록이 유지되어야 함(2017도14222)

⑦ 당해 형사재판에서 제출된 **다른 증거 내용** : 다른 확정판결의 증명력 판단을 배척 可(2011도15653) [경간 20, 국9 15/24, 경승 14]

⑧ 진술조서의 기재 중 **일부만 믿어도 무방함**(80도145) [국9 09, 경승 09]

3. 자유심증주의의 예외

자백보강법칙	피고인의 자백이 증거능력 있고 신빙성이 있어도 → 보강증거가 없으면 → 자백의 증명력을 인정 不可(§310)
공판조서의 배타적 증명력	공판기일의 소송절차로서 공판조서에 기재된 것은 그 조서만으로써 증명(§56) → 반증이 허용되지 않으며 법관의 심증 여하를 불문함
진술거부권 증언거부권	① 피고인의 진술거부권 행사를 가지고 피고인에게 불리한 심증 형성 不可 ② 증언거부권(§148) 있는 증인의 증언거부권 행사를 가지고 피고인에게 불리한 심증 형성 不可

4. 자유심증주의와 in dubio pro reo의 원칙

의심스러울 때에는 피고인에게 유리하게 : 법원이 심리를 다하였으나 심증형성이 불가능한 경우 → in dubio pro reo의 원칙에 의해 무죄판결 선고

03 자백배제법칙

I 자백의 의의와 효과

1. 의의 및 요건

개념 및 성질		① 자백 : 피의자 또는 피고인이 자기의 범죄사실의 전부 또는 일부를 인정하는 진술 ② 성질 : 공소범죄사실을 직접 증명할 수 있는 직접증거이자, 전문증거에 대하여 원본증거가 되는 진술증거
요 건	주 체	진술자의 **법적 지위 불문** → 피고인으로서의 진술뿐만 아니라 피의자·참고인·증인 등의 지위에서 한 진술도 자백 ○ [국7 08, 경간 14]
	형 식	**구두·서면 불문** [사무관 00, 국7 08]
	상대방	**법원·법관·수사기관 불문** → 범죄사실을 <u>일기장</u>에 기재하는 것처럼 상대방이 없는 경우도 자백 ○ [사무관 00, 국7 08]
	단 계	공판정에서 행한 진술일 것 不要 → **재판상 자백과 재판 외 자백 不問**

요 건	자백의 내용	① 자기의 범죄사실을 인정하는 진술 　㉠ **형사책임 인정 不要** 　㉡ **구성요건해당사실 인정 + 위법성조각사유·책임조각사유 주장 = 자백 ○** 　㉢ 간이공판절차 개시요건인 자백과는 다름 : 간이공판절차 개시요건인 　　자백은 ⓐ 법관에 대하여 ⓑ 공판정에서 ⓒ 구성요건해당성·위법성· 　　책임 모두 인정 要 ② 자백에 해당하지 않는 경우 　㉠ 모두절차에서 피고인이 **"공소사실은 사실대로다"라고 진술**하였다. 　　→ **당연히 자백에 해당하는 것은 아님**(94도2865 : 전후의 진술을 종합 　　하여 자백 여부 판단 要[사무관 00]) 　㉡ 상업장부·항해일지·진료일지 또는 이와 유사한 금전출납부 등과 같 　　이 범죄사실의 인정 여부와는 관계없이 자기에게 맡겨진 **사무를 처리** 　　**한 사무내역**을 그때그때 계속적·기계적으로 기재한 문서 안에 공소사 　　실에 일부 부합되는 사실의 기재가 있는 경우 → **별개의 독립된 증거** 　　자료일 뿐 **범죄사실을 자백하는 문서는 아님**(94도2865 전합)[해간 12, 　　전의경 09]

한줄판례 Summary

피고인의 공소사실에 대한 '예, 있습니다' 또는 '예, 그렇습니다'라는 답변 : 자백 ×(84도141)

2. 자백의 효과

자백과 유죄의 인정	증거능력 인정의 요건	임의성	임의성이 없는 자백은 증거능력 ×(자백배제법칙, §309)
		적법성	자백을 획득한 절차가 위법하고 그 위법의 정도가 중대한 경우에는 증거능력 ×(위법수집증거배제법칙, §308의2)
		성립진정 내용인정	재판 외의 자백이 기재된 조서 기타의 서류는 공판절차에서 그 내용의 인정 or 성립의 진정이 인정되지 않으면 증거 능력 ×(전문법칙의 예외, §312①③, §313①②)
	증명력의 요건	신빙성	① 자백의 증거능력이 인정되어도 자백의 진실성·신빙성 까지 당연히 인정되는 것은 아님(92도2656) ② 자백의 신용성(신빙성)이 인정되어야 유죄 ○(자유심증 주의, §308)
		보강증거	자백이 증거능력 있고 신빙성 있어 유죄의 심증을 얻은 경 우에도 → 보강증거가 없는 유일한 증거이면 → 유죄 × (자백보강법칙, §310)
간이공판 절차로의 진행			① 피고인이 공판정에서 당해 공소사실에 대하여 자백(구성요건해당성 인정 + 위법성· 책임조각사유의 부존재 인정)한 경우 → 간이공판절차에 의하여 심판 可(§286의2) [법원 17] ② 간이공판절차에서의 전문증거는 원칙적으로 피고인의 증거동의 의제[국9 17] but 검사, 피고인 또는 변호인이 증거로 함에 이의가 있는 때에는 동의 의제 ×(§318의3)

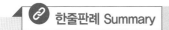

연 4일 계속하여 매일 한 장씩 진술서 등을 작성 : 자백의 **신빙성 희박**(80도2656)

Ⅱ 자백배제법칙

1. 의의와 이론적 근거

의 의	이론적 근거
① 임의성이 없거나 의심되는 자백은 증거능력이 부정된다는 법칙 ② "피고인의 자백이 고문·폭행·협박, 신체구속의 부당한 장기화 또는 기망 기타의 방법으로 임의로 진술한 것이 아니라고 의심할 만한 이유가 있는 때에는 이를 유죄의 증거로 하지 못한다(§309, **헌법** §12⑦)"	① 허위배제설, 인권옹호설, 절충설, 위법배제설, 종합설 ② 判例 : 허위배제설(77도210) → 위법배제설(97도1720) → 근래에는 절충설(97도3234; 98도3584; 99도4940; 2004도517; 2010도3029)

2. 요 건

(1) 자백의 임의성에 영향을 미치는 사유

고문, 폭행, **협**박, **신**체구속의 부당한 장기화 또는 **기**망 **기**타의 방법(예시사유, 82도2413) [국7 07, 경승 12]

고문 폭행 협박	① 고문·폭행·협박 : 형태의 제한은 없음 ∴ 피고인이 가족이나 다른 피고인 등 **타인이 고문당하는 것을 보고 자백한** 경우 → 고문에 의한 자백 [경승 15, 경 01/1차, 경 04/1차, 경 06/2차] ② 고문·폭행·협박과 자백의 **시점의 일치 不要** 　㉠ 피의자가 경찰에서 고문에 의해 자백을 한 후 검사에게 동일한 자백을 한 경우 : 검사 면전 자백이 경찰의 위법수사의 **효과가 미치는 상태**하에서 행해진 것이라면 증거능력 ×(81도2160; 92도2409; 2009도1603; 2010도11788) [법원 09, 국9 15, 경승 10] 　㉡ 피고인을 고문하여 조사한 경찰관이 검사 앞에까지 피고인을 데려간 경우 : 검사 앞에서도 **임의성 없는 심리상태 계속**된 것임(91도1) [국9 15, 경승 10, 경 01/1차] 　㉢ 수사기관에서 가혹행위로 임의성 없는 자백 후 법정에서도 **그 심리상태가 계속**되어 동일한 자백을 한 경우 : 증거능력 ×(2002도4469; 2009도1603; 2010도3029) [국9 15, 경 20/2차] ③ 자백배제법칙이 적용되지 않는 경우 　㉠ 경찰이 고문하여 수사한 사정이 검사의 수사과정에 **영향을 미치지 않은 경우** : 임의성 없는 자백은 아님(82도2943; 83도2436) 　㉡ **검사의 피의자신문조서가 경찰에서 송치받은 당일에 작성된 경우** : 임의성이 없거나 특신상태가 없다고는 할 수 없음(84도378) [경승 10, 경 02/3차]

신체구속의 부당한 장기화	① 의의 : 구속기간 만료 이후 부당한 장기구금이 계속된 경우 or 처음부터 불법구금이 행해진 경우 포함 → **구속영장 없이 13여 일간 불법구속되어 있으면서 고문이나 잠을 재우지 않은 경우** : 자백의 증거능력 ×(82도2413) [경승 15, 경 01/1차] ② 자백배제법칙이 적용되지 않는 경우 　㉠ **경찰에서 부당한 신체구속을 당하였다 하더라도 검사 앞에서의 피고인의 진술에 임의성이 인정되는 경우** : 검사 작성 피의자신문조서의 증거능력 ○(83도1718) 　㉡ 수사기관에 영장 없이 연행되어 약 40일간 조사를 받아오다가 구속 송치된 후 **검사로부터 약 1개월간 4회 신문을 받으며 부당한 대우를 받음이 없이 자유로운 분위기에서 신문을 받으면서 자백한 경우** : 임의성 있는 진술(84도1846) [경간 12, 해간 12]
기 망	① 의의 : 위계를 사용하여 상대방을 착오에 빠지게 한 후 자백하게 하는 것 → 단순히 상대방의 착오를 이용하는 것으로는 부족 → 국가기관에 대하여 신문방법이 정당하지 않음을 비난할 수 있을 정도로 적극적인 사술이 사용될 것을 要 ② 자백배제법칙이 적용되는 경우 　㉠ **공범자가 자백하였다고 거짓말을 하는 경우** [교정9 특채 11] 　㉡ **자백을 하면 피의사실을 불문에 붙이겠다고 한 경우** [국9 07] 　㉢ **증거가 발견되었다거나 목격자가 있다고 기망**하여 자백을 받은 경우 　㉣ **피의사실을 가볍게 처리하게 보호감호 청구를 하지 않겠다고 기망**하여 자백을 받은 경우(85도2182) [교정9 특채 10, 경승 10/15]

기타의 방법	이익의 약속	① 의의 : 국가기관이 자백의 대가로 이익을 제공하겠다고 약속하고 자백하게 하는 것 ② 내용 　㉠ 형사처벌과 관련이 있는 이익을 약속하는 경우 　㉡ **특가법이 아니고 가벼운 형법상 단순수뢰죄로 기소 약속**(83도2782) 　　[국9 09, 교정9 특채 10/11] 　㉢ 세속적 이익(예 가족 보호)도 포함 ③ 자백배제법칙이 적용되지 않는 경우 　㉠ 사소한 편의제공(예 식사, 담배, 커피)의 약속 　㉡ 약속에 의한 자백이 **이익과의 교환에 의한 것이 아닌 경우** : 증거가 **발견되면 자백하겠다는 약속**이 검사의 강요·위계나 불기소 또는 경한 죄의 소추 등 **이익과 교환조건으로 된 것으로 인정되지 않는 경우** → 임의성에 의심 있는 자백은 아님(83도712) [국9 14, 교정9 특채 11, 경간 12, 경승 10, 경 01/1차, 경 02/3차]
	위법한 신문방법	① 기타의 방법에 속하지 않는 경우 : 이론적 추궁에 의한 신문은 허용 ② 야간신문(철야신문)의 문제 　㉠ 그 자체가 위법한 것은 아님 　㉡ 피의자가 **피로로 인하여 정상적인 판단능력을 상실할 정도의 수면부족상태**에서의 자백 : 증거능력 ×(예 **30시간 동안 잠을 재우지 아니한 채 검사 2명이 교대로 신문한 끝에 받아낸 자백**, 95도1964) [국9 11, 교정9 특채 10, 경간 15, 경승 10, 경 02/3차]

| 기타의 방법 | 기본권의 침해 | ① 의의 : **진술거부권**(헌법 §12②, 법 §244의3, §283의2) **불고지**, **변호인 선임권**(헌법 §12⑤, 법 §88, §209, §244의3) **침해**, **변호인과의 접견교통권**(헌법 §12④, 법 §34)을 **침해**하여 자백을 받는 경우
② 내용 : 기본권을 침해하는 중대한 위법에 해당하므로 증거능력 ×
③ 근거 : (다수설은 자백배제법칙에 근거 but) 判例는 **위법수집증거배제법칙**에 근거하여 자백의 증거능력 부정(진술거부권 불고지는 92도682 [법원 14, 국7 07, 국9 09, 경간 14, 경승 15]; 2008도8213; 2014도5939, 변호인선임권 침해는 2010도3359, 변호인과의 접견교통권 침해는 90도1586 [경승 09, 경 06/2차])
④ 임의성이 부정되지 않는 경우 : **변호인 아닌 자와의 접견이 금지된 상태**에서 피의자신문조서가 작성된 경우(증거 ○, 84도846) [검9 07, 교정9 특채 10, 경간 12/13, 경승 10/15, 경 04/1차, 경 14/1차] |
| | 거짓말 탐지기 · 마취분석 | ① 거짓말탐지기 검사결과를 토대로 획득한 자백 : 피검사자의 동의가 있으면 검사절차 적법 ∴ 당해 자백의 증거능력 ○(제한적 긍정설, 多)
② 마취분석 : 피분석자의 동의 여하를 따지지 아니하고 증거능력 × |

(2) 인과관계의 요부

의 의	고문·폭행 등 임의성 의심사유와 자백 사이에 인과관계가 있어야 자백배제법칙이 적용되는가?
학 설	① 인과관계 불요설(多) : 인과관계 입증 곤란, 현행법은 자백의 임의성 의심되면 증거능력 부정 ② **인과관계 필요설**(判) : 임의성 의심사유와 자백 사이에 **인과관계가 존재하지 않는 것이 명백한 때** → 자백의 **임의성 인정**(84도135; 84도2252) [국9 14, 해간 12, 경 14/1차, 경 24/1차]

(3) 임의성의 입증

거증책임	① 진술의 임의성은 추정(97도1720) but 임의성에 대한 다툼이 있을 때에는 **자백의 임의성의 의문점을 해소하는 입증은 검사**가 해야 함(검사 거증책임, 通·判, 97도3234; 98도3584; 99도4940; 2004도517; 2004도7900; 2007도7760) [국9 08/11] ② 피고인·변호인이 검사 작성 피의자신문조서의 **임의성을 인정하였다가 이를 번복하는 경우에도 同**(2007도7760) [법원 14/15, 국9 14/08/11/13, 경간 14, 경승 15]
증명방법	자백의 임의성의 증명은 **자유로운 증명**으로 족함(83도1718; 94도2316) [국9 08/11/15, 경간 12/13/14, 경승 10/11] → 조서의 형식·내용, 진술자의 신분, 사회적 지위, 학력, 지능 정도 기타 여러 사정을 종합하여 **법원의 자유로운 심증으로 판단 可**(84도2630; 98도2890) [국9 08/14, 경간 12, 경승 11/15]

🔗 한줄판례 Summary

① 피고인이 경찰에서 가혹행위 등으로 인하여 임의성 없는 자백을 하고 그 후 검찰이나 법정에서도 **임의성 없는 심리가 계속되어** 동일한 내용의 자백 → 임의성 없는 자백(2012도9879) [국9 15, 경 20/2차]
② **자백하면 가볍게 처리하고 보호감호를 청구하지 않겠다**는 각서 작성 : 기망 – 증거 ×(85도2182) [교정9 특채 10, 경승 10/15]
③ **진술거부권 불고지** 획득 자백 : 자백배제법칙 ×, **위법수집증거** ○(92도682) [법원 14, 국7 07, 국9 09]

3. 효 과

임의성이 의심되는 자백의 증거능력	① 절대적으로 증거능력 無 ② **피고인의 동의가 있어도 → 증거능력 ×**(§318①의 배제, 2004도7900) [법원 16, 경간 13/14, 경승 15] (2004도7900) ③ **탄핵증거로도 사용 不可**(§318의2의 배제) [국9 07, 경간 13, 경승 11/12/15] ④ 상소이유 : 임의성이 의심되는 자백을 유죄인정의 자료로 삼은 경우는 §309 및 §307 위반 → 상대적 항소이유(§361의5 1.) 및 상대적 상고이유(§383 1.) [경간 14]
2차적 증거의 증거능력	임의성이 의심되어 증거능력이 부정된 자백에 근거하여 획득된 다른 증거(2차적 증거, 파생증거)의 증거능력 → 독수과실의 예외에 해당하지 않는 한 → 증거능력 ×

04 위법수집증거배제법칙

I 의의 및 근거

① 의의 : 위법한 절차에 의하여 수집된 증거의 증거능력을 부정하는 증거법칙
② **"적법한 절차에 따르지 아니하고 수집한 증거는 증거로 할 수 없다**(07년 신설 §308의2)" [국9 08]
③ 근거 : 헌법상 적정절차원칙(헌법 §12①), 수사기관의 위법수사 억지 [국9 10]

II 적용범위

일반원칙	① 위법수집증거배제법칙은 증거수집의 절차에 **중대한 위법**이 있는 경우에 한하여 적용 ∴ 형식적으로 위법한 증거수집의 경우에도 그 위법의 정도가 경미한 경우 → 증거능력 ○ [국9 10] ② 중대한 위법 : <u>적법절차의 실질적 내용을 침해</u>하는 경우 ㉠ 수사기관의 증거수집활동이 **헌법규정을 위반**한 경우 ㉡ **형사소송법의 효력규정을 위반**한 경우

		헌법정신에 반하여 수집한 증거
개별적 검토	영장주의의 위반	① 영장 없이 한 강제처분, 영장 자체에 하자가 있는 경우, 영장의 발부나 집행절차에 중대한 위법이 있는 경우 [국9 10] ② 영장 없이 한 강제처분의 경우 　㉠ <u>위법한 체포에 의한 유치 중에 작성된 피의자신문조서</u>(2000도5701) [국7 09, 국9 10/11, 경간 12, 경승 11/12/15, 경 08/3차, 경 06/1차] 　㉡ <u>영장 없이 압수한 후 임의제출동의서</u>를 받은 경우(2009도14376) [국7 13, 경간 15]
	적정절차의 위반	① 적정절차원칙 위반의 경우 　㉠ 수사기관이 <u>정당한 사유 없이 변호인을 참여하게 하지 아니한 채 피의자를 신문</u>하여 작성한 피의자신문조서(2010도3359) [법원 14/15, 국7 15, 경간 15, 경승 15, 경 16/1차] 　㉡ 야간압수·수색의 금지규정을 위반한 압수·수색 　㉢ 당사자의 참여권과 신문권을 침해한 증인신문 　㉣ 위법한 함정수사에 의하여 수집한 증거 　㉤ <u>진술거부권을 고지하지 않고 작성한 피의자신문조서 : 피의자신문인데 피의자신문조서가 아닌 진술조서를 작성</u>하면서 미리 피의자에게 진술거부권을 고지하지 않은 경우 → 진술조서는 위법수집증거(2008도8213; 2010도8294) ② 적정절차원칙 위반이 아닌 경우 : <u>피의자의 지위에 있지 않은 자에 대하여 진술거부권이 고지되지 않은 채</u> 작성된 진술조서 → 위법수집증거 ×(2011도8125) [경승 24]
		형사소송법의 효력규정을 위반하여 수집한 증거
	증거수집·증거조사 절차의 위법	증거수집절차나 증거조사절차가 위법하여 무효인 경우 ① 공무상 비밀 등 거절권을 침해한 압수·수색 ② <u>선서 없이 한 증인신문</u> ③ 피고인에게 <u>실질적인 반대신문의 기회를 부여하지 아니한 채 이루어진 증인신문</u>(but 하자 치유 可, 2009도9344) ④ <u>위법한 공개금지결정</u>에 의하여 피고인의 공개재판을 받을 권리가 침해된 절차에서 이루어진 <u>증인신문(하자 치유 不可</u>, 2005도5854) [국9 17]
	절차의 위법이 중대하지 않은 경우	**절차의 위반이 경미한 경우** → 획득한 증거의 증거능력 ○ ① 하자 있는 증인소환절차에 따라 소환된 증인에 대한 증인신문 ② <u>위증의 벌을 경고하지 않고 한 증인신문</u> ③ <u>증언거부권자에게 증언거부권을 고지하지 않고 한 증인신문</u>(but 위증죄는 성립하지 않을 수 있음) ④ 검찰관이 <u>형사사법공조절차를 거치지 아니한 채 외국 호텔에서 작성</u>한 참고인진술조서(위법수집증거 × but 특신성 부정 → 증거능력 ×, 2011도3809) [법원 13, 경간 14/15, 경 12/1차, 국9 17]

		사인에 의한 위법수집증거
개별적 검토	문제의 소재	위법수집증거배제법칙(수사기관의 위법수사 억지)은 사인의 증거수집행위에 대해서는 원칙적으로 적용 × but 기본권의 대사인적 효력 및 국가의 기본권보호의무(헌법 §10後) 고려 → 사인 간 사진촬영·비밀녹음 등 사인이 위법하게 수집한 증거에 대해도 위법수집증거배제법칙이 적용되어야 하는가의 문제
	적용	① **이익형량설** : 효과적인 형사소추 및 실체진실 발견의 공익과 개인의 인격적 이익 등 보호이익을 비교형량하여 사인의 위법수집증거의 허용 여부 결정 [(多·判), 소수설은 부정설] → **判例는 통비법 위반 비밀녹음을 제외한 대부분 인정** ② 이익형량에 의하여 사인의 위법수집증거의 증거능력을 인정한 경우 　㉠ **피고인이 범행 후 피해자에게 전화를 걸어오자 피해자가 증거를 수집하려고 그 전화내용을 녹음**한 경우(97도240) [국9 16, 경간 14/15, 경승 10/11/15, 경 05/1차, 경 08/3차, 경 16/1차] 　㉡ **제3자가 공갈목적을 숨기고 피고인의 동의하에 나체사진을 찍은 경우** 　　→ 피고인의 간통죄에 대한 증거 ○(97도1230) [행시 02, 국7 10, 국9 14, 경승 10/15, 경 04/3차, 경 11/2차, 경 12/1차] 　㉢ **소송사기의 피해자가 제3자로부터 대가를 지급하고 취득한 절취된 업무일지**(2008도1584) [법원 13, 국9 16/18/24, 경간 15] 　㉣ 피고인의 배우자가 피고인 모르게 피고인의 **휴대전화에 자동녹음 애플리케이션을 실행해 두어 자동으로 녹음**된 피고인과 배우자 사이의 전화통화 녹음파일(2021도2299)
자백배제 법칙의 관계	판례	**진술거부권을 고지하지 아니하고 작성**된 피의자신문조서(92도682) 및 **변호인의 접견교통권을 침해한 상태에서 작성**된 피의자신문조서(90도1586)와 같이 헌법상 기본권을 침해하여 획득한 자백 → **위법수집증거배제법칙 적용**하여 증거능력 부정 [법원 24]
	통설	자백배제법칙은 위법수집증거배제법칙의 특칙(자백배제법칙의 근거에 관한 위법배제설) ∴ 자백배제법칙 적용 → 자백 이외의 증거와 비진술증거는 위법수집증거배제법칙

🔗 한줄판례 Summary

① 수사기관의 절차 위반행위가 <u>적법절차의 실질적인 내용을 침해하는 경우에 해당하지 아니하고</u>, 오히려 그 증거의 증거능력을 배제하는 것이 형사사법 정의를 실현하려고 한 취지에 반하는 결과를 초래하는 예외적인 경우라면 증거능력 ○(2015도12400) [경승 20, 경간 20]

② **선거관리위원회** 진술이 **녹음된다는 사실을 미리 알려주지 않음** : 유죄의 증거 ×(선 – 진적 / 녹위, 2011도3509) [법원 17]

③ 외국인 체포시 영사통보권 불고지 → 원칙적으로 위법 → but 절차 위반의 내용과 정도가 중대하거나 절차조항이 보호하고자 하는 외국인 피고인의 권리나 법익을 본질적으로 침해하였다고 볼 수 없다면 위법수집증배제원칙의 예외(경미한 위법) → 유죄의 증거 ○(2021도17103)

④ 영장담당판사의 **서명만 있고 날인이 없는 압수수색영장**(위법), but 이러한 압수수색영장에 따라 압수한 파일 출력물과 이에 기초하여 획득한 2차적 증거인 피의자신문조서·법정진술은 증거능력 인정(2018도20504)

1. 독수의 과실이론

의 의	위법하게 수집된 1차적 증거(독수)에 의하여 2차적 증거(과실)가 발견된 경우 그 2차적 증거(파생증거)의 증거능력도 배제되어야 한다는 이론(**독수독과이론**) [경 15/1차]
원 칙	① 2차적 증거의 증거능력을 인정하면 위법수집증거배제법칙이 무의미하게 되므로 **독수과실의 증거능력도 부정**(원칙, 判, 2007도3061 전합) [법원 10/14, 경간 13/15, 경 15/1차] ② 2차적 증거의 증거능력 원칙적 부정 : **위법한 강제연행 상태에서 호흡측정** 방법에 의한 음주측정이 이루어진 후 → 강제연행 상태로부터 **시간적·장소적으로 단절되었다고 볼 수 없는 상황**에서 **피의자의 요구에 의하여 이루어진 혈액채취** 방법에 의한 음주측정 결과의 증거능력 → 피고인·변호인이 이를 **증거로 함에 동의한 경우에도 부정** (2010도2094) [국9 16]
독수과실의 예외	① 의의 : 위법한 1차적 증거수집과 2차적 증거수집 사이의 **인과관계의 희석 또는 단절 여부를 중심으로 예외적인 경우에는 유죄인정의 증거로 사용 可**(2008도11437) [법원 17, 국9 22, 경간 13, 경승 10, 경 09/1차, 경 15/1차] ② 독수과실의 예외이론 : 희석이론, 불가피한 발견이론, 독립된 증거원이론, 선의이론 등이 제시되나, 判例는 특히 희석이론을 중심으로 독수과실 예외이론 전개 ③ 희석이론 : 위법수사로 획득한 1차적 증거의 오염이 그 후 피고인의 자발적 행위로 희석되어(순화되어) 2차적 증거의 증거능력에는 영향을 미치지 않는다는 이론(오염순화에 의한 예외이론) ④ 判例 : 적법절차 위반행위의 영향이 차단되었거나 소멸되었다고 볼 수 있는 상태에서 수집한 2차적 증거의 증거능력 ○ [국9 15, 국9 개론 15] 　㉠ 진술거부권 불고지 자백 획득 후 자발적 진술 : **진술거부권을 고지하지 않은 상태에서** 임의로 행해진 피고인의 **자백** → **2차적 증거 중 피고인 및 피해자의 법정진술이 공개된 법정에서 임의로 이루어진 경우**(2008도11437) [법원 14] 　㉡ 영장 제시 없는 구속 후 변호인의 충분한 조력하의 자백 : **구속영장 집행 당시 영장이 제시되지 않았으나** → 구속적부심사 심문에서 구속영장을 제시받았고 이후 **변호인과의 충분한 상의를 거쳐 공소사실에 대하여 자백**한 경우(2009도526) [경간 14] 　㉢ 영장 없이 강제연행하여 1차 채뇨 후 압수영장에 의한 2차 채뇨 : 피고인을 **영장 없이 강제로 연행한 상태에서** 마약 투약 여부의 확인을 위한 **1차 채뇨**절차가 이루어졌음 → 그 후 **압수영장에 기하여 2차 채뇨**절차가 이루어지고 그 결과를 분석한 소변 감정서 등이 증거로 제출된 경우(2012도13611) [국7 14, 경간 15] 　㉣ **영장 없이 계좌정보 획득 후 → 석방 후 자백 or 임의제출 or 독립된 제3자의 진술에 의한 증거수집** 　㉤ **영장 무관 압수 증거물 → 환부한 후 임의제출 받아 압수**(단, 임의성은 검사 증명)

① 수사기관이 영장 발부의 사유로 된 범죄 혐의사실과 무관한 별개의 증거를 압수하였을 경우 → 수사기관이 별개의 증거를 피압수자 등에게 **환부하고 후에 임의제출받아 다시 압수** → 최초의 절차 위반행위와 최종적인 증거수집 사이의 **인과관계 단절**(2013도11233) [국7 16/17/20/23]
② **영장 없이 물건을 압수**한 직후 피고인으로부터 작성받은 압수물에 대한 **임의제출동의서** : 위법(2009도14376) [법원 18, 국7 13, 경간 15]
③ 피고인을 **영장 없이 강제로 연행한 상태에서 1차 채뇨**절차(위법), 그 후 **영장에 기하여 2차 채뇨**절차 진행 후 그 결과를 분석한 감정서 : 증거능력 인정(희석이론, 2012도13611) [국7 14, 경간 15]

2. 위법수집증거와 증거동의 및 탄핵증거

증거동의	① 반대신문권의 포기가 문제되지 않는 위법수집증거에 대해서는 **증거동의 인정 ×** (부정설, 通) [법원 15/16, 경 12/2차] ② 判例 　㉠ 원칙 – 증거동의 × : 적법한 절차에 따르지 아니하고 수집한 증거로서 증거능력이 없는 경우에는 피고인이나 변호인이 이를 증거로 함에 동의하였다고 하더라도 달리 볼 것은 아님 　　ⓐ **체포현장 긴급압수 후 사후영장을 받지 않은 위법수집증거 : 증거동의 대상 ×** 　　(2009도11401) 　　ⓑ **소유자 등 아닌 자로부터 제출받은 쇠파이프**(임의제출물 아닌 위법수집증거) : 　　**증거동의 대상 ×**(2009도10092) [국9 17] 　㉡ 예외 – 증거동의 ○ 　　ⓐ 피고인·변호인의 **참여권**을 **배제**한 증거보전절차상 증인신문**조서**(86도1646) 　　[경 12/3차] 　　ⓑ 검사의 공소제기 후 수사과정에서 작성한 증인의 공판정 **증언**을 **번복**시키는 　　내용의 참고인진술**조서**(99도1108 전합) [법원 14/15, 경 14/2차]
탄핵증거	위법수집증거를 탄핵증거로 허용하면 법관의 면전에 제출되어 실체형성에 영향을 줌 ∴ 위법수집증거는 **탄핵증거로도 사용 불가**(通) [국9 10]

05 전문법칙

전문증거	의 의	① 개념 : 사실인정의 기초가 되는 경험사실을 경험자 자신이 직접 구두로 법원에 보고하지 아니하고 서면 또는 타인의 진술의 형식으로 간접적으로 법원에 보고하는 증거 ② 구별개념 – 원본증거 : 사실을 체험한 자가 중간 매개체를 거치지 않고 직접 법원에 진술하는 증거 예 피고인의 공판정에서의 자백 [행시 02, 국9 08, 경 06/1차], 현행범을 체포한 경찰관이 범행을 목격한 부분에 관한 진술(95도535) [경승 10/15]
		[연습] 甲을 현행범으로 체포한 경찰관이 법정에서 증인으로 출석하여 甲의 범행을 목격한 부분에 관하여 진술 → 甲이 경찰관의 목격진술의 내용을 부인해도 → 경찰관의 진술은 원본증거로서 증거능력 인정 ○ [교정9 특채 12]

전문증거	유 형	① 전문진술 : 사실을 직접 경험한 자의 원진술을 청취한 제3자가 그 원진술의 내용을 법원에 대하여 구두로 진술하는 경우(전문증언) ② 전문서류 　㉠ 진술서 : 사실을 직접 경험한 자 자신이 경험한 내용을 서면에 기재한 후 그 서면을 법원에 제출하는 경우의 서면 예 자술서, 진술서, 감정서, 진단서 　㉡ 진술녹취서 : 사실을 직접 경험한 자의 원진술을 청취한 제3자가 그 원진술 내용을 서면에 기재하고 법원에 제출하는 경우 예 수사기관 작성 피의자신문조서 · 참고인진술조서
전문법칙	의 의	① 개념 : 전문증거는 증거가 아니라는 점에서, 전문증거의 증거능력을 부정하는 증거법칙 → 전문법칙에 의하여, 증거능력이 부정되는 전문증거는 사실인정의 자료로 사용할 수 없을 뿐만 아니라 증거조사 자체도 허용 × ② 현행법 : "§311 내지 §316에 규정한 것 이외에는 공판준비 또는 공판기일에서의 진술(원본증거)에 대신하여 진술을 기재한 서류나 공판준비 또는 공판기일 외에서의 타인의 진술을 내용으로 하는 진술은 이를 증거로 할 수 없다(§310의2)"
	근 거	반대신문권의 결여 + 신용성의 결여 = 전문증거의 증거능력 부정
	적용범위	전문법칙의 적용을 받는 전문증거 = ① 진술의 의미내용이 증거가 되는 증거(진술증거)로서, ② 원진술의 내용인 사실이 요증사실이 되는(요증사실관련성), ③ 공판준비 또는 공판기일 외에서의 타인의 진술을 내용으로 하는 서류 또는 진술에 한함

		진술 증거	① 진술증거 : 전문법칙은 **진술증거에 대해서만 적용** ○ [행시 02, 경 04/2차](∵ 반대신문은 진술에 대해서만 可) ② 비진술증거 : 전문법칙 적용 × 예 흉기, 지문, 위조문서 ③ 언어적 행동 : 원진술자의 **행동의 의미를 설명**하기 위하여 원진술자의 말을 옮기는 경우 → **전문증거 ×, 전문법칙 적용 ×** 예 甲이 乙을 껴안은 것이 폭행인지 아니면 우정의 표현인지를 설명하기 위하여 그 당시에 甲이 한 말을 증언하는 경우[경간 13] : "가만 안 두겠어"라고 말을 하면서 껴안은 행위를 증언할 때, 위 말은 폭행이라는 행동의 의미를 설명하기 위한 간접증거인 비진술증거에 불과
	적용범위	요증 사실과의 관련성	① 요증사실과의 관계 　㉠ **원진술의 내용의 사실 여부가 요증사실**인 경우 : **전문증거** ○ 　㉡ **원진술의 존재 자체가 요증사실**인 경우 : **전문증거 ×**(2008도5347; 2008도8007)[국7 13] ② 정황증거 : 전문진술이 원진술자의 **심리적 · 정신적 상황을 증명하기 위한 정황증거**로 사용되는 경우 → (진술내용의 진실성이 요증사실이 아니므로) **전문법칙 적용 ×** [국9 12] 예 살인 피의자 乙이 범행 직후 "나는 신이다", "나는 악을 징벌하는 슈퍼맨이다[경간 13]"라고 말하는 것을 들은 甲이 그 사실을 증언하는 경우 : 피고인의 심신장애를 증명하는 정황증거일 뿐 전문증거 × [정리] 어떠한 진술을 하였다는 것 자체가 요증사실인 경우 또는 그 진술의 진실성과 관계없는 간접사실에 대한 정황증거로 사용 → 전문증거 아님(99도1252)[법원 14/16, 국7 15, 국9 16, 경간 14, 경 14/1차, 경 22/2차, 경 24/2차]
	배제절차		전문법칙 적용 × 절차 : **간이공판절차, 약식절차**[행시 02, 국9 08], **즉결심판절차**

	의 의	증거능력 없는 전문증거가 예외적으로 증거능력이 인정되는 경우
	필요성	실체적 진실의 발견, 소송경제의 도모
전문 법칙의 예외이론	기 준	① **신용성의 정황적 보장** : 공판정 외에서의 원진술의 진실성이 여러 정황에 의하여 고도의 보장되어 있는 경우 → 진술내용의 진실성을 의미하는 것이 아니라, 그 진술의 진실성을 보장할 만한 구체적이고 외부적인 정황이 있음을 말하는 것(通·判, 2000도159) 예 "부지불각 중에 한 말", "사람이 죽음에 임해서 하는 말", "어떠한 자극에 의해서 반사적으로 한 말", "경험상 앞뒤가 맞고 이론정연한 말" 또는 "범행에 접착하여 범증은폐를 할 시간적 여유가 없을 때 한 말", "범행 직후 자기의 소행에 충격을 받고 깊이 뉘우치는 상태에서 한 말"(82도3248) ② **필요성** : 원진술과 같은 가치의 증거를 얻는 것이 불가능하거나 현저히 곤란하기 때문에 전문증거라도 사용하여 실체진실을 규명할 필요성이 있는 경우 예 원진술자의 사망·질병·외국거주·소재불명 등
	현행법상 예외	① 전문서류 : §311부터 §315까지 ② 전문진술 : §316

퍼써 정리 | 전문법칙의 예외 조문 총정리

법조문		제목(주제)	예외요건	적용대상 및 관련 내용
§311		법원·법관 면전조서	절대적 증거능력 ○	공판준비 / 공판기일 / 검증조서 / 증거보전 / 증인신문
§312	①	검사 작성 피의자신문조서	적법성/내용인정	당해 피고인 공범자 ○	• 검사임석 × → 증거능력 × • 간인 × → 증거능력 ×
	③	사경 작성 피의자신문조서	적/내		외국수사기관 ○
	④	검사 / 사경 작성 진술조서	적/실/반대신문권/특	공범자 피신조서 × 공범아닌자 피신조서 ○	• 화상서명 불능 → × • 검사작성-공피 성립 인정 → ○
	⑤	수사과정 작성 사인진술서	검사수사과정 → §312① / 사경수사과정 → §312③ / 수사과정 참고인 진술서 → §312④		• 일기, 메모도 포함 • 디스켓 내용 포함
	⑥	수사기관 작성 검증조서	적/성립진정	(영장주의)실황조사서	범죄장소검증 (지체 없이 영장)

§313	①·②	피고인진술서	자필서명날인 / 성립진정	정보저장매체(디지털증거) 포함 진술-성립진정 부인 시 → 객관적 증명 ○
		피고인 아닌 자 진술서	자/성/반대신문기회 보장	성립진정 부인 시 → 객관적 증명 ○ 반대신문보장
		피고인 진술기재서류	자/성/특신상태	• 피고인진술에 불구하고-완화요건(성립진정부인) • 성립진정 : 작성자(피고인 ×) 진술에 의함 / 객관 ×
		피고인 아닌 자 진술기재서류	자/성	성립진정 : 진술자 진술에 의함 / 객관 ×
	③	감정서	자/성/반	감정인의 감정보고서 / 감정수탁자의 감정서 피고인 아닌 자 진술서에 준함

§314	§312·§313 증거 중 반대신문 결여된 증거	필요성-사 / 질 / 외 / 소 / 그 특신상태	• 공범자 피신 × • 공범아닌자 피신 ○ • 외국수사기관 문서 ○	○ 치매보복 재현 ×	× 출산 증언거부 진술거부

§315	당연 증거능력 있는 서류	1. 공권적 증명문서	공정증서등본 / 외국공무원 / 가족관계기록사항증명서
		2. 업무상 통상문서	성매매업소메모리카드 / 항해일지 / 금전출납부(댓글파일 ×)
		3. 기타특신문서	타사건공판조서 / 구속전피의자심문조서 / 구속적부심문조서

§316	①	피고인진술내용 피고인 아닌 자 전문진술	특신상태	피고인 - 당해 피고인만 (∴ 공범자 & 공동피고인 ×) 조사자증언 포함
	②	피고인 아닌 자 진술내용 피고인 아닌 자 전문진술	필요성- 사/질/외/소/그 특신상태	피고인 아닌 자 - 공범자 & 공동피고인 ○ 조사자증언 포함 ※ 재전문서류 ○ / 재전문진술 ×(단, 동의 - ○)

[관련 문제]
사진 / 녹음테이프 / 영상녹화물 / 정보저장매체 : 존재 / 상태 - 원본동일성(최량증거법칙) + 내용진실성 - 전문법칙

🔗 한줄판례 Summary

① 타인의 진술을 내용으로 하는 진술의 경우 : **원진술의 내용인 사실이 요증사실**인 경우에는 전문증거(2013도 12155) [경 20/1차, 경승 20, 경간 14]

② 제3자의 진술이 **간접사실에 대한 정황증거**로 사용될 때에는 반드시 전문증거가 되는 것은 아님(2014도10199) [경간 17, 국9 16, 법원 16, 국7 15]

부록

I 법원 또는 법관의 면전조서(§311)

의 의	① 법원 or 법관(수명법관 or 수탁판사 등)이 진술을 청취하고 그 결과가 조서로 작성된 것 → 성립의 진정과 신용성의 정황적 보장이 고도로 인정 → 증거능력 인정 ○ ② 조서 : **당해 사건**에 대한 조서만 ○ → 다른 사건에 대한 조서는 §315 3.의 특신문서로서 증거능력 인정 ○(多·判, 65도372)
종 류	**공판준비에서 피고인의 진술을 기재한 조서** 공판준비절차에서 피고인신문이 행해진 결과 작성된 조서(§273①)
	공판기일에 피고인의 진술을 기재한 조서 공판조서가 증거로 되는 경우 예 공판절차갱신 전의 공판조서, 파기환송 또는 이송 전의 공판조서
	공판준비에서 피고인 아닌 자의 진술을 기재한 조서 공판준비절차에서 증인·감정인·통역인·번역인 등을 신문한 결과 작성된 조서
	공판기일에 피고인 아닌 자의 진술을 기재한 조서 피고인을 제외한 제3자(증인, 감정인, 공범자, 공동피고인)의 진술이 기재된 공판조서 예 공판절차갱신 전의 공판조서, 파기환송 또는 이송 전의 공판조서 등
	검증조서 검증은 공평한 제3자인 법원·법관이 직접 행하는 증거조사로 **법원·법관 작성의 검증조서**는 당연히 증거능력 ○ → 당해 사건의 검증조서로 제한
	§184 및 §221의2의 규정에 의하여 작성한 조서 **증거보전절차(§184)에 의하여 작성된 조서 및 제1회 공판기일 전에 검사의 신청에 의하여 행한 증인신문절차(§221의2)에 의하여 작성된 조서** : 당연히 증거능력 ○ ① 피고인이 수사단계에서 다른 공동피고인에 대한 증거보전을 위하여 증인으로서 증언한 증인 신문조서는 그 다른 공동피고인에 대하여 증거능력 ○(66도276) ② 증거보전절차에서 작성한 증인신문조서에 **피의자의 진술이 기재**되어 있는 경우 §311에 의한 **증거능력 인정 ×**(84도508) [법원 12]

II 피의자신문조서

1. 의의 및 증거능력 인정의 전제조건

의 의	① 검사 or 사법경찰관이 피의자를 신문하여 그 진술을 기재한 조서 ② 피의자의 진술 녹취·기재 서류·문서가 수사기관에서의 조사과정에서 작성된 것이라면 **진술조서·진술서·자술서라는 형식을 취하여도 모두 피의자신문조서** ○(92도442; 2014도1779) [국7 08, 국9 20, 법원 11/20, 경 16/1차, 경 20/1차, 경 20/2차]

의 의	③ 공범으로서 별도로 공소제기된 다른 사건의 피고인에 대한 수사과정에서 **담당 검사가 피의자와 그 사건에 관하여 대화하는 내용과 장면을 녹화한 비디오테이프의 녹화내용** : 피의자신문조서와 실질적으로 同 → **피의자신문조서**에 준하여 증거능력 검토 要(92도682) [법원 12, 국7 07/08, 경 05/06]	
증거능력 인정의 전제조건	진술의 임의성	진술의 내용이 자백인 경우에는 §309(자백배제법칙)에 의하여, 자백 이외의 진술인 경우에는 §317(진술의 임의성)에 의하여 임의성 인정 要 [국7 08]
	진술획득 절차의 적법성	적법절차원칙을 지켜 수집한 증거여야 함(§308의2) ∴ 피의자신문절차에 중대한 위법이 있는 경우 위법수집증거배제법칙에 의하여 증거능력 부정

🔗 **한줄판례 Summary**

피고인이 피의자신문조서에 기재된 **진술의 임의성**을 다투면서 그것이 허위자백이라고 다투는 경우, **자유로운 심증**으로 위 진술이 임의로 된 것인지 여부 판단(2010도3029) [경승 20, 국7 16, 국9 11/14/15]

2. 검사 작성의 피의자신문조서(§312①)

의 의	검사가 작성한 피의자신문조서는 적법한 절차와 방식에 따라 작성된 것으로서 공판준비, 공판기일에 그 피의자였던 피고인 또는 변호인이 그 내용을 인정할 때에 한정하여 증거로 可(§312①, **2020.2.4. 개정, 2022.1.1. 시행**)	
20년 개정취지	① 공판중심주의 강화 ② 검·경 수사권 조정	
적용범위	검사가 작성한 피의자신문조서로서 ① **당해 피고인**에 대한 피의자신문조서, **당해 피고인에 대한 다른 사건**의 피의자신문조서 : §312① ② 당해 피고인의 **공범자**에 대한 피의자신문조서 : **§312①**(2023도3741) ③ **공범자 아닌 제3자**에 대한 피의자신문조서 : **§312④**	
증거능력 인정요건 (§312①) : 적/내	검사가 작성한 피의자신문조서는 ① **적**법성 : 적법한 절차와 방식에 따라 작성된 것으로서 ② **내용**의 인정 : 공판준비, 공판기일에 그 피의자였던 피고인 또는 변호인이 그 내용을 인정할 때에 한정하여 → 증거 可	
	적법한 절차와 방식	① 의의 : 검사가 작성한 피의자신문조서는 적법한 절차와 방식에 따라 작성된 것이어야 함 → 피의자신문사항(§242), 검사에 의한 피의자신문과 참여자(§243), 변호인의 피의자신문참여권의 보장(§243의2), 피의자신문조서의 작성방법(§244), 진술거부권의 고지(§244의3), 수사과정의 기록(§244의4), 장애인 등 특별히 보호를 요하는 자에 대한 특칙(§244의5) 등 형사소송법이 정한 제반 절차를 준수하고 조서의 작성방식에도 어긋남이 없어야 함(2011도7757)

증거능력
인정요건
(§312①)
: 적/내
	적법한
	절차와 방식
		② 신문의 주체 : 검사
		   ㉠ <u>범죄 인지절차가 이루어지기 전</u>이더라도 검사가 범죄의 혐의가 있다
		     고 보아 수사를 하면서 그 수사과정에서 작성된 피의자신문조서 : **검**
		     사 작성 ○(2000도2968)
		   ㉡ 검찰주사가 검사가 참석하지 않은 상태에서 피의자였던 피고인을
		     신문하여 작성하여 검사는 검찰주사의 조사 직후 피고인에 개괄적으
		     로 질문한 사실이 있을 뿐인 조서 : **검사 작성 ×**(90도1483)
		   ㉢ <u>검찰에 송치되기 전</u>에 구속피의자로부터 받은 검사 작성 피의자신
		     문조서 : 특별한 사정이 보이지 않는 한 **검사 작성 ×**(94도1228)
		③ 기명날인 또는 서명
		   ㉠ 피의자의 간인 후 기명날인 또는 서명(§244③)
		      ⓐ 피고인의 **기명날인 및 간인이 없거나**, 피고인의 **기명만이 있고**
		        그 날인이나 무인이 없거나, **간인이 없는** 검사 작성의 피고인에
		        대한 피의자신문조서 : 증거능력 ×(81도1370; 99도237)
		      ⓑ **날인이나 간인을 거절**하여 그 뜻을 조서에 기재하여 둔 경우 :
		        증거능력 × = 피고인이 법정에서 그 임의성을 인정한 경우도
		        同(99도237) [해간 12, 경승 11]
		   ㉡ <u>검사의 기명날인 또는 서명이 없는</u> 피의자신문조서 : 공무원 작성 서
		     류 요건(§57①) 갖추지 못한 것 → 무효, 증거능력 ×(2001도4091)
		     [국7 10, 해간 12]
		④ 신문절차와 작성절차의 적법성 要 : **변호인의 피의자신문참여권을 침해**
		   하고 작성된 피의자신문조서 → 증거능력 ×(2010도3359)
		⑤ 열람·독문절차 위반 조서 : 수사기관이 피의자신문조서를 작성함에
		   있어서는 그것을 **열람하게 하거나 읽어 주어야 하는 것**(§244)이나 그
		   절차가 비록 **행해지지 않았다** → 증거능력 ○(87도2716)

	내용의
	인정
		① <u>공판준비, 공판기일에 그 피의자였던 피고인 또는 변호인이 그 **내용을 인
		정하여야 함**</u>
		② 조서의 기재내용이 피의자의 진술내용과 일치하는 것을 의미하는 것
		   이 아니라, 그 <u>조서의 기재내용이 객관적 진실(실제 사실)과 부합</u>함을 인
		   정해야 함
		③ 검사 이외의 수사기관 작성 피의자신문조서의 증거능력 인정요건
		   (§312③)과 동일해짐

	2020.2.4. 개정	① 적/실/특(구법의 요건) → **적/내**(개정법의 요건, 2022.1.1. 시행) ② 영상녹화물 기타 객관적 방법에 의한 **대체증명 규정(§312②)의 삭제** (2021.1.1. 시행)

3. 사법경찰관 작성의 피의자신문조서(§312③)

의 의	검사 이외의 수사기관 작성의 피의자신문조서(§312③)	
적용범위	① 사법경찰관 이외에 사법경찰관사무취급의 자격을 가진 **사법경찰리 포함**(81도1357; 82도1080) ② **외국의 권한 있는 수사기관** : 검사 이외의 수사기관에 **포함**(2003도6548)	
취 지	수사기관의 피의자신문은 신용성의 정황적 보장이 박약하고, 그 신문에 있어 행해질지 모르는 기본적 인권침해를 방지하려는 입법정책적 고려(82도1479 전합) → 고문 등 위법수사의 예방·억제장치로서의 독자적인 의미	
증거능력 인정요건 : 적/내	검사 이외의 수사기관이 작성한 피의자신문조서는 ① **적**법성 : 적법한 절차와 방식에 따라 작성된 것으로서 ② **내**용의 인정 : 공판준비 또는 공판기일에 그 피의자였던 피고인 또는 변호인이 그 내용을 인정할 때에 한하여 　　→ 증거 **可** [법원 08, 국7 08, 국9 09, 경간 14, 해간 12, 경승 10/14]	
	적법한 절차와 방식	① 사법경찰관이 작성한 피의자신문조서도 검사 작성 피의자신문조서와 마찬가지로 적법한 절차와 방식에 따라 작성된 것이어야 함 [경간 14] ② **진술거부권 행사 여부에 대한 피의자의 답변이 자필로 기재되어 있지 아니하거나 그 답변 부분에 피의자의 기명날인 또는 서명이 되어 있지 아니한** (§244의3② 위반) 사법경찰관 작성 피의자신문조서 : **증거능력 ×**(2010도3359) [국9 17]
	내용의 인정	① 의의 : 공판준비 또는 공판기일에 그 피의자였던 피고인 또는 변호인이 그 내용을 인정하여야 함 ② 조서의 기재내용이 피의자의 진술내용과 일치하는 것을 의미하는 것이 아니라 [법원사무관 07], 그 **조서의 기재내용이 객관적 진실(실제 사실)과 부합함**을 말함 [사무관 07, 국9 13, 경간 12, 경승 10/11, 경 15/3차, 경 16/1차] ③ 방법 : **피의자였던 피고인 또는 변호인의 진술**에 의하여야 함 　㉠ 피고인이 공판정에서 **내용을 부인**하는 경우 : **다른 증거에 의하여도 증거능력 ×** 　㉡ 피고인을 조사하였던 **경찰관이 법정에 나와 조서의 실질적 진정성립을 증언**한 경우 : 피의자신문조서 **증거능력 부정은 마찬가지**(97도2211) [법원 10] 　[보충] But 이 경우 피고인 원진술의 **특신상태가 증명**되면 조사자증언(전문진술)의 **증거능력은 인정**(§316①) [국9 13, 경승 10/11, 경 14/2차]
적용범위	공동 피고인에 대한 피의자 신문조서	① §312③은 검사 이외의 수사기관이 작성한 당해 피고인에 대한 피의자신문조서를 유죄의 증거로 하는 경우뿐만 아니라, 검사 이외의 수사기관이 작성한 **당해 피고인과 공범관계에 있는 다른 피고인이나 피의자**에 대한 피의자신문조서를 당해 피고인에 대한 유죄의 증거로 채택할 경우에도 적용(79도287; 84도505; 86도1783; 96도667) ② **당해 피고인**이 공동피고인에 대한 피의자신문조서의 **내용을 부인**한 경우 : **증거능력 ×** [국7 17, 경간 13, 경승 12, 경 16/1차]

증 거

적용범위	공동 피고인에 대한 피의자 신문조서	③ 공동피고인이 법정에서 경찰수사 도중 피의자신문조서에 기재된 것과 같은 내용으로 진술하였다는 취지로 증언한 경우(당해 피고인은 조서의 내용 부인) : (원진술자인 공동피고인이 그 자신에 대한 경찰 작성의 피의자신문조서의 진정성립을 인정하는 취지에 불과함) 위 증언은 위 조서와 분리하여 독자적인 증거가치 인정 × → 해당 증언 역시 유죄 인정의 증거로 사용 不可(2009도1889) [경간 13, 경승 12/14, 국9 17]
	다른 사건의 피의자 신문조서	§312③은 당해 사건에서 피의자였던 피고인에 대한 피의자신문조서뿐만 아니라 전혀 별개의 사건에서 피의자였던 피고인에 대한 피의자신문조서에도 적용(94도2287)
관련 문제	증거동의	① 피의자신문조서도 증거동의 대상 ○ [경간 13] ② 피고인이 증거로 함에 동의한 때에는 진정성립·내용인정 등을 조사할 要 ×
	탄핵증거	피고인이 내용을 부인하는 피의자신문조서도 탄핵증거로 사용 可(判, 2005도2617, 단, 탄핵증거로서의 증거조사는 要) [법원 10, 국7 09, 국9 08, 경 10/1차, 경 11/1차, 경 13/2차]

🔗 **한줄판례 Summary**

압수조서의 압수경위란 및 수사기관에 제출된 변호인의견서에 피의사실 자백 기재부분 → 피고인이 공판과정에서 일관되게 공소사실 부인, 피의자신문조서 내용 부인 시 모두 증거 ×(2020도16796)

Ⅲ 진술조서(§312④)

1. 의의와 증거능력

의 의	① 검사 또는 사법경찰관이 피고인 아닌 자(참고인, 피해자 등)의 진술을 기재한 조서(참고인진술조서) ② 피고인 아닌 자는 당해 사건의 피고인 자신 이외의 모든 자 ∴ (검사 / 사경 작성) 공범 아닌 공동피고인에 대한 피의자신문조서도 §312④ 적용 ③ 피의자신문조서에 기재된 피고인 아닌 자의 진술 부분 : 피의자신문의 동석자(신뢰관계인)가 피의자를 대신하여 한 진술이 피의자신문조서에 기재되어 있는 경우 → 진술조서 ○ ∴ 당해 동석자에 대한 반대신문의 기회가 보장되는 진술조서의 증거능력 요건을 갖추어야만 증거 ○(2009도1322)
07년 개정취지	① 진술조서의 작성주체 : 검사와 사법경찰관을 구별하지 않음 ∴ 참고인진술조서의 경우 검사 작성 조서와 사법경찰관 작성 조서 사이에 그 증거능력 인정 요건에는 차이 無 [경 11/2차] ② 반대신문의 기회보장 : 검사 작성 공동피고인에 대한 피의자신문조서도 §312④에 따라 피고인의 반대신문권 보장 ∴ 공동피고인이 실질적 성립진정을 인정한 것만으로는 그 조서의 증거능력 인정 × → 당해 피고인 또는 변호인에게 반대신문권이 부여되어야만 함 [국9 13]

		검사 또는 사법경찰관이 피고인이 아닌 자의 진술을 기재한 조서는 ① **적**법성 : 적법한 절차와 방식에 따라 작성된 것으로서, ② **실**질적 진정성립 : 진술한 내용과 동일하게 기재되어 있음이 공판준비 또는 공판기일에서의 원진술자의 진술이나 영상녹화물이나 그 밖의 객관적인 방법에 의하여 증명되고, ③ **반**대신문의 기회보장 : 피고인 또는 변호인이 공판준비 또는 공판기일에 그 기재내용에 관하여 원진술자를 신문할 수 있었으며, ④ **특**신상태 : 그 조서에 기재된 진술이 특히 신빙할 수 있는 상태 하에서 행하여졌음이 증명된 때에 한하여 → 증거 可
증거능력 인정요건 : 적/실/ 반/특	적법한 절차와 방식	적법한 절차와 방식에 따라 작성된 것이어야 함 ① 외국에 거주하는 참고인과의 **전화대화 내용을 문답형식으로 기재**한 검찰주사보 작성의 수사보고서 : 원진술자의 기명날인 또는 서명이 없는 이상 증거능력 ×(98도2742) [경간 12, 경승 11] ② 사법경찰리 작성의 피해자에 대한 진술조서가 **피해자의 화상으로 인한 서명불능**이라는 이유로 입회인에 의해 서명날인된 경우 : 증거능력 ×(96도2865) [국9 16, 경 10/2차] ③ 진술조서에 **진술자의 실명 등 인적 사항이 기재되지 않은 경우** : 그 이유만으로 그 조서가 적법한 절차와 방식에 따라 작성되지 않은 것이라 볼 수 없음(2011도7757 : 수사기관이 진술자의 성명을 가명으로 기재하였으나 상당한 이유 有)
	실질적 진정성립	① 의의 : **당해 조서의 기재내용과 원진술자의 진술내용이 일치**함 → 적극적으로 진술한 내용이 그 진술대로 기재되어 있어야 한다는 것뿐만 아니라 진술하지 아니한 내용이 진술한 것처럼 기재되어 있지 아니할 것 포함(2011도8325) ② 실질적 진정성립의 인정 : 공판준비 또는 공판기일에서의 **원진술자의 진술**이나 (원진술자가 부인하는 경우에는) **영상녹화물 또는 그 밖의 객관적인 방법**에 의하여 증명되어야 함 [국7 09, 국9 08/09/10, 경간 13, 경승 15, 경 12/3차, 경 14/2차] ㉠ 실질적 진정성립이 인정되지 않는 경우 : 진술이 특히 신빙할 수 있는 상태하에서 행하여졌다고 하더라도 증거능력 ×(2006도7342) [경간 14, 경승 12] ㉡ 원진술자가 **형식적 진정성립을 인정하는 경우 실질적 진정성립의 추정** 여부 : **추정되지 않음** ∴ 원진술자의 진술(or 영상녹화물 기타 객관적 방법)에 의하여 인정되어야 함(2002도537 전합) [법원 10, 경간 15, 경 05/1차] ㉢ 원진술자의 **명시적 진술**일 것 ⓐ 실질적 진정성립에 대하여 **이의하지 않았다거나 조서 작성절차와 방식의 적법성을 인정**할 뿐인 경우 : 실질적 진정성립 인정 不可

증거능력 인정요건 : 적/실/ 반/특	실질적 진정성립	ⓑ '**입증취지 부인**'이라고 진술할 뿐인 경우 : 조서의 진정성립을 인정하는 전제에서 그 증명력만을 다투는 것으로 단정해서는 안 됨(2011도8325) ⓒ "**검찰·경찰에서 진술한 내용은 그대로 틀림없다**" : 실질적 진정성립 인정 ×(76도3962 전합)" ⓓ "**수사기관에서 사실대로 진술하고 진술한 대로 기재되어 있는지 확인하고 서명날인하였다**" : 실질적 진정성립 인정 ×(96도1301; 2010도2722; 2012도13665) ⓔ 당해 **공판절차**에서 인정할 것 : 제3자에 대한 검사 작성의 피의자신문조서의 원진술자(제3자)가 **자신에 대한 공판절차나 다른 공범에 대한 형사공판의 증인신문절차**에서 진정성립을 인정한 경우 → 증거능력 부여 × → 제3자가 현재의 사건에 증인으로 출석하여 진정성립을 인정해야 함(99도3063) [국7 15] ⓕ **영상녹화물 또는 그 밖의 객관적인 방법에 의한 대체증명**의 허용 : 07년 개정법에 의해 허용됨 ∴ 원진술자가 실질적 진정성립을 부인하는 경우 → 진술한 내용과 동일하게 기재되어 있음이 영상녹화물 기타 객관적 방법에 의하여 증명될 수 있도록 함[국7 09, 국9 08, 경간 14, 해간 12, 경 12/1차] → **객관적·기계적 방법에 한정**됨(多·判) ∴ 조사관·통역인 등의 인적 방법은 不可

	반대신문의
	기회보장
		① 의의 : 진술조서는 **피고인 또는 변호인이 공판준비 또는 공판기일에 그 기재내용에 관하여 원진술자를 신문할 수 있어야 함**(07년 개정)
		② 원진술자의 공판정 출석 要
		  ㉠ 반대신문이 행해지려면 **원진술자가 공판정에 출석** → 원진술자가 법정에 출석하지 않아 피고인·변호인의 반대신문의 기회가 보장되지 못한 경우 ∴ 진술조서는 증거능력 인정 ×
		  ㉡ 필요성의 예외 : 원진술자가 **사망·질병·외국거주·소재불명 그** 밖에 이에 준하는 사유로 진술을 할 수 없음과 **특신상태**를 검사가 증명한 경우(§314)만 증거 ○
		③ 반대신문이 실제로 이루어질 필요는 없음 : 피고인 또는 변호인에게 반대신문의 기회가 보장되면 족함[경간 14]

	특신상태	① **진술이 특히 신빙할 수 있는 상태 하에서 행하여졌음**이 증명되어야 함(07년 개정) ② 특신상태 : **영미법의 '신용성의 정황적 보장'과 같은 의미**(多·判) → 조서 작성 당시 그 진술내용이나 조서 또는 서류의 작성에 **허위개입의 여지가 없고, 그 진술내용의 신빙성이나 임의성을 담보할 구체적이고 외부적인 정황**이 있는 경우(2007도3798 등) [국9 13, 경간 12, 해간 12, 경승 12/14, 경 15/2차] ③ 거증책임과 증명의 정도 ㉠ 거증책임 : 특신상태의 존재에 대한 **거증책임은 검사**에게 있음 → 특신상태 증명불능 시 당해 조서는 증거로 사용 不可

증거능력 인정요건 : 적/실/ 반/특	특신상태	ⓛ 증명의 정도 : 검사가 **자유로운 증명**으로 증명하면 족함(2000도 1743; 2012도2937) → **특신상태의 개연성이 있다는 정도로는 부족하** 고 **특신상태 부존재에 대한 합리적인 의심의 여지를 배제할 정도**에 이르러야 함(2013도12652; 2012도725) [법원 17] ⓒ 검찰관이 피고인을 뇌물수수 혐의로 기소한 후 형사사법 공조절차 를 거치지 아니한 채 <u>과테말라공화국에 현지출장하여 그곳 호텔에서</u> 뇌물공여자 甲을 상대로 참고인 진술조서를 작성한 경우 : 특신상 태 증명이 있다고 보기 어려워 진술조서는 증거 ×(2011도3809) [국7 18]

2. 영상녹화물의 용도와 조사신청

의의		① 피의자신문에 있어서 피의자의 진술은 **미리 영상녹화사실을 알려주면** 영상녹화 可 (§244의2) ② 참고인조사에 있어서는 **참고인의 동의**를 받으면 영상녹화 可(§221①) ③ 영상녹화물은 **진술조서(§312④)의 실질적 진정성립을 증명**하는 용도로 사용 ○ ④ **검사 작성 피의자신문조서의 증명 용도 사용 ×**(2020.2.4. 개정에 의한 §312② 삭제)
영상 녹화물의 용도	기억 환기용	① 의의 : 피고인 또는 피고인이 아닌 자의 진술을 내용으로 하는 영상녹화 물은 → 공판준비 또는 공판기일에 피고인 또는 피고인이 아닌 자가 진 술함에 있어서 → 기억이 명백하지 아니한 사항에 관하여 → **기억을 환** **기시켜야 할 필요**가 있다고 인정되는 때에 한하여 → 피고인 또는 피고 인이 아닌 자에게 재생하여 시청하게 할 수 있음(§318의2②) [경승 13] ② 신청 ㉠ 기억환기를 위한 영상녹화물의 재생은 **검사의 신청**이 있는 경우에 한함 (규칙 §134의5①) ⓒ **피고인 신청권 ×** [법원 12], **법원의 직권 ×** ③ 재생·시청 : **기억의 환기가 필요한 피고인 또는 피고인 아닌 자에게만**(검 사 ×) 이를 **재생**하여 **시청** [국7 09, 해간 12, 경 12/1차](규칙 §134의5①)
	본증 탄핵증거	① 수사기관의 영상녹화물은 범죄사실을 증명하는 **본증으로 사용 不可**(학설 대립 有) ② 피고인의 공판정 진술 내지 참고인의 법정증언에 대한 **탄핵증거로도 사용** **不可**(§318의2①과 ②의 해석에 관한 통설, 학설 대립 有) [경간 13/14]
	성폭력 피해자 영상 녹화물	① 수사기관의 **영상녹화의무** ㉠ 19세미만피해자등 → 피해자의 진술 내용과 조사 과정을 비디오녹화 기 등 **영상물 녹화장치로 녹화·보존 要**(성폭법 §30①) ⓒ **피해자 또는 법정대리인이 이를 원하지 아니하는 의사를 표시한 경우** **촬영 不可** [경간 14, 경승 15]

영상 녹화물의 용도	성폭력 피해자 영상 녹화물	② 증거능력 　⑦ 촬영한 영상물에 수록된 피해자의 진술은 → 공판준비기일 또는 공 　　판기일에 **피해자**나 조사 과정에 **동석**하였던 **신뢰관계에 있는 사람** 또 　　는 **진술조력인**의 진술에 의하여 그 **성립의 진정함이 인정**된 경우 → 　　증거 ○(동⑥, 19세 미만 피해자인 경우에는 위헌, 2018헌바524)[경 　　간 14] 　⑥ 위 규정으로 증거능력이 인정되는 것은 **영상물에 수록된 피해자의 진** 　　**술 그 자체**임 ∴ 피해자에 대한 경찰 진술조서 or 조사과정 동석 신 　　뢰관계자의 공판기일에서의 진술은 그 대상 ×(2009도12048)
조사신청		① **피고인이 아닌 피의자의 진술**을 영상녹화한 사건 　⑦ 피고인 아닌 피의자가 그 조서에 기재된 내용이 **자신이 진술한 내용과 동일하게** 　　**기재되어 있음을 인정하지 아니하는 경우** → **검사**는 그 부분의 성립의 진정을 증명 　　하기 위하여 **영상녹화물의 조사신청 可**(2020.12.28. 개정규칙 §134의2①) 　[참고] 종래 위 규칙의 조문에는 "**피고인이 된 피의자의 진술**을 영상녹화한 사건에서 피고인 　　이 그 조서에 기재된 내용이 피고인이 진술한 내용과 동일하게 기재되어 있음을 인정 　　하지 아니하는 경우"도 규정되어 있었으나, **2020.2.4. 개정**에 의하여 검사 작성 피 　　고인이 된 피의자신문조서의 진정성립 증명을 위한 **영상녹화물 조사가 허용되지 않** 　　**게 됨**에 따라(2021.1.1. 시행) 그 영상녹화물 증거조사 절차를 규정한 대법원규칙(형 　　사소송규칙)도 개정 → 이에 동규칙 동조 ②의 "피고인이 된 피의자의 진술 영상녹화 　　조사신청 시에는 영상녹화를 마친 시각과 조사 장소 및 피고인 또는 변호인이 진술과 　　조서 기재내용의 동일성을 다투는 부분의 영상을 구체적으로 특정할 수 있는 시각을 　　기재한 '서면'을 검사가 제출하여야 한다"는 내용도 삭제됨 　⑥ 영상녹화물의 내용 요건 : 조사가 개시된 시점부터 조사가 종료되어 피의자가 조 　　서에 기명날인 또는 서명을 마치는 시점까지 전과정이 영상녹화된 것으로 피의자 　　의 신문이 영상녹화되고 있다는 취지의 고지(피의자신문 시 영상녹화를 위한 사 　　전고지 요건), 영상녹화를 시작하고 마친 시각 및 장소의 고지, 진술거부권·변호 　　인의 참여를 요청할 수 있다는 점 등의 고지, 조사를 종료하는 시각 등의 내용을 　　포함하는 것이어야 함(동③) ② **피의자 아닌 자의 진술**에 대한 영상녹화물의 조사 　⑦ 피의자가 아닌 자가 공판준비 또는 공판기일에서 조서가 자신이 검사 또는 사법 　　경찰관 앞에서 **진술한 내용과 동일하게 기재되어 있음을 인정하지 아니하는 경우** 　　→ **검사**는 그 부분의 성립의 진정을 증명하기 위하여 **영상녹화물의 조사를 신청** 　　**可**(규칙 §134의3①) 　⑥ 영상녹화 동의서 첨부의무 : 검사는 **피의자가 아닌 자가 영상녹화에 동의하였다는** 　　**취지로 기재하고 기명날인 또는 서명한 서면을 첨부**하여야 함(참고인 조사 시 영상 　　녹화를 위한 사전동의 요건, 동②)

🔗 한줄판례 Summary

공동피고인(원진술자)이 법정에서 **진정성립을 인정**하고 그 임의성이 인정되는 경우 → 다른 공동피고인이 증
거로 함에 동의하지 않아도 → 다른 공동피고인의 범죄사실에 대한 유죄의 증거 ○(95도2930)[법원 12, 국9
15, 경간 12]

Ⅳ   진술서

1. 의의 및 종류

의 의	피의자·피고인·참고인이 스스로 자기의 의사·사상·관념 및 사실관계를 기재한 서면 (例 자술서, 진술서, 시말서) → 자필 不要(例 타이프라이터 기타 부동문자로 작성 ○) [교정9 특채 11] → 당해 사건의 수사절차·공판절차에서 작성 不要 → 사건과 관계없이 작성된 일기나 메모 등 ○
종 류	① 수사과정에서 작성한 진술서(§312⑤) ② 그 밖의 과정에서 작성한 진술서(§313①②)

2. 수사과정에서 작성한 진술서(§312⑤)

의 의	① 피고인 또는 피고인이 아닌 자가 수사과정에서 작성한 진술서 : §312① ~ ④ 준용 (§312⑤) ② 수사기관이 진술조서를 작성하지 않고 피의자·참고인으로 하여금 직접 진술서를 작성·제출케 함으로써 §312의 엄격한 전문법칙 예외요건을 우회하여 §313의 완화된 요건을 적용받고자 한 시도를 타파·부정(82도1479 전합) [경 09/2차, 경 14/2차]	
증거능력 인정요건	검사의 수사과정에서 작성한 피고인(당해 피고인)이 된 피의자의 진술서(§312①)	① 적법한 절차와 방식 ② 내용의 인정 〈2020.2.4. 개정, 2022.1.1. 시행〉
	사법경찰관의 수사과정에서 작성한 피고인 이 된 피의자의 진술서(§312③) [경 04/1차, 경 05/1차, 경 05/3차]	① 적법한 절차와 방식 ② 내용의 인정 [경 14/2차]
	검사·사법경찰관의 수사과정에서 작성한 피고인 아닌 자(참고인, 공동피고인 등 피 고인이 되지 않은 피의자 포함)의 진술서 (§312④)	① 적법한 절차와 방식 ② 실질적 진정성립 ③ 반대신문의 기회보장 ④ 특신상태

> **한줄판례 Summary**
>
> ① 피고인 아닌 자가 **수사과정에서 진술서를 작성** → **수사기관이 조사과정을 기록하지 아니하여 절차를 위반**한 경우(법 §244의4③① 위반) → 진술서의 증거능력 ×(2013도3790) [국7 16, 경 16/1차]
> ② **압수조서 중 '압수경위'란**에 기재된 **피고인이 범행을 저지르는 현장을 직접 목격한 사람의 진술** → 법 §312⑤에서 정한 '피고인이 아닌 자가 수사과정에서 작성한 진술서'에 준하는 것 → 피고인이 증거로 함에 동의 → 유죄의 증거 ○ & 자백보강증거 ○(피고인의 휴대전화기 압수의 위법과는 무관한 별개의 증거, 2019도13290) [경 24/2차]

3. 그 밖의 과정에서 작성한 진술서(§313①②)

의 의	① **§313①②** : §311·§312 이외에 피고인 또는 피고인 아닌 자가 작성한 진술서나 그 진술을 기재한 서류(이하 진술기재서류) 및 같은 내용을 담은 디지털증거에 관한 전문법칙의 예외요건을 규정한 것
	② **§313①②의 진술서** : 수사 이전에 직접 작성하였거나 수사 과정에서 작성되지 아니한 (직접 작성한) 진술서를 피고인 또는 제3자가 법원에 직접 제출하거나, 공판심리 중에 직접 작성하여 법원에 제출한 진술서로 제한(§312⑤과의 구별)
	③ **§313①의 진술기재서류** : 변호인이나 수사기관 이외의 제3자가 피고인 또는 피고인 아닌 자의 진술을 기재한 서류
16년 5월 개정	① **디지털증거의 포함** : 피고인 또는 피고인 아닌 자가 작성하였거나 진술한 내용이 포함된 문자·사진·영상 등의 정보로서 컴퓨터용디스크, 그 밖에 이와 비슷한 정보저장매체에 저장된 것(이하 디지털증거)이 포함됨(동③의 감정서도 같음)(§313①本, 동③)
	② **진술서에 대한 진술 이외 객관적 방법에 의한 성립의 진정의 증명** : 진술서의 작성자가 그 성립의 진정을 부인하는 경우 → '과학적 분석결과에 기초한 디지털포렌식 자료, 감정 등 객관적 방법'(이하 '객관적 방법')으로 성립의 진정함이 증명되는 때에는 증거로 할 수 있도록 함(§313②本)
	③ **피고인 아닌 자의 진술서에 대한 피고인·변호인의 반대신문권의 보장** : 피고인 또는 변호인이 공판준비 또는 공판기일에 그 기재내용에 관하여 참고인 등 당해 작성자를 신문할 수 있어야 한다는 요건이 추가(§313②但)

증거능력 인정요건	진술서	피고인의 진술서 : **자 + 성** (진술 or 객관)	① **자필**이거나 **서명** 또는 **날인**이 있는 것 ② **성립의 진정의 증명** : 성립의 진정은 형식적 진정성립과 실질적 진정성립을 포함하는 개념 → 성립의 진정만 증명되면 되고 내용의 인정이나 특신상태 不要(§313①本) ㉠ 공판준비나 공판기일에서의 당해 **작성자(= 진술자)의 진술에 의하여** 증명 ㉡ 작성자가 성립의 진정을 부인하는 경우 → **객관적 방법에 의하여** 성립의 진정 증명(동②本)
		피고인 아닌 자의 진술서 : **자 + 성** (진술 or 객관) **+ 반**	① **자필 or 서명 or 날인** ② **성립의 진정의 증명** : 작성자(= 진술자)의 **진술 or 객관적 방법** ③ **반대신문권의 보장** : 피고인 또는 변호인이 공판준비 또는 공판기일에 그 기재내용에 관하여 작성자를 신문할 수 있었어야 함(동②但)

| 증거능력 인정요건 | 진술 기재서류 | 피고인의 진술기재서류 : **자** + **성**(작성자) + **특** | ① **자필 or 서명 or 날인**
② **성립의 진정의 증명**(동①但, 이하 같음)
 ㉠ **작성자의 진술**에 의하여 증명 要
 ㉡ 원진술자(피고인)의 진술에 의한 증명 不要 (判, 2012도7461 등)
 ㉢ **객관적 방법에 의한 증명 不可** : §313②本은 진술서만 적용되고 진술기재서류에는 적용 ×(학설 대립 有)
③ **특신상태** : 진술조서의 특신상태와 같은 의미
④ **'피고인의 공판준비 또는 공판기일에서의 진술에 불구하고'** : '**피고인의 실질적 진정성립을 부인하는 진술에도 불구하고**'(완화요건설, 判, 반대견해로 가중요건설 有) 작성자의 진정성립 인정 및 검사의 특신상태 증명이 있으면 증거능력 인정
⑤ **피고인의 진술서 특신상태** 요부 : (견해 대립) **판례는 특신상태 검토**한 것도 있음(2000도1743)(예외적 판례로 정리) |
| | | 피고인 아닌 자의 진술기재서류 : **자** + **성**(진술자) | ① **자필 or 서명 or 날인**
② **성립의 진정의 증명**
 ㉠ **진술자의 진술**에 의함(§313①本)
 ㉡ **객관적 방법에 의한 증명 不可**(학설 대립 有) |

🔗 한줄판례 Summary

① **피해자**가 피고인으로부터 당한 공갈 등 피해 내용을 담아 **남동생에게 보낸 문자메시지를 촬영한 사진** : **피해자의 진술서** = 피고인 아닌 자의 진술서 : **자 + 성(+ 반)**(2010도8735) [경 24/2차]
② **피고인의 자필로 작성된 진술서** : §313① 단서에 의하여 **특신상태 要**(2000도1743, 예외적 판례)
③ **피고인과의 대화 내용을 녹음한 녹음테이프** : 작성자의 진술에 의하여 **진술한 대로 녹음된 것임을 증명 + 특히 신빙할 수 있는 상태** = 피고인의 진술을 기재한 서류 : 자 + 성 + 특(2012도7461)
④ **피고인의 동료 교사**가 학생들과의 사적 대화 중 피고인이 수업시간에 학생들에게 북한을 찬양·고무하는 발언을 하였다는 사실에 대한 **학생들의 대화 내용을 학생들 모르게 녹음한 녹음테이프 및 그 검증조서** : **원진술자인 학생들의 진술에 의하여 성립의 진정이 증명**되어야 함 = 피고인 아닌 자의 진술을 기재한 서류 : 자 + 성(96도2417)
⑤ **대검찰청 소속 진술분석관이 피해자와의 면담내용을 녹화한 영상녹화물** : 수사과정 외에서 작성된 것이라고 볼 수 없으므로 **법 제313조제1항 ×**, 영상녹화물은 수사기관 작성 피의자신문조서나 피고인 아닌 자의 진술을 기재한 조서나 피고인 또는 피고인이 아닌 자가 작성한 진술서 모두 아니므로 **법 제312조에 의하여 증거능력 인정할 수도 없음**

V 수사기관의 검증조서(§312⑥)

| 의 의 | 수사기관이 검증을 실시하고 그 결과를 기재한 서면
① 수사기관의 영장에 의한 검증(§215), 영장에 의하지 아니한 검증(§216, §217, 당사자 참여 ×), 승낙에 의한 검증 등의 결과를 기재한 조서, 당해 사건 이외 다른 사건의 검증조서 : 포함 ○
② **수사보고서에 검증의 결과**에 해당하는 기재가 있는 경우 : 실황조사서에 해당하지 않고 단지 수사의 경위 및 결과를 **내부적으로 보고하기 위하여 작성된 서류에 불과함** → 전문법칙 예외 규정의 적용대상 × → 기재부분은 **증거 ×**(2000도2933) [경 06/2차] |

		검사 또는 사법경찰관이 검증의 결과를 기재한 조서는 ① **적**법성 : 적법한 절차와 방식에 따라 작성된 것으로서, ② **성**립의 진정 : 공판준비 또는 공판기일에서의 작성자의 진술에 따라 그 성립의 진정함이 증명된 때에는 → 증거 미
증거능력 인정요건 : 적/성	전제조건 영장주의	(승낙검증이 아닌) 검증은 강제처분 → 영장주의 → **영장주의에 위반**하여 이루어진 검증의 결과를 기재한 조서 → **위법수집증거배제법칙(§308의2)** → 증거 ×
	적법한 절차와 방식	① 적법한 절차와 방식에 따라 작성 要 ② 적법한 절차와 방식에 따르지 아니한 경우 : 수사기관의 검증 시 당사자의 참여권(§219, §145, §122, §121)이 보장되지 아니하였거나 신체검사 시 주의사항(§219, §141)을 준수하지 아니한 경우 → 증거 ×
	성립의 진정	① **작성자의 진술**에 의한 성립의 진정의 인정 [국9 10, 경 08/1차, 경 09/2차, 경 10/1차] ② 작성자 : 검증조서의 **작성자인 검사 또는 사법경찰관 → 검증에 참여한 자에 불과한 사법경찰리나 피고인은 성립의 진정 인정 ×**(76도500) [경 02/3차, 경 12/3차] ③ **영상녹화물 등에 의해서는 증명 不可**
관련 문제	검증조서 기재 진술	① 의의 : 수사기관의 검증조서에 기재된 검증참여자의 진술의 증거능력 요건 ② **사법경찰관이 작성한 검증조서**에 기재된 **피고인의 진술기재 부분(진술내용 및 범행 재연 부분)** : 검증조서가 아닌 **피의자신문조서 →** 피고인이 **내용을 인정**할 때에만 증거 ○(98도159; 2003도6548) [국9 12, 교정9 특채 12, 경 07/1차] [정리] ① 검사 작성 검증조서에 기재된 피고인이 된 피의자의 진술 : §312① ② 사법경찰관 작성의 검증조서에 기재된 피고인이 된 피의자의 진술 : §312③ ③ 검사 또는 사법경찰관 작성 검증조서에 기재된 피의자 아닌 자(참고인·공동피고인)의 진술 : §312④
	실황조사서의 증거능력	① 실황조사서 : 임의수사의 한 방식으로 수사기관이 교통사고, 화재사고 등 범죄현장 기타 장소에 임하여 실제 상황을 조사하고 그 실황조사의 경위와 결과를 기재한 서류(검찰사건사무규칙 §51) ② 실황조사 : **범행 중 or 범행 직후 사고현장**에서 행해지는 **영장주의의 예외인 긴급검증**에 해당 → **지체 없이 사후검증영장을 발부받아야 함**(§216③) if not 위법수집증거(88도1399) [국9 09/22] ③ **실황조사서가 검사·사법경찰관의 의견 기재 불과 : 증거능력 ×**(83도948)

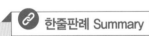 **한줄판례 Summary**

① **수사보고서에 검증의 결과에 해당하는 기재가 있는 경우 : 증거능력 ×**(2000도2933)
② 피고인이 공판정에서 **사법경찰관이 작성한 실황조사서**에 기재된 **진술 내용 및 범행 재연의 상황을 모두 부인** : 증거능력 ×(사경작성 실황조사서에도 **§312③** 적용, 84도378; 89도1557) [경승 11, 경간 12, 경 10/2차]

Ⅵ 감정서(§313③)

의 의	감정의 경과와 결과를 기재한 서면(디지털증거 포함)
범 위	① 법원의 명령에 의한 감정인이 제출하는 감정서(§171) ○ ② 수사기관의 촉탁을 받은 감정수탁자가 작성한 감정서(§221의3) ○ ③ 사인이 의뢰하여 의사가 작성한 진단서 : 감정서 ×(∵ 법원의 명령이나 수사기관의 촉탁이 없었다는 점에서) → 피고인 아닌 자의 진술서에 준하여 §313①② 적용(4293형상247)
증거능력의 인정요건 : 자/성/반	① 성립의 진정 : 작성자(감정인 또는 감정수탁자)의 **자필이거나 서명 또는 날인**이 있고, 그 작성자의 **공판진술 또는 객관적 방법에 의하여 그 성립의 진정함이 증명**되고 피고인·변호인의 **반대신문권이 보장**되어야 증거능력 有 [행시 02, 경 10/2차] ② 감정인의 진술불능의 경우 : §314 적용 ∴ 특신상태 존재하면 증거능력 ○

Ⅶ 증거능력에 대한 예외(§314)

의 의		§312 또는 §313의 경우에 공판준비 또는 공판기일에 진술을 요하는 자가 사망·질병·외국거주·소재불명 그 밖에 이에 준하는 사유로 인하여 진술할 수 없고 그 진술 또는 작성이 특신상태 하에 행해졌음이 증명되면 그 조서 및 그 밖의 서류(디지털증거 포함)를 증거로 할 수 있음(§314)
성 격		① §312·§313 조서·서류가 원진술자의 진술불능으로 인하여 피고인이 반대신문권을 행사할 수 없는 경우에 대비한 보충적 규정(전문법칙의 예외의 예외, 전형적인 영미법상 전문법칙의 예외) ② **반대신문권의 결여된 전문증거를 필요성**에 근거하여 증거능력을 부여할 수 있는 **예외**규정
적용범위 : 반대신문권의 결여가 문제되는 증거	**피고인이 된 피의자신문조서 피고인진술서**	당해 피고인은 반대신문권의 주체 ○, 대상 × and 피고인의 출석 없이는 원칙적으로 공판이 개정되지 못함 ∴ §312①③의 피의자신문조서 및 §313①의 피고인 진술서·진술기재서류 → §314 적용 ×
	공범자 공동피고인 피의자신문조서	① 검사 작성 공범자 아닌 자에 대한 피의자신문조서 : §312④ 적용 → **§314 적용** ○(83도2945) ② 사법경찰관 작성 공범자 피의자신문조서 : §312③ 적용 → **당해 피고인 내용 부인 시 증거능력 부정** ∴ **§314 적용 ×**(2003도7185 전합) [법원 13, 교정9 특채 11, 해간 12, 경승 10/14, 경 05/1차]
	참고인진술조서 참고인진술서	① 반대신문권의 결여로 증거능력 부정 → **전형적인 §314의 적용대상**에 해당 ○ ② **참고인 진술내용 포함 문자·사진·영상 등 정보로서 컴퓨터용디스크, 그 밖에 이와 비슷한 정보저장매체에 저장된 것 포함** ○(2016.5.29. 개정)

적용범위 : 반대신문권의 결여가 문제되는 증거	외국 수사기관 참고인진술조서	<u>외국 수사기관 작성 조서·서류</u> → **§314** 요건 갖추면 유죄 증거 ○(97도1351) [법원 13]
	진술자의 서명·날인이 없는 서류	외국에 거주하는 참고인과의 **전화 대화내용을 문답형식으로 기재**한 검찰주사보 작성 수사보고서 → **진술자 서명·날인 미기재** → 이미 **적법성 위반** ∴ **§314 적용** ×(98도2742)

		① **필**요성 : 공판준비 또는 공판기일에 진술을 요하는 자가 **사망·질병·외국거주·소재불명** 그 밖에 이에 준하는 사유로 진술할 수 없는 때 ② **특신상태** : 그 진술 또는 작성이 특히 신빙할 수 있는 상태 하에서 행하여졌음이 증명된 때에 한하여 → 그 조서 및 그 밖의 서류(디지털증거 포함)를 증거로 可

증거능력
인정요건 :
필/특
	필요성	① **사망·질병** : 질병은 공판이 계속되는 동안 **임상신문이나 출장신문도 불가능할 정도의 중병** 要(2004도3619) → 단지 입원한 정도 ×[경 03/2차]
		② **외국거주**
		  ㉠ 영구적 不要, 일시적 포함 but **원진술자가 단지 외국에 있다는 사정만으로는 부족 → 가능하고 상당한 수단을 다하더라도 원진술자를 법정에 출석시킬 수 없는 사정 要**(87도1446; 2004도5561; 2007도10004) [법원 12, 국7 10, 국9 15/17, 경승 13]
		  ㉡ **일본** 거주자를 증인 채택·환문 시도 → 외무부로부터 현재 일본 측에서 형사사건에 대하여는 **양국 형법체계상의 상이함**을 이유로 송달에 응하지 않고 있어 그 **송달이 불가능하다는 취지의 회신** → 증인 취소 : 외국거주 ○(87도1446) [법원 12, 경승 13]
		  ㉢ **미국** 내 주소지로 증인소환장 발송 → 원진술자가 법원에 경위서 제출, **장기간 귀국할 수 없음을 통보**한 경우 : 외국거주 ○ (2004도5561) [경 14/2차]
		  ㉣ 수사를 받던 중 **미국으로 불법도피**한 경우 : 증인소환장을 발송하는 등 조치를 취하지 않아도 원진술자 법정 신문을 기대하기 어려운 사정 인정 → 외국거주 ○(2001도5666)
		  ㉤ 원진술자가 **외국에 거주**하고 있어 공판정 출석을 거부하면서 **공판정에 출석할 수 없는 사정을 밝히고 있는 경우 : 증언 자체 거부의사 분명한 경우가 아닌 한** → **외국거주** ×(사법공조절차에 의한 증인소환 등 절차를 거쳐야 함, 2015도17115)
		③ **소재불명 그 밖에 이에 준하는 사유**
		  ㉠ 의의 : **소환장이 송달불능된 것으로는 부족**하고 송달불능이 되어 **소재수사를 하였어도 소재를 확인할 수 없는 경우**여야 함(83도931; 99도202; 2003도171)(**소환장 송달불능 + 소재수사에도 구인 불능**) [법원 12, 경승 13]
		  ㉡ **소재불명 그 밖에 이에 준하는 사유에 해당하는 경우**
		    ⓐ 원진술자가 피고인의 보복이 두렵다는 이유로 주소를 옮기고 **소환에도 응하지 않아 구인장을 발부하였으나 그 집행조차 되지 아니한 경우**(95도523) [국7 10]
		    ⓑ 일정한 주거를 가지고는 있으나 **법원의 소환에 계속 불응하고 구인하여도 구인장이 집행되지 아니하는 경우**(2000도1765) [법원 12, 경승 13]

증거능력 인정요건 : 필/특	필요성	

ⓒ 증인에 대한 **구인장의 강제력에 기하여** 증인의 법정 출석을 위한 가능하고도 충분한 노력을 다하였음에도 끝내 구인의 집행이 되지 않는 경우(2004도3619 등)

ⓓ 사망 또는 질병에 준하여 증인으로 소환될 당시부터 **기억력이나 분별력의 상실상태**인 경우

ⓔ **노인성 치매로 인한 기억력 장애**(91도2281) [국9 15, 경승 10]

ⓕ 진술자들이 모두 일정한 주거 없이 **전전유전하는 넝마주이**(68도488)

ⓖ **피해자**(사건 당시 4세 6개월, 증언 당시 6세 11개월)가 일정한 사항에 관하여 **기억이 나지 않는다**는 취지로 진술하여 그 진술의 일부가 **재현 불가능**하게 된 경우(99도3786) [국7 10, 경승 09/10/13]

ⓗ 원진술자가 **공판정에 진술을 한 경우라도** 증인신문 당시 일정한 사항에 관하여 **기억이 나지 않는다**는 취지로 진술하여 그 진술의 일부가 **재현 불가능**하게 된 경우(2005도9561) [국7 10]

ⓒ **소재불명 그 밖에 이에 준하는 사유에 해당하지 않는 경우**

　ⓐ **증인소환장을 송달받고 출석하지 않은 경우**

　ⓑ 주소불명으로 **소환장이 송달불능**된 경우

　ⓒ **형식적으로 구인장 집행이 불가능**하다는 취지의 서면이 제출된 경우

　ⓓ 소환장 송달불능 시 **소재탐지촉탁에 의해 소재확인을 하지 않은 경우**

　ⓔ **소재탐지촉탁을 하였으나 그 회보가 오지 않은 경우**(96도575)

　ⓕ **주소지가 아닌 곳으로 소환장**을 보내 송달불능이 되자 그곳에 소재탐지 끝에 소재불능회보를 받은 경우(79도1002) [경승 09/10]

　ⓖ 증인으로 소환받고 **출산을 앞두고 있다**는 사유로 출석하지 아니한 경우(99도915) [국9 15, 경간 15, 경승 09, 경 14/2차]

　ⓗ 만 5세 무렵에 당한 **성추행으로 인하여 외상 후 스트레스 증후군(PTSD)**을 앓고 있다는 등 이유로 공판정에 출석하지 아니한 약 10세 남짓의 성추행 피해자의 경우(2004도3619) [법원 12, 국7 10, 경승 09/10/13, 경 14/2차]

　ⓘ 법정에 출석한 증인이 **정당하게 증언거부권을 행사**하여 증언을 거부한 경우(2009도6788 전합) [법원 12/13/14/15/16/17, 국9 15/17, 경승 13, 경 12/2차] → **정당하게 증언거부권 행사한 것이 아니더라도** (피고인의 증언 거부사항 초래가 아닌 한) 역시 증거능력 ×(2018도13945 전합) [국7 23]

　ⓙ 증거서류의 진정성립을 묻는 검사의 질문에 대하여 피고인이 **진술거부권을 행사**하여 진술을 거부한 경우(2012도16001) [법원 16, 국7 15]

ⓔ 소재불명 기타 사유의 증명 : **검사 입증 要**(2006도7228) [법원 08, 국9 17]

증거능력 인정요건 : 필/특	특신상태	① 필요성이 인정되어도 <u>그 진술·작성이 특히 신빙할 수 있는 상태하에서</u> <u>행하여졌음</u>이 증명된 때에 한하여 그 조서 및 그 밖의 서류를 증거로 可 ② 특신상태의 의미는 <u>진술조서의 특신상태와 同</u>

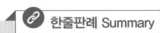
한줄판례 Summary

14~15년 전 성폭법위반(특수준강간)에 대하여 망인이 자살 직전 작성한 유서 → 특신상태 ×(2023도13406)

Ⅷ 당연히 증거능력 있는 서류(§315)

의 의		① 공무원 또는 외국공무원의 직무상 증명할 수 있는 사항에 관하여 작성한 문서 ② 업무상 필요로 작성한 통상문서 ③ 기타 특히 신용할 만한 정황에 의하여 작성된 문서는 당연히 증거능력 ○
범 위	공권적 증명문서 (제1호)	① 의의 : 공무원·외국공무원이 공적인 증명을 목적으로 엄격한 증빙서류를 바 탕으로 하여 작성된 문서 → 고도의 신용성이 보장되고, 원본의 제출이나 작성공무원에 대한 신문이 어렵다는 필요성 때문에 증거능력 인정 ② 해당되는 문서 　㉠ **가족관계기록사항에 관한 증명서** [법원 08, 경승 14/15, 경 08/3차] 　㉡ **공정증서등본(등기부등본)** [법원 08] 　㉢ **공무원·외국공무원의 직무상 작성문서** [경 08/3차] 　㉣ **일본 하관(下關, 시모노세키) 세관서 통괄심리관 작성의 범칙물건감정서등본** 　　(83도3145) [국9 14, 경 12/1차, 경 15/3차] 　㉤ 기타 　　• **주민등록등본** [경간 13] 　　• 인감증명서·신원증명서 　　• 전과조회회보 　　• **국립과학수사연구원장 작성 감정의뢰회보서** [경 11/1차, 경 13/2차, 경 15/3차] 　　• **세관공무원이 작성한 감정서** [교정9 특채 12] 　　• **군의관(의사 ×)이 작성한 진단서** [경승 14, 경 09/2차] 　　• **보건사회부장관의 시가조사보고서** [경 08/3차] ③ 해당되지 않는 문서 　㉠ **검사의 공소장**(78도575)(형사재판을 청구하는 서류이지 그 자체가 실체 　　진실을 증명하지는 않음) [국7 00, 경승 15, 경 11/1차] 　㉡ **수사기관 작성 피의자신문조서·진술조서·검증조서** → §312 ○, §315 1. × 　㉢ **외국수사기관(FBI)**이 수사결과 얻은 정보를 회답하여 온 문서(79도1852) 　　[국9 09, 경 09/2차, 경 13/2차] 　㉣ **주중대사관 영사**가 작성한 사실확인서(공인을 제외한 부분)(2007도7257) 　　[법원 24] 　㉤ 기타 　　• 수사보고서 　　• **외국수사기관 작성 수사보고서** [경승 14] 　　• **육군과학수사연구소 실험분석관 작성 감정서**(76도2960) [경 08/3차, 경 11/1차, 　　경 12/1차, 경 15/3차] 　　• **단순히 상급자 등에 대한 보고를 목적으로 작성된 문서**(2007도7257)

범 위	**업무상 통상문서** (제2호)	① 의의 : 범죄사실의 인정 여부와는 관계없이 자기에게 맡겨진 **사무를 처리한 내역을 그때그때 계속적·기계적으로 기재한 문서** → 사무처리 내역을 증명하기 위해 규칙적·반복적으로 기재하여 기록자의 주관적 개입의 여지가 거의 없어 작성자를 소환해도 서면제출 이상의 의미 밖에 없으므로 증거능력 인정 ○ ② 해당되는 문서 　㉠ **상업장부** [법원 08, 국9 16, 경 02/3차] 　㉡ **항해일지** [국7 00, 국9 16, 경간 13] 　㉢ 금전출납부·전표·통계표 　㉣ **금전출납내역을 그때그때 기계적으로 작성한 비밀장부** [국7 15, 국9 09/14, 해간 12, 경승 10/13/14/15, 경 09/2차, 경 10/2차, 경 12/1차, 경 13/2차, 경 15/3차] ≠ 그 장부를 만들면서 외부에 보이기 위해 작성한 표면상의 장부는 포함 × 　㉤ **의사의 진료부(진료일지)** [경 09/2차] 　㉥ **성매매업소 작성 성매수자 정보 메모리카드**(2007도3219) ③ 해당되지 않는 문서 　㉠ **사인인 의사가 작성한 진단서**(69도179) [국9 16, 경 03/2차, 경 07/1차, 경간 13] 　　→ §313①② ○, §315 2. × 　㉡ **국정원 심리전단 사건의 425지논 파일과 시큐리티 파일**(2015도2625 전합) 　　→ §313① ×, §315 2. ×
	기타 특신문서 (제3호)	① 의의 : §315 1.·2.에 준할 정도로 고도의 신용성이 보장될 만한 정황에 의하여 작성된 문서 → 굳이 반대신문의 기회 부여 여부가 문제되지 않음 ② 해당되는 문서 　㉠ 공공기록·역서·보고서 　㉡ 정기간행물의 시장가격표, 스포츠기록 　㉢ 공무소작성 각종 통계·연감 　㉣ **다른 사건의 공판조서**(2004도4428) [국9 14, 경 08/3차] → §311(당해사건) ×, §315 3. ○ 　㉤ **구속전피의자심문조서**(영장실질심사, 99도2317) 　㉥ **구속적부심문조서**(2003도5693)(수임판사 ∴ §311의 공판준비기일·공판조서 ×) [국9 14, 법원 24, 교정9 특채 12, 경승 14/15, 경 09/1차, 경 11/1차, 경 12/1차, 경 13/2차] 　㉦ **군법회의판결사본**(교도소장이 교도소 보관 중인 판결등본을 사본한 것)(81도2591) [법원 08, 경간 13, 경 11/1차] 　㉧ **사법경찰관 작성의 새세대 16호에 대한 수사보고서** : 피고인이 검찰에서 소지 탐독사실을 인정하고 있는 새세대 16호라는 유인물의 내용을 분석하고 이를 **기계적으로 복사하여 그 말미에 그대로 첨부**한 문서(92도1211) [경 08/3차] ③ 해당되지 않는 문서 　㉠ **주민들의 진정서** 사본(83도2613) [국9 09, 경 02/2차, 경 11/1차, 경 07/1차] 　㉡ 감정서 [법원 08] → §313③ ○, §315 3. × 　㉢ **피의자자술서** [경 07/2차] → §312⑤ or §313①② ○, §315 3. × 　㉣ **체포·구속인접견부**(2011도5459) [국9 16, 국7 23, 법원 24, 경 24/2차] 　㉤ **'425지논 파일'·'시큐리티 파일'**(2015도2625) 　㉥ **수사기관의 의뢰에 따라 건강보험심사평가원에서 작성한 입원진료 적정성 여부 등 검토의뢰에 대한 회신**(2017도12671) [국9 20/19, 국7 20, 경 18/2차]

의 의	개 념	타인(乙, 원진술자)의 진술을 전해 들은 또 다른 타인(甲, 전문진술자)이 그 전문한 사실을 법원에 진술하는 것
	성 격	필요성과 신용성의 정황적 보장을 근거로 전문진술의 증거능력을 예외적으로 인정
피고인의 진술을 내용으로 하는 제3자의 진술 (§316①)	의 의	피고인이 아닌 자(조사자·조사참여자 포함)의 공판준비·공판기일 진술 → 피고인의 진술을 그 내용으로 하는 것 → 그 진술이 특히 신빙할 수 있는 상태하에서 행하여졌음이 증명된 때 → 증거 可(§316①) [경간 12, 해간 12, 경승 12/14]
	적용범위	① 원진술 : 피고인의 진술 　㉠ 피고인의 지위에 행하여진 것 不要 　㉡ 피의자·참고인·기타 지위에서 행해진 것 포함 　㉢ 당해 피고인만 → ∴ 공동피고인·공범자 ×(동②의 피고인 아닌 자 ○) ② 전문진술 　㉠ 피고인 아닌 자 　㉡ 사건 직후 피고인의 자백을 청취한 자 　㉢ 대질 등 수사과정에서 피고인의 진술을 들은 제3자 　㉣ 공소제기 전 피고인을 피의자로 조사하였거나 그 조사에 참여하였던 자 : 사법경찰관인 **조사자 법정증언** 증거능력 인정 [경 09/2차, 경 14/2차] 　　[정리] ① 조사자증언 → 원진술의 **특신상태** ○ : §316①이 출제된 것으로 증거 ○ 　　　　　② 사법경찰관의 증언에 대해 피고인의 **내용 부인** : §312③이 출제된 것으로 증거 ×(97도2211) 　㉤ 조사한 검사 ○ : 공소제기 전 피고인을 피의자로 조사하였던 검사의 법정증언이 피고인의 진술을 그 내용으로 하는 것인 때 원진술의 특신상태 증명되면 증거 ○ [국9 13]
	증거능력 인정요건 (특)	⟨특신상태⟩ ① 피고인의 원진술이 특히 신빙할 수 있는 상태하에서 행하여졌음이 증명되어야 함 　∴ 증인의 증언내용이 **피고인이 경찰에서 피의자로서 조사받을 때 담당수사경찰이 없는 자리에서 자기에게 자백진술을 하였다는 내용**인 경우 : 원진술의 **특신상태 ×** → 증거 ×(80도1289) ② 원진술자인 피고인 출석 전제함 ∴ 사망·질병·외국거주·소재불명 등은 본항의 요건 ×
피고인 아닌 자의 진술을 내용으로 하는 제3자의 진술 (§316②)	의 의	피고인 아닌 자의 공판준비·공판기일 진술 → 피고인 아닌 타인의 진술을 그 내용으로 하는 것 → 원진술자가 사망, 질병, 외국거주, 소재불명 그 밖에 이에 준하는 사유로 인하여 진술할 수 없고 그 진술이 특히 신빙할 수 있는 상태 하에서 행하여졌음이 증명된 때 → 증거 可 [경승 09, 경 10/1차]
	적용범위	① 원진술 : 피고인 아닌 타인의 진술 　㉠ 증언능력 : 전문진술자가 원진술자로부터 진술을 들을 당시 원진술자는 **증언능력에 준하는 능력을 갖춘 상태 要**(2005도9561) 　　ⓐ 증언능력은 단지 공술자의 연령만으로 판단 ×, 지적 수준에 따라 개별적·구체적 결정(99도3786; 2004도3161)

	적용범위	ⓑ 사고 당시 만 3세 3개월 내지 만 3세 7개월 가량이던 피해자인 여아 (원진술자)의 증언능력 인정되는 경우 : 피해여아 진료한 정신과 전문의 등의 전문진술은 증거 ○(2005도9561) [국9 17] ⓒ 제3자·공범자·공동피고인 : 원진술자(피고인 아닌 타인) 포함 ○ [국7 13, 국9 11, 경간 15, 해간 12, 경승 09/12/14, 경 15/2차] ② 전문진술 　㉠ 피고인 아닌 자 　㉡ 조사자 : 공소제기 전에 피고인 아닌 자를 조사하였거나 그 조사에 참여하였던 자 포함
피고인 아닌 자의 진술을 내용으로 하는 제3자의 진술 (§316②)	증거능력 인정요건 (필+특)	〈필요성 + 특신상태〉 ① 필요성 　㉠ 원진술자가 사망, 질병, 외국거주, 소재불명 그 밖에 이에 준하는 사유로 인하여 진술할 수 없어야 함 　　ⓐ §314의 필요성과 同 　　ⓑ 공범자의 진술을 내용으로 하는 제3자의 진술의 경우 : 필요성 부정 시 증거 × [행시 04] 　㉡ 필요성 인정 : 원진술자가 **공판정에 출석하였으나** 증인신문 당시 일정한 사항에 관하여 **기억이 나지 않는다**는 취지로 진술하여 **그 진술의 일부가 재현 불가능**하게 된 경우 → **전문진술 증거** ○(2005도9561) 　　[경 15/2차] 　㉢ 필요성 부정 　　ⓐ **원진술자가 법정에 출석하여 수사기관에서 한 진술을 부인하는 취지로 증언함** → 원진술자의 진술을 내용으로 하는 **조사자 증언의 증거능력** ×(2008도6985) [국7 13, 경승 10/11/14] 　　ⓑ **상피고인(공동피고인)이 법정에서 간통사실을 부인함** → **상피고인의 진술을 그 내용으로 하는 중인들의 진술의 증거능력** ×(84도2279) 　　[경승 09/11] ② 특신상태 : **§314의 특신상태와 同**

X 재전문

의 의	① 개념 : 전문증거를 그 내용으로 포함하고 있는 전문증거(이중의 전문) ② 재전문서류 : 전문진술을 기재한 조서 ③ 재전문진술 : 타인의 전문진술을 전해 들었다는 진술 ④ 재재전문서류 : 타인의 전문진술을 전해 들었다는 진술(재전문진술)을 기재한 조서 ⑤ 구체적 적용 　㉠ 성폭력 피해아동 A → 母 B에게 피해사실 진술 → B가 의사 C에게 A의 진술을 진술 　㉡ A가 법정에서 직접 증언 : 원본증거 　㉢ A에 대한 피해자조사를 통해 작성된 참고인진술조서 : 전문서류(§312④) 　㉣ (A가 공판정에 나올 수 없거나 나오더라도 그 진술의 일부가 재현 불가능하여) B가 대신 법정에 나와서 A의 성폭력 피해사실을 증언 : 전문진술(§316②) 　㉤ B에 대한 검사의 참고인조사를 통해 작성된 참고인진술조서 : 재전문서류(§316② + §312④)

의 의	
	→ ⓛ은 원본증거로서 증거능력 ○, ⓒⓔ⑩은 증거동의 or 전문법칙의 예외 적용되면 증거능력 ○
	ⓗ C가 법정에 나와서 B로부터 전해 들은 A의 피해사실을 증언 : 재전문진술(only 증거동의)
	ⓢ C에 대한 검사 작성 참고인진술조서 : 재전문진술을 기재한 재재전문서류(only 증거동의)
	→ ⓗⓢ은 전문진술을 원진술로 하므로 §316의 적용대상 × ∴ 전문법칙의 예외 적용 ×, 다만 피고인 측의 증거동의에 의해서만 증거능력 부여 可(이상 判例에 따른 정리)

증거능력	① 學說 대립
	㉠ 부정설 : 재전문은 이중의 예외이며 명문의 규정이 없으므로 증거로 할 수 없음
	㉡ 긍정설 : 재전문증거에 포함된 전문진술이 필요성과 신용성의 정황적 보장의 요건을 충족하면 재전문증거도 증거능력이 인정 ○(多)
	② 判例
	㉠ **전문의 진술이 기재된 조서(재전문서류)** : 전문진술이 기재된 서류이므로 **§316와 §312 ~ §314의 적용을 받아 증거능력이 부여 可** → ㉖ 피고인의 진술을 내용으로 하는 피고인 아닌 자의 진술이 기재된 조서 : §312부터 §314까지의 규정에 의하여 증거능력이 인정되어야 할 뿐만 아니라 §316①의 규정에 따라 피고인의 진술이 특히 신빙할 수 있는 상태 하에서 행하여졌음이 증명된 때에 한하여 → 증거능력 인정 ○(2000도159; 99도4814; 2005도5831 등) [경간 14]
	㉡ **재전문진술 또는 재전문진술이 기재된 재재전문서류** : §316는 원진술이 전문진술이 아닌 **형태를 규정**할 뿐이므로 전문진술을 다시 전문한 진술에 대해서는 **적용 不可(오로지 증거동의만 可)**
	ⓐ §316에서는 실질상 단순한 전문의 형태를 취하는 경우에 한하여 예외적으로 그 증거능력을 인정하는 규정을 두고 있을 뿐, 재전문진술이나 재전문진술을 기재한 조서에 대하여는 달리 그 증거능력을 인정하는 규정을 두고 있지 아니하므로, **피고인이 증거로 하는 데 동의하지 아니하는 한 이를 증거로 할 수 없음**(2003도5255; 2003도171 등) [법원 12, 경간 14, 해간 12, 경승 09/10/13/14, 경 14/1차, 경 15/2차]
	ⓑ **피해자가 어머니에게 진술한 내용을 전해들은 아버지가 법정에서 그 내용을 진술한 경우** : 피해자와 어머니의 진술불능과 원진술의 특신상태가 증명되어도 **증거로 할 수 없음**(2000도159) [경간 14]
	㉢ 정리 : **재전문서류는 증거동의하지 않더라도 예외요건 갖추면 증거 ○** [법원 12, 경 14/1차, 경 15/2차], **재전문진술은 증거동의하지 않으면 증거 ×**

관련 문제	증거동의	재전문증거라도 피고인이 아무런 조건 없이 **증거로 함에 동의하였다면 증거능력 인정 ○**(2003도171) [국9 22, 법원 24, 경간 12]
	탄핵증거	재전문증거라도 **탄핵증거로 사용할 때에는 증거로 사용 可**
		[정리] 탄핵증거로도 사용할 수 없는 것 : ① 임의성 없는 자백, ② 위법수집증거, ③ 영상녹화물(§318의2②)

🔆 퍼써 정리 I 진술기재서(류)와 재전문서류의 구별

두 서류 모두 작성자와 진술자가 일치하지 않는다는 공통점이 있으나, 아래와 같은 차이가 있다.
① 진술기재서 : 타인의 진술을 기재한 서류로서, 이에 대해 원진술자의 서명·날인이 있는 서류를 말한다. 원진술자의 확인이 있으므로 단순한 전문증거의 형태에 속한다.

  ㉖ 대화녹음의 경우에도 진술자의 음성의 동일성이 확인되면 진술자의 자필서명·날인이 있는 것과 마찬가지이므로 여기의 진술기재서에 포함된다.

② 재전문서류 : 타인의 진술이 기재된 서류인 점에서 진술기재서와 동일하나 원진술자의 서명·날인이 없는 경우를 말한다. 원진술자의 확인절차가 결여되어 있으므로 전문진술이 기재된 서류로서 재전문 증거에 속한다. 요컨대, 재전문서류에는 원진술자의 확인이 없다.

예 전형적으로는 ㉠ 전문진술자에 대하여 수사기관이 참고인 조사를 작성한 진술조서(전문진술자의 서명 등은 있으나 원진술자의 서명 등은 없음)라든가, ㉡ 원진술자의 진술을 작성자가 듣고(전문하고, 1차 전문) 그 내용을 작성자가 서류로 만든 경우(전문서류, 2차 전문)(원진술자의 서명·날인이 없음) 등이 여기에 해당한다.

[연습] 살인현장을 목격한 친구 B가 "甲이 길 가던 여자를 죽였다."고 A에게 말한 경우
　　㉠ 이를 A가 공판정에서 증언하는 경우 : 전문진술(제316조 제2항)
　　㉡ 수사기관이 A에 대한 참고인 조사를 통하여 작성한 진술조서 : 재전문서류(제316조 제2항, 제312조 제4항)
　　㉢ A가 자필로 일기장에 기재한 경우
　　㉣ B가 여기에 서명 또는 날인을 해준 경우 : 진술기재서(제313조 제1항)
　　㉤ B가 여기에 서명 또는 날인을 해주지 않은 경우(보통의 일기장) : 재전문서류(제316조 제2항, 제313조 제1항)

XI 진술의 임의성(§317)

의 의	① 전문증거가 전문법칙의 예외에 해당하는 경우에도 진술이 임의로 한 것이 아니면 증거 × ② 피고인 또는 피고인 아닌 자의 진술이 임의로 된 것이 아닌 것은 증거로 할 수 없고(§317①), 그 서류도 그 작성 또는 내용인 진술이 임의로 되었다는 것이 증명된 것이 아니면 증거로 不可(동②). 또한 검증조서의 일부가 피고인 또는 피고인 아닌 자의 진술을 기재한 것인 때에는 그 부분에 한하여 同(동③)
조사범위	① §309(자백배제법칙)는 §317(진술의 임의성)의 특별규정 ② §317에 의하여 임의성이 요구되는 진술 : 원본진술·전문진술을 불문하고 자백 이외의 일체의 진술증거(광의설) ③ 정리 : 자백의 임의성이 인정되지 않으면 §309, 자백 이외의 진술의 임의성이 인정되지 않으면 §317에 의하여 증거능력 ×
임의성의 조사와 증명	① 진술의 임의성은 **법원의 직권조사사항**(§1) ② 조사 : 진술의 임의성의 조사는 증거조사 전에 함(원칙) but 증거조사에 들어간 후에도 임의성에 의문이 있으면 다시 조사 可 ③ 증명의 정도 : 소송법적 사실이므로 **자유로운 증명**으로 족함

XII 전문법칙 관련 문제

사 진	사진의 성격 및 유형	① 성격 : 사진은 증거가치가 높지만 인위적 조작가능성이 있으므로 비진술 증거로 취급할 것인가 진술증거로서 전문법칙을 적용할 것인가 문제됨 ② 유형 : ㉠ 사본으로서의 사진, ㉡ 진술의 일부인 사진, ㉢ 현장사진

사 진	사본으로서의 사진	의 의	사진이 증거로 제출되어야 할 서면이나 증거물의 대용물로 사용되는 경우 예 문서의 사본, 범행에 사용된 흉기의 사진

		종 류	① 원본이 **비진술증거**이거나 **원진술의 존재 자체가 요증사실**인 경우
			  ㉠ 범행에 사용된 흉기를 찍은 사진 : 비진술증거에 불과 (증거능력 ○)
			  ㉡ **정보통신망을 통하여 상대방에게 공포심·불안감을 유발하는 말·글 등을 반복적으로 도달**하게 하는 정보통신망법 위반의 공소사실 : **휴대전화기에 저장된 문자정보**는 범행의 직접적인 수단, 원진술의 존재 자체가 요증사실이므로 **전문증거 해당 ×**(증거능력 ○, 2006도2556)
			  [법원 12, 해간 12, 경승 13, 경 10/2차, 경 14/1차, 국9 17]
			  → ∴ 위 문자메시지를 휴대전화기 화면에 띄워 촬영한 사진에 대해 **피고인이 성립 및 내용의 진정을 부인한다는 이유로 증거능력을 부정한 것은 위법** [해간 12, 경승 10/13/14]
			  ㉢ **피고인이 수표를 발행하였으나 예금부족 또는 거래정지처분으로 지급되지 아니하게 하였다**는 부정수표단속법위반의 공소사실을 증명하기 위하여 제출되는 수표 : **전문증거 해당 ×**(증거능력 ○, 2015도2275)(∵ 진술 대체물이 아니라 그 서류의 존재·상태 자체가 증거가 되는 증거물인 서면에 불과)
			② **원본의 내용의 진실 여부가 요증사실**인 경우 : 군법회의 판결의 사본(81도2591)이나 주민들의 진정서 사본(83도2613)
			  → 전문증거 ○

		증거능력 인정요건 : 원(최량 증거) + α(필요시 전문법칙)	〈사본으로서의 사진의 증거능력 : 사본의 존재·상태는 **원본과의 동일성**이 인정됨을 전제로(**최량증거법칙**), 사본의 내용에 대해서는 **요증사실과의 관계**에 따라 **전문법칙**의 적용 여부를 정함〉
			① 최량증거법칙
			  ㉠ 내용 : **원본의 존재, 사본 증거조사의 필요성(원본 제출의 불가능·곤란), 사본의 정확성(원본과의 일치) 要** → 원본증거를 법정에 제출할 수 없거나 그 제출이 곤란한 사정이 있고, 그 사진의 영상이 원본증거와 정확하게 같다는 사실이 증명되어야 함(2000도5461; 2006도2556)
			  ㉡ 정리 : 최량증거법칙은 사본으로서의 사진, 녹음테이프의 사본(디지털녹음기 = 녹음테이프 = 녹취록), 영상녹화물(비디오테이프)의 사본, 전자기록(전자파일)의 출력물 등에서 원본과의 동일성 요건으로 기능
			② 전문법칙의 적용 여부
			  ㉠ **원본이 비진술증거이거나 원진술의 존재 자체가 요증사실**인 경우 : 최량증거법칙의 요건만으로 증거능력 인정
			  ㉡ **원본의 내용의 진실 여부가 요증사실**인 경우 : 최량증거법칙뿐만 아니라 전문법칙의 예외 요건을 갖추어야 증거능력 인정

사 진	사본으로서의 사진	증거조사	① 증거물의 사본인 사진 : 증거물이므로 제시의 방법에 의함(§292의2①) ② 서증의 사본인 사진 : 증거물인 서면과 같은 방식으로서, 사진에 대한 제시와 서면의 내용에 대한 낭독(또는 내용의 고지 또는 제시 · 열람)에 의함
	진술의 일부인 사진	의 의	사진이 진술증거의 일부분으로 사용되는 경우 예 검증조서 · 감정서에 사진이 첨부되는 경우 등
		증거능력 인정요건	① 진술증거의 일부 ∴ 진술증거인 검증조서나 감정서와 일체적으로 판단 ② But **사법경찰관 작성 검증조서** 중 **피고인 진술 기재 부분과 범행 재연의 사진 영상**에 관한 부분 : §312③ 적용 ∴ 내용 부인 시 증거 ×(87도2692)
		증거조사	진술증거와 일체적으로 조사
	현장사진	의 의	범행장면과 그 전후 상황을 범인의 행동에 중점을 두어 촬영한 사진(예 현금인출기의 폐쇄회로 촬영사진 등)
		증거능력	① 위법수집증거배제법칙 ㉠ 현장사진이 증거로 인정되려면 위법수집증거가 아니어야 함 ㉡ 범죄의 현행성, 증거보전의 필요성 · 긴급성, 촬영방법의 상당성이 갖추어졌다면 사진촬영은 **위법한 수사방법 ×**(2013도2511; 99도2317) ㉢ 사인에 의한 위법수집증거의 경우 : 공익의 우월성 有 → 증거능력 ○ ② 전문법칙의 적용 여부 : (견해 대립) 전문법칙을 유추적용하여 검증조서 · 진술서에 준하여 그 증거능력 제한(검증조서 등 유추적용설)(∵ 현장사진은 비진술증거임에도 불구하고 증거조작의 위험성 ○)
		증거조사	① (증거능력에는 전문법칙 적용 可 but) 비진술증거 → 제시의 방법에 의함(§292의2) ② 현장사진이 CD 등 녹화매체에 들어있으면 재생하여 시청하는 방법에 의함(규칙 §134의8)(2009도13846)
녹음 테이프	성격 · 유형	① 성격 : 녹음테이프(디지털녹음기 녹음파일 포함)는 높은 증거가치를 가진 과학적 증거방법 but 조작될 위험성이 있으므로, 녹음테이프에 대해서도 진술증거에 대해서 적용되는 전문법칙을 적용할 것인가가 문제됨 ② 유형 : ㉠ 진술녹음, ㉡ 현장녹음, ㉢ 비밀녹음	
	진술녹음	의 의	녹음테이프에 사람의 진술이 녹음되어 있고 그 진술내용의 진실성이 증명의 대상으로 되는 경우
		성 격	진술에 대신하는 서류와 그 기능이 同 → 전문증거 ○, 전문법칙 적용

| 녹음
테이프 | 진술녹음 | 증거능력
인정요건
: 원 + 전 | 〈녹음테이프 및 그 사본의 존재·상태는 **최량증거법칙**에 의해, 그 내용은 **전문법칙**에 의해 증거능력 검토〉
① 기명날인 또는 서명의 요부 : 녹음테이프 등 전자매체는 서명·날인이 적합하지 않은 증거방법 → **과학적 방법에 의해 원진술자의 음성임이 증명되면 충분** → 별도로 작성자·진술자의 서명·날인 不要(通·判, 2001도6355; 2004도6323; 2005도2945; 2008도9414 등)
② 최량증거법칙
　㉠ 그 대화내용을 녹음한 **원본**이거나, 원본으로부터 복사한 사본일 경우에는 복사과정에서 편집되는 등의 **인위적 개작 없이 원본의 내용 그대로 복사된 사본**임이 증명되어야만 함(2001도6355; 2004도6323 [국9 09/16, 경 05/2차]; 2005도2945; 2006도8869 [경 14/1차]; 2008도9414; 2012도746; 2011도6035 등)
　㉡ 대화내용을 녹음한 보이스펜 등 디지털녹음기의 파일 원본을 녹음테이프에 복사한 후 이를 풀어쓴 녹취록 : **녹음테이프와 녹취록의 내용의 일치로는 부족**하고 **원본 내용 그대로 복사된 증명 要** → 녹음테이프 대화내용이 녹취록의 기재와 일치한다거나 녹음테이프의 대화 내용이 중단되었다고 볼 만한 사정이 없다는 녹음테이프에 대한 법원의 검증 결과만으로는 증거능력 ×(2008도9414)
　　[법원 16, 국9 15/16, 경승 10, 경 14/1차]
　㉢ 디지털녹음기 녹음내용이 콤팩트디스크에 복사되어 그 내용을 담은 녹취록이 증거로 제출된 경우 : **원본동일성이 증명되지 않은 콤팩트디스크의 내용이나 이를 녹취한 녹취록**의 기재는 **증거능력** ×(2011도6035)
③ 전문법칙
　㉠ 내용 : 진술녹음의 증거능력은 진술서 또는 진술녹취서(진술기재서류)에 준하여 녹음테이프의 작성주체 및 원진술이 행해지는 단계에 따라 각각 §311 ~ §313를 준용하여 결정(多·判)
　㉡ **수사기관 아닌 사인이 피고인과의 대화내용을 녹음한 녹음테이프 : 피고인의 진술을 기재한 서류**(§313①但)
　　ⓐ 증거능력 인정요건 : 공판준비 또는 공판기일에서 그 **작성자의 진술**에 의하여 녹음테이프에 녹음된 피고인의 진술 내용이 피고인이 진술한 대로 녹음된 것임이 증명 + 그 진술이 **특히 신빙할 수 있는 상태** 하에서 행하여진 것임이 인정되어야 함(2005도2945)
　　ⓑ 원본에 대해 증거동의 있는 경우 : 녹취록에 대해서는 증거로 함에 부동의하였으나 피고인과의 대화내용을 녹음한 **보이스펜 자체에 대하여는 증거동의**가 있었고 보이스펜, 녹음테이프 등에 녹음된 대화내용과 |

녹음 테이프	진술녹음	증거능력 인정요건 : 원 + 전	녹취록의 기재가 일치하는 것으로 확인되고 그 진술이 특히 신빙할 수 있는 상태 하에서 행하여진 것으로 인정되면 **증거능력** ○(2007도10804) [경 14/1차] ⓒ **사인이 녹음한 녹음테이프**의 검증조서 기재 중 **피고인의 진술내용**에 대해서는 **피고인의 내용의 인정 不要** (§312③ ×, §313① ○) [경승 10 유사] ⓔ **수사기관 아닌 사인이 피고인 아닌 사람과의 대화내용을 녹음한 녹음테이프** : 피고인 아닌 자의 진술의 기재한 서류 (§313①本) → 공판준비나 공판기일에서 **원진술자의 진술**에 의하여 그 녹음테이프에 녹음된 각자의 진술내용이 자신이 진술한 대로 녹음된 것이라는 점이 인정되어야 함 (96도2417; 98도3169; 2004도6323; 2005도2945; 2010도7497) → **특신상태 不要** [국9 09/16, 경 05/2차]
	현장녹음	의 의	대화내용이 아니라 범죄현장에서 범행에 수반하여 발생한 음성이나 음향을 녹음한 것
		증거능력	(기술한 현장사진의 증거능력과 유사한) 현장녹음은 비진술증거임에도 그 녹음과정 조작·오류 위험을 고려, 전문법칙을 유추적용하여 검증조서 내지 진술서에 준하여 그 증거능력 검토 (견해 대립)
	비밀녹음		① 누구든지 통비법·형소법·군사법원법에 의하지 아니하고는 전기통신의 감청 및 공개되지 아니한 타인 간의 대화를 녹음·청취 不可(통비법 §3①) ② 불법감청에 의하여 지득·채록된 전기통신의 내용 및 공개되지 아니한 타인 간의 대화를 녹음·청취한 것은 재판에서 증거로 사용 不可(통비법 §4, §14②) [경간 12, 경승 15] → 위법수집증거배제법칙보다 먼저 명문화된 규정 [경 09/2차]
		수사기관 비밀녹음	① 법령에 의하지 않고 **수사기관이 타인 간의 전기통신을 감청하거나 타인 간의 대화를 비밀녹음**한 경우 : 통비법 위반으로 **증거능력 ×** ② **수사기관이 대화당사자 중 일방의 동의를 받고 그 통화내용을 녹음**하게 한 경우 : **同**(2010도9016) [국7 14, 국9 16, 경승 12, 경 02/1차]
		제3자 사인의 비밀녹음	① **공개되지 아니한 타인 사이의 대화를 양쪽 당사자들 몰래 녹음**한 경우 : 통비법 §4, §14에 따라 **증거능력 ×**(2001도3106; 2001도6213 - 렉카회사 감청사건) [경승 10/12, 경 14/1차] ② **제3자가 일방의 동의는 받은 경우** : 전화통화 당사자 일방의 동의를 받고 그 통화내용을 녹음하였다 하더라도 그 상대방의 동의가 없었던 이상 통비법 §3① 위반 → **증거 ×** (2002도123; 2006도4981 등) [경 14/1차]

녹음 테이프	비밀녹음	대화 당사자 사인의 비밀녹음	① 의의 : **대화당사자의 일방이 상대방 모르게 통화내용을 녹음**하는 것 → 타인 간의 대화를 녹음하는 것이 아니어서 **통비법상 감청 ×**(2006도4981) [국9 15] ② 증거능력 : (견해 대립 有) 대화당사자가 비밀녹음한 녹음테이프는 **위법수집증거 ×**(97도240) → **전문법칙 예외 요건** 갖추면 증거능력 ○ 　㉠ **원진술자가 피고인**인 경우 : §313① 단서 적용 → 공판준비 또는 공판기일에서 그 **작성자(고소인)의 진술**에 의하여 녹음테이프에 녹음된 피고인의 진술내용이 피고인이 진술한 대로 녹음된 것이라는 점이 증명 + 그 진술이 **특히 신빙할 수 있는 상태** 하에서 행하여진 것으로 인정 → 증거 ○(2001도3106) [국9 12] 　㉡ **원진술자가 피고인 아닌 자**인 경우 : §313①本 적용 → **원진술자의 진술**에 의하여 성립의 진정 증명 → 증거 ○(98도3169) [경 14/1차] [정리] 대화당사자인 사인의 비밀녹음 : 통비법 ×, 위수증 ×, 전문법칙 ○(§313①)
	증거조사		① 녹음·녹화매체 등에 대한 증거조사는 녹음·녹화매체 등을 재생하여 청취 또는 시청하는 방법에 의함(규칙 §134의8③) ② 녹음·녹화매체 등에 대한 증거조사 신청 시 음성이나 영상이 녹음·녹화 등이 된 사람, 녹음·녹화 등을 한 사람 및 녹음·녹화 등을 한 일시·장소를 밝혀야 하고, 녹음·녹화매체 등에 대한 증거조사를 신청한 당사자는 법원이 명하거나 상대방이 요구한 때에는 녹음·녹화매체 등의 녹취서, 그 밖에 그 내용을 설명하는 서면을 제출하여야 함(동①)
기타 특수매체	비디오 테이프 등 영상녹화물		① 의의 : 비디오테이프, 컴퓨터용디스크, 그 밖에 이와 유사한 방법으로 음성·영상이 녹음·녹화되어 이를 재생할 수 있는 매체 ② 성격 : 사진 + 녹음테이프의 복합적 성질 → 그 증거능력은 원칙적으로 사진 및 녹음테이프에 준하여 판단 ③ 증거 　㉠ **검사가 피의자와 대화하는 내용을 녹화한 비디오테이프** : 피의자신문조서에 준하여 증거능력 검토 ∴ 진술거부권 고지 없으면 위법수집증거(92도682) 　㉡ **수사기관 아닌 사인이 피고인이나 피고인 아닌 자와의 대화내용을 녹화한 영상녹화물** : 최량증거법칙(원본동일성) 및 (전문증거인 경우) 전문법칙에 따라 진술서(중 진술기재서류)에 준하여 **§313①本·但 적용** → 작성자 or 원진술자에 의하여 성립의 진정 증명(**피고인과의 대화내용이면 특신상태까지 증명 要**) → 증거 ○(2004도3161) [국9 12, 경 05/2차, 경 14/1차] ④ 영상녹화물의 증거조사방법 : 재생하여 시청함에 의함(규칙 §134의8③) ⑤ 성폭력피해자 진술에 대한 수사기관의 영상녹화물 　㉠ 의의 : 19세미만피해자등의 진술내용과 조사과정을 영상녹화장치에 의하여 녹화·보존해야 함(피의자·법정대리인 거부하면 不可하나, **법정대리인이 가해자이거나 가해자의 배우자인 경우는 촬영 要**)(2023.7.11. 개정 성폭법 §30①③)

	비디오 테이프 등 영상녹화물		ⓛ 영상녹화물의 증거능력 특례 : 적법한 절차와 방식(성폭법 §30④⑤ ⑥)에 따라 영상녹화된 것으로서 아래의 경우에는 증거로 할 수 있음 (성폭법 §30의2①) 　ⓐ 증거보전기일, 공판준비기일 또는 공판기일에 그 내용에 대하여 　　피의자, 피고인 또는 변호인이 **피해자를 신문할 수 있었던 경우**(피 　　해자에 대한 반대신문권의 보장, 동항1.) 　ⓑ 19세미만피해자등이 사망, 외국 거주, 신체적·정신적 질병·장애, 　　소재불명, 그 밖에 이에 준하는 경우로 공판준비기일 또는 공판기일 　　에 출석하여 **진술할 수 없는 경우**. 다만, 영상녹화된 진술 및 영상녹 　　화가 **특별히 신빙(信憑)할 수 있는 상태**에서 이루어졌음이 증명된 경 　　우로 한정(반대신문권이 결여된 경우 필요성과 특신상태 要, 동항2.) ⓒ 동석자 진술 제외 : '촬영된 영상물에 수록된 피해자의 진술' 그 자체 　가 아니라, **동석하였던 신뢰관계자의 공판기일 진술**(피해자 진술 내용 　전문진술)에 의해서는 **증거능력 취득 不可**(2009도12048)
기타 특수매체	컴퓨터용 디스크 등 정보저장 매체	의 의	① 정보저장매체 : 전자적 방식으로 작성된 전자기록(전자파 　일, 한글프로그램 등으로 작성하여 저장한 진술서 등의 파 　일), 문자정보, 도면이나 사진 등의 정보를 저장하는 매체 　(예 컴퓨터용디스크나 USB메모리디스크, 외장하드디스크 　등) → 컴퓨터 등의 정보처리장치에서 당해 정보를 화면상에 　출력·시청하는 등의 방법으로 그 내용을 인식 可 ② 위법수집증거배제법칙 전제 : 전자기록에 대한 압수·수색· 　통신제한조치의 적법성 要 ③ 증거능력 : ㉠ 그 존재·상태에 관해서는 최량증거법칙, ㉡ (전 　문증거인 경우) 그 내용에 대해서는 전문법칙에 의한 심사
		최량증거 법칙	① 원칙 : 원본 제출 ② 출력물 또는 복사물이 제출된 경우 　㉠ 원본이 존재 내지 존재하였을 것 　㉡ 원본의 제출이 불가능하거나 현저히 곤란할 것 　㉢ 원본과의 동일성 : 정보저장매체 원본이 압수 시부터 문건 　　출력 시까지 변경되지 않았다는 **무결성** 要(2013도2511) 　　ⓐ 원칙 : 원본매체와 복사매체 사이의 **해시값의 동일** 　　　**함을 피압수당사자가 인정하는 방법**에 의하여 증명 　　ⓑ 경우에 따라서 **수사관·전문가의 증언 or 법원의 원본** 　　　**과 출력문건 대조 방법** 등에 의하여 증명 可 　　ⓒ **반드시 압수·수색과정을 촬영한 영상녹화물 재생 방** 　　　**법으로만 증명하는 것을 요하지는 않음**
		전문법칙	① 피고인 또는 피고인 아닌 사람이 정보저장매체에 입력하여 　기억된 문자정보 또는 그 출력물을 증거로 사용하는 경우 : 　그 내용의 진실성에 관하여는 전문법칙 적용 → §313①② 　에 의하여 그 작성자 또는 진술자의 진술(**진술서에 대해서** 　**는 객관적 방법 可**)로써 성립의 진정함이 증명된 때(**피고인** 　**아닌 자의 진술서에 대해서는 반대신문권의 보장 要**)에 한해 　이를 증거로 사용 可 [경승 10, 경 14/2차, 경 15/1차]

기타 특수매체	컴퓨터용 디스크 등 정보저장 매체	전문법칙	② 원본파일이 공무원 작성 증명기록이나 기업체의 업무상 통상기록인 경우 : §315①②에 의해 당연히 증거능력 인정 ○ → 전자결재시스템에서 이루어지는 기안과 결재 등 ○, 성매매업소에서 영업에 참고하기 위하여 성매매 상대방에 관한 정보를 입력하여 작성한 메모리카드 ○(2007도3219) ③ 전문법칙이 적용되지 않는 경우 ㉠ 정보저장매체에 기억된 문자정보의 내용의 진실성이 아닌 그와 같은 내용의 **문자정보가 존재하는 것 자체가 증거**로 되는 경우(2010도3504 등) ㉡ **어떤 진술을 하였다는 것 자체** 또는 **그 진술의 진실성과 관계없는 간접사실에 대한 정황증거**로 사용할 때(2013도2511 등)
		증거조사	① **읽을 수 있도록 출력·인증한 등본**(원본동일성 증명된 것 ○, 단순한 사본 ×)**을 내는 것 可**(규칙 §134의7①, 도면·사진도 同, 동③) [경 15/1차] ② 컴퓨터디스크 등에 기억된 문자정보를 증거로 하는 경우에 증거조사를 신청한 당사자는 법원이 명하거나 상대방이 요구한 때에는 컴퓨터디스크 등에 **입력한 사람과 입력한 일시, 출력한 사람과 출력한 일시를 밝혀야 함**(동②) [경 15/1차]
	거짓말탐지기 검사결과	의의 및 허용 여부	① 의의 : 거짓말탐지기(polygraph)란 사람의 진술 시 발생하는 신체변화를 기술적 방법으로 측정하여 그 진술의 진위를 판단하는 데 사용되는 기계장치를 말함 ② 허용 여부 : 피검사자의 **동의**가 있어야 허용(임의수사) [경 06/2차]
		검사결과의 증거능력 증명력	① 거짓말탐지기 검사결과의 증거능력 ㉠ **기계적 정확성 등 엄격한 전제요건**이 충족되지 아니하는 한 **증거능력**을 인정 ×(83도712; 84도36; 85도2208; 87도968 등) ㉡ 전문법칙 : **감정서**(§313③) → 자필 등 + 성립의 진정 + 반대신문권 ② 증명력 : 증거능력이 인정되어도 **진술의 신빙성을 판단하는 정황증거**로서의 기능을 하는 데 그침(83도3146) [경 09/2차, 경 14/2차]
		관련 문제	① 진술거부권의 고지 요부와 침해 여부 ㉠ 고지 : 생리적 변화도 진술증거의 성질 ∴ 진술거부권 고지 要 ㉡ 진술거부권 침해 여부 : 피검자의 동의가 있는 경우에만 可 → 거짓말탐지기 검사는 진술거부권 침해 ×(견해 대립)

			② 거짓말탐지기의 검사결과가 사실이라면 자백하겠다고 약속함에 따라 이루어진 피검사자의 자백의 증거능력과 자백배제법칙 적용 여부 : 피검사자의 동의하에 이루어진 거짓말탐지기 검사의 결과를 피검사자가 인정하고 행한 자백은 임의성 인정 ○(§309의 자백배제법칙 적용 ×, 견해 대립)
기타 특수매체	거짓말탐지기 검사결과	관련 문제	③ 거짓말탐지기 검사결과의 탄핵증거 사용 : 거짓말탐지기 검사결과 자체를 유죄 인정의 자료로 삼을 수 없지만, 검사결과의 정확성과 신뢰성 요건이 충족됨을 전제로 진술의 신빙성을 판단하는 탄핵증거 사용 可(견해 대립)

06 당사자의 동의와 증거능력

I 증거동의의 의의와 성질

		① 개념 : 증거능력이 없는 증거에 대해서 증거능력을 부여하기 위한 당사자의 법원에 대한 소송행위
의 의		② 현행법 : "**검사와 피고인이 증거로 할 수 있음을 동의한 서류 또는 물건은 진정한 것으로 인정한 때에는 증거로 할 수 있다(§318①)**"
		③ 이론적 근거 : **반대신문권의 포기 + 법원의 진정성 인정(신용성의 정황적 보장)**
		④ 취지 : 증거동의가 있으면 원진술자를 공판기일에 증인으로 소환·신문할 필요가 없게 되어 재판의 신속과 소송경제에 기여
성 질	동의의 본질	① (처분권설 vs 반대신문권포기설 견해 대립) 형사소송에서 당사자처분권주의는 인정될 수 없다는 점에서 처분권설은 따를 수 없고, 당사자의 동의에 의한 증거능력을 인정하는 §318①은 **반대신문권을 포기하겠다는 피고인의 의사표시에 의하여 증거능력을 부여**하는 규정임(반대신문권포기설, 多·判, 82도2873) [국7 13, 국9 11, 경 15/2차]
		② 반대신문포기설에 의하면 물건(증거물)에 대한 증거동의는 인정될 수 없으나, **§318①에서는 서류 또는 물건을 규정**하고 있기는 함
	전문법칙과의 관계	① 전문법칙예외설(少·判)과 전문법칙부적용설(多)
		② 判例 : §318①도 전문증거금지의 원칙에 대한 예외(82도2873)

PART 04

증거

주체와 상대방	주 체	당사자	① 증거신청 당사자의 상대방인 **검사와 피고인** [경 03/2차] : 일방당사자 신청 증거에 대해서는 반대당사자가 동의하면 됨 ② 피고인의 동의가 있으면 변호인의 동의 不要 ③ **법원**이 직권으로 채택한 증거 : **양당사자의 동의 要**
		변호인	① 종속대리권(通) vs **독립대리권**(判, 88도1628; 99도2029; 2013도3) [법원 11, 국9 09/13, 경간 12, 경승 10/11/13] ② **묵**시적 의사에 반하여(**명시적 의사에 반하지 않는 범위**에서) 행사할 수 있는 독립대리권(判) : **기**피신청(§18②), 증거**동**의, **상소**제기(§341②), 약식명령에 대한 **정**식재판청구(§458에 의한 §341②의 준용, 학설 대립) ③ **判例** : **피고인이 출석한 공판기일에서 증거로 함에 부동의한다는** 의견이 진술된 경우 → 그 후 피고인이 출석하지 아니한 공판기일에 **변호인만이 출석하여 종전 의견을 번복하여 증거로 함에 동의** → 변호인의 동의는 특별한 사정이 없는 한 **효력 ×**(2013도3) [국9 15, 경 14/1차, 경 16/1차, 경 22/1차]
		상대방	**법원에 대한 소송행위** : 동의의 의사표시 → 법원에 대해서 하여야 함 ∴ 반대당사자에 대한 동의의 의사표시는 증거동의로서의 효력 無
대 상	서류 or 물건	서 류	① 전문서류 : §318(증거동의)는 §310의2(전문법칙)에 대응하는 조문이므로 동의의 대상이 되는 서류는 증거능력이 없는 전문서류 [국9 08, 경 06/2차] ② 전문진술 : 원진술 또는 전문진술을 내용으로 하는 전문진술도 전문증거이므로 동의대상 ○(通·判, 83도516 등, 재전문진술도 포함)
		물 건	① 多 : 증거물은 반대신문과 관계가 없고 전문법칙도 적용되지 않으므로 동의의 대상 × ② 少·例 : §318에 서류뿐 아니라 물건도 규정되어 있는 점 등에 근거하여 동의의 대상이 됨 [경 03/3차] (2007도3906, 상해부위 촬영한 사진도 증거동의의 대상)
	증거의 범위	증거능력 없는 증거	① **증거능력 없는 전문증거**에 한함 [국9 08] ② **이미 증거능력이 있는 증거** : 증거동의 대상 × → 피고인이 진정성립을 인정한 검사 작성의 피의자신문조서(∵ 이미 증거능력이 인정되므로)
		임의성 없는 자백 및 위법수집 증거	① **임의성 없는 진술이나 진술 기재**(§309, §317) **or 위법수집증거** : 증거동의의 **대상 ×**(∵ 자백배제법칙·위법수집증거배제법칙은 반대신문권 보장이나 직접심리주의와는 무관) ② 구체적 적용(判) ㉠ **수사기관이 영장주의에 위반하여 수집**(2009도11401; 2009도10092; 2009도2109; 2011도15258) **or 불법감청으로 수집**(2010도9016)한 증거물 : **피고인·변호인 증거동의해도 증거 ×** [법원 11, 국7 10, 국9 13, 경간 15, 경승 12/13, 경 12/3차, 경 14/1차, 경 16/1차, 경 24/2차]

대상	증거의 범위	임의성 없는 자백 및 위법수집 증거	ⓛ 당사자의 **참여권**이 배제된 수사상 증거보전절차의 증인신문을 기재한 증인신문**조서**(86도1646) [경 12/3차]와 공판정 **증언**을 마친 증인을 검사가 소환하여 이를 **번복**시키는 방식으로 작성한 참고인진술**조서**(99도1108 전합) [법원 14/15, 경 14/2차] : **증거동의하면 증거** ○(§308의2의 위법수집증거배제법칙 명문화 이전 判例) ⓒ (07년 개정법 §308의2 명문화 이후 判例) **§218에 위반하여 임의로 제출받은 물건을 영장 없이 압수**한 경우 당해 압수물 및 압수물을 찍은 사진 : **증거동의해도 증거** ×(2009도10092 : 쇠파이프 임의제출 사건) [국7 10, 국9 13, 경 12/2차, 경 15/3차]
		유죄증거에 대한 반대증거	① **증거공통의 원칙** : 검사 제출 증거를 피고인이 공소사실을 부정하기 위해 사용할 때에는 증거동의 不要 ⓐ **검사의 본증에 대한 피고인의 반증**(반대증거) : (성립의 진정이 증명되지 않거나) **증거동의가 없다 하더라도 증거로 可**(判)(80도1547; 94도1159) [법원 12, 경승 10/12/13, 경 02/3차, 경 07/1차] (∵ 증거동의는 증거가 유죄인정의 자료로 사용할 수 있음을 인정하는 의미) ⓑ **무죄취지의 반증** : **증거동의의 대상** × [국9 09, 경 13/1차] ② **피고인제출증거를 유죄의 증명을 위해 사용할 경우** ⓐ **검사가 사용할 경우** : 증거공통원칙에도 불구하고, **증거동의 또는 전문법칙의 예외요건**을 갖추어야 함(엄격한 증명의 원칙)(87도966) ⓑ **법원이 사용할 경우** : **증거동의 or 전문법칙 예외요건 要** ∴ 법원은 **상대방의 원용(동의)**이 없는 한 **당해 서류의 진정성립 여부** 등을 조사하고 아울러 **당해 서류에 대한 피고인·변호인의 의견과 변명의 기회**를 준 다음이 아니면 당해 서증을 유죄인정의 증거로 쓸 수 없음 [경 13/1차]
시기와 방식	동의의 시기	사전동의	① 증거조사 전 증거결정 단계에서 사전적으로 행함 [경 02/1차, 경 03/2차] ② 공판기일 이외에 공판준비절차에서도 可
		사후동의	증거조사 도중 또는 종료 후에 전문증거임이 밝혀진 경우 → 그때부터 변론종결 시까지 동의 可 → 이 경우 증거능력이 소급적으로 인정
	동의의 방식	의사표시 방법	① 多 : 증거에 대하여 이의가 없다는 정도로는 부족 → 증거능력을 부여한다는 적극적인 의사가 명시적으로 표시되어야 함 ② 少·判 : 반대신문권 포기의사 또는 증거능력 부여 의사가 **적극적으로 혹은 충분히** 나타난 것(82도2873)이라면 **묵시적인 동의**도 허용 → 피고인이 전문증언에 "**별 의견이 없다**"고 진술하면 증거동의 ○(83도516) [법원 24]
		포괄적 동의	① 부정설 : 증거조사가 개별적이듯 증거동의도 개별적 방식 要 ② 긍정설 : **검사가 제시한 모든 증거**에 대한 피고인·변호인의 **포괄적인 동의도 허용**(判, 82도2873) [국7 13/16, 국9 09, 경승 10, 경 02/1차]

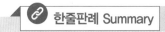
소유자, 소지자 또는 보관자가 아닌 자로부터 제출받은 물건 : 증거동의 不可(위수증, 2009도10092) [국7 10, 국9 13, 경 12/3차]

Ⅲ 동의의 의제

피고인의 불출석	개 념	① 피고인 **불출석 재판이 가능**한 경우 <u>피고인 불출석 & 대리인·변호인도 불출석</u> 시에는 증거동의 의제 ② 현행법 : 피고인의 출정 없이 증거조사를 할 수 있는 경우 → 피고인이 출정 하지 아니한 때에는 → **대리인 또는 변호인이 출정한 때를 제외**하고는 → 증거 동의 간주(§318②) [법원 10/11/16, 경간 12, 경 12/3차] → 피고인이 출정하였으나 진술만을 하지 아니한 때(§330)에도 同 ③ **대리인·변호인이 출정한 때** : 동의 여부 진술 可 ∴ **동의 간주 ×**(동②但)
	취 지	불출석 재판이 가능하였음에도 피고인이 불출석한 경우 전문증거의 증거능력을 결정하지 못하여 소송이 지연되는 것을 방지하기 위함
	적용범위	① 동의가 의제되는 경우 　㉠ 피고인이 **법**인인 경우에 대리인이 출석하지 아니한 경우(§276但) 　㉡ **경**미사건과 **공**소기각·**면**소의 재판을 할 것이 명백한 사건에 피고인이 출석 하지 아니한 경우(§277) 　㉢ **구**속된 피고인이 정당한 사유 없이 출석을 거부하고, 교도관리에 의한 인치가 불가능하거나 현저히 곤란하다고 인정되는 경우(§277의2①) 　㉣ **소**촉법 §23에 의하여, 피고인이 공시송달의 방법에 의한 공판기일의 소환을 2회 이상 받고도 출석하지 아니하여 법원이 피고인의 출정 없이 증거조사를 하는 경우(2010도15977) [법원 16] 　㉤ **약**식명령에 불복하여 정식재판을 청구한 피고인이 정식재판절차에서 2회 불출석하여 법원이 피고인의 출석 없이 증거조사를 하는 경우(2007도 5776) [국7 13, 국9 13/15/17, 경승 12/13] ② **퇴**정·퇴정명령 : 피고인이 재판장의 허가 없이 퇴정하거나, 재판장의 퇴정 명령에 의하여 출석하지 않는 경우(§330, §365, §438)에도 동의 의제(判, 방어권남용설, 견해 대립) → 필요적 변호사건에서 변호인의 퇴정 시에도 同 (피고인과 변호인이 재판장의 허가 없이 퇴정한 경우 피고인의 진의와는 관계 없이 동의가 있는 것으로 간주, 91도865) [법원 16/24, 국9 14, 경 14/1차, 경 15/2차]
간이공판 절차의 특칙		<u>간이공판절차의 결정(§286의2)이 있는 사건의 증거에 관하여는 → **검사·피고인·변호인의 이 의가 있는 때를 제외**하고는 → 전문증거(§310의2, §312 ~ §314, §316)에 대하여 증거동의가 있는 것으로 간주(§318의3) → 증거법칙 중 전문법칙 배제되는 절차</u>

증거능력의 인정	진정성의 인정	① 의의 : 당사자의 동의가 있으면 → §311 ~ §316의 요건을 갖추지 않은 전문 증거 → **법원이 진정성을 인정한 때**에 한하여 → 증거능력 부여 [행시 03, 경간 12, 경승 13, 경 02/1차, 경 06/2차] ② 진정성 　㉠ 의미 : 전문증거의 **신용성을 의심스럽게 하는 유형적 상황**(진술서의 서 명·날인의 흠결, 진술서의 기재내용이 진술과 다른 경우 등)**이 없음** (多, 유형적 상황설, 견해 대립) → ∴ 당사자가 동의한 증거라고 하더 라도 나중에 위조되었다는 것이 밝혀진 경우에는 증거 × 　㉡ 判例 : 진술조서 말미의 진술자란의 서명 옆에 날인이 없고 진술자란 의 서명이 그의 필적이라고 단정하기는 분명하지 않다 하더라도 조서 에는 진술자의 **간인**이 되어 있고 **그 인영이 압수물가환부청구서와 압수 물영수증 중의 인영과 동일한 것**으로 인정되는 경우 → 정황에 비추어 위 날인이 없는 것은 단순한 착오에 의한 누락 ∴ **진정한 것으로 인정** (82도63) ③ 증명의 정도 : 자유로운 증명으로 족함(通)
	증거능력의 인정 효과	① 반대신문권의 상실 　㉠ 동의한 당사자가 원진술자를 증인으로 신청하는 것 : 허용 × 　㉡ 법원이 진정성의 조사를 위하여 원진술자를 증인으로 신문하는 경우 : 동의한 당사자는 조서의 증거능력에 대한 반대신문 不可 ② 동의한 증거의 증명력을 다툴 수 있는지 여부 : 동의에 의하여 증거능력을 부여하는 것과, 증거능력 있는 증거의 증명력을 다투는 것은 별개의 문제 ∴ 동의한 당사자라 하더라도 반대신문 이외의 방법으로 동의한 증거의 증명력 탄핵 可(多)
동의의 효력범위	물적 범위	① 원칙 : 동의 효력은 대상으로 특정된 **서류·물건의 전부에 미침** [해간 12] ② 예외 : 동의한 서류·물건의 내용이 **가분적인 경우에는 일부 동의도 可** ③ 判例 : **현장지시는 검증조서**에 해당하므로 §312⑥이, **현장진술은 피의자신 문조서**에 해당하므로 §312①③이 적용 → 피고인은 **현장지시만 동의 可**(90 도1303)
	인적 범위	피고인이 수인인 경우 동의 효력은 **동의한 피고인에게만 미치고** 다른 피고인 에게 미치지 않음(∵ 피고인은 각자 독립하여 반대신문권) [국9 08, 해간 12, 경 03/2차]
	시간적 범위	① 원칙 : 증거동의의 효력은 **공판절차의 갱신이 있거나 심급을 달리하는 경우 에도 달라지지 않음** [법원 12, 국7 13, 국9 08, 해간 12] (∵ 이미 증거조사 완료) ② 구체적 적용 　㉠ **제1심에서 증거동의**를 하고, **제2심에서** 증거조사가 완료되기 전에 이를 **취소**한 경우 : **증거능력 상실 ×**(2007도5776; 2010도15977) [법원 12, 국7 13, 국9 08, 경 14/1차] (∵ 1심의 증거동의는 2심에서도 효력 유지, 증거 동의의 철회는 증거조사 완료 전까지 가능한데, 1심의 증거조사는 이 미 완료)

| 동의의
효력범위 | 시간적 범위 | ㉡ **약식명령**에 불복하여 **정식재판**을 청구한 피고인이 정식재판절차에서
2회 불출석하여 법원이 피고인의 출석 없이 증거조사를 하고 증거조사
완료 후, 피고인이 **항소심**에 출석하여 공소사실을 부인하면서 간주된
증거동의를 철회 또는 취소한다는 의사표시를 한 경우 : 적법하게 부여
된 **증거능력 상실** ×(2007도5776) [국7 13, 법원 12/19, 국9 13/17, 경승 13,
경 12/3차, 경 15/2차](∵ 1심에서 §318②에 의한 증거동의 의제되고 증거
조사 완료됨)
㉢ But **제1심의 공시송달에 의한 피고인 불출석 재판이 위법**한 경우 : 항소
심으로서는 제1심의 증거동의 간주를 그대로 활용 **不可**(2012도986) |

Ⅴ 동의의 철회 및 취소

철 회	① 증거동의는 절차형성행위이므로 절차의 안정성을 현저히 해하지 않는 한 철회 허용 [경 03/2차] ② 가능시기 : 증거조사착수전설, 증거조사완료전설, 구두변론종결전설 대립 → 절차의 확실성과 소송경제를 고려할 때 **증거조사완료전설**이 타당(多·判) [행시 02, 법원 11, 국7 14, 국9 13, 경승 10, 경 03/2차, 경 14/1차, 경 15/2차] ③ **증거동의**를 하고 일단 **증거조사가 종료된 후** 증거동의의 의사표시를 **취소 또는 철회**하여 도 원칙적으로 이미 취득한 **증거능력 상실** ×(83도267; 89도2366; 90도2525; 96도2507; 99도2029) [법원 24, 경 16/1차]
취 소	① 착오나 강박을 이유로 하여 증거동의를 취소할 수 있는가(협의의 취소) : 견해 대립 有 ② **判例** : 증거동의의 의사표시에 그 효력을 그대로 유지하기 어려운 **중대한 하자** & 그에 관 하여 **피고인 또는 변호인에게 귀책사유가 없는 경우** → **취소 可**(긍정설, 多·判, 2007도 7760)

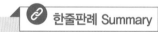

한줄판례 Summary

증거조사가 완료되기 전까지 취소 또는 철회할 수 있으나, **일단 증거조사가 완료된 뒤에는 취소 또는 철회가 인정**
되지 않음(99도2029)

I 의의와 성질

의 의	**개 념**	① 개념 : 진술의 증명력을 다투기 위한 증거 [교정9 특채 10, 경간 12, 경 04/2차]
		② 현행법 : "§312부터 §316까지의 규정에 따라 증거로 할 수 없는 서류나 진술이라도 → 공판준비 또는 공판기일에서의 피고인 또는 피고인이 아닌 자(조사자 포함)의 진술의 증명력을 다투기 위하여 → 증거로 할 수 있다(§318의2①)"
		③ 요점
		  ㉠ 공판정 진술의 신빙성을 감쇄하기 위하여 제출되는 증거(영미증거법상 개념)
		  ㉡ **적극적으로 범죄사실의 존부를 증명하기 위한 증거 × → 엄격한 증명 不要**(85도441) [국7 23, 경승 09/11]
		  ㉢ 전문법칙 적용 × → **증거능력 없는 전문증거도 사용 可** [행시 03, 법원 16, 경 04/2차, 경 07/2차, 경 16/1차] (69도1028) [교정9 특채 10]
		  ㉣ **수사기관 영상녹화물** : 기억환기용(§318의2②) ∴ **탄핵증거 사용 不可**

	**취지와
	문제점**
		① 취지
		  ㉠ **자유심증주의의 보강** : 법관으로 하여금 증거가치를 재음미하게 함으로써 증명력 판단의 합리성 도모(cf. 자유심증주의의 예외 ×)
		  ㉡ 소송경제 : 반증이라는 번거로운 절차 없이 증거가치 판단 可
		  ㉢ 반대신문권의 효과적 보장
		② 문제점
		  ㉠ 법관의 심증형성이 증거능력 없는 탄핵증거에 의하여 영향받을 수 있음
		  ㉡ 탄핵증거라는 명목으로 증거능력 없는 수사기관에서의 자백 진술이 제한 없이 법정에 현출될 수 있음

성 질	**탄핵증거와 전문법칙**	진술의 증명력을 다투는 것에 불과 → 전문법칙의 예외요건을 갖추지 않아도 허용(通) [경 03/3차]
	탄핵증거와 자유심증주의	탄핵되는 증거의 증명력은 법관의 자유판단에 의하여 결정 → 자유심증주의의 예외가 아니라 오히려 이를 보강하는 제도

PART 04

증거

❚ II ❚ 허용범위와 자격

탄핵증거의 허용범위	① 탄핵증거로 제출될 수 있는 증거를 자기모순의 진술, 즉 동일인의 법정에서의 진술과 상이한 법정 외의 진술에 제한됨(한정설, **동일인 자기모순진술**에 한함) ② 참고 : 한정설, 비한정설(범죄사실 모두 허용, 자기모순진술 + 제3자진술), 절충설(자기 모순진술 + 증인의 신빙성에 대한 순수한 보조사실의 입증증거), 이원설(피고인은 비한정, 검사는 한정) 대립

탄핵증거의 자격(탄핵증거 적격) 및 제한	탄핵증거 적격	① 탄핵증거가 될 수 있는 것 : 전문법칙에 의하여 증거능력이 인정되지 않는 서류나 진술 등 전문증거 [국9 08] = **증거능력 없는 전문증거** ② 구체적 적용 　㉠ **실질적 진정성립이 인정되지 않는 전문서류** : 탄핵증거 ○ 　㉡ **진술자의 서명·날인이 없어 형식적 진정성립조차 갖추지 못하는 전문 　　서류** : 탄핵증거 ○(81도370; 94도1159)(∵ 이상, 탄핵증거는 성립진정 　　不要) 　㉢ **사법경찰관 작성 피의자신문조서에 대하여 피고인이 그 내용을 부인** 　　한 경우 : 임의로 작성된 것이 아니라고 의심할 만한 사정이 없는 　　한 탄핵증거 ○(97도1770) [법원 10/16, 국7 09/15, 국9 08/13, 경 11/1차, 　　경 13/2차, 경 14/2차, 경 16/1차]
	탄핵증거 제한	① 입증취지와의 관계 　㉠ 탄핵증거는 증거의 **증명력을 감쇄하는(다투는) 용도로만 사용** 　㉡ **범죄사실**(주요사실 or 그 간접사실) **인정의 증거로 사용 ×**(75도 　　3433; 95도2945) [국7 09, 교정9 특채 10, 경승 09, 경 11/1차] ② **임의성 없는 자백·진술** : 자백배제법칙(§309)에 의하여 증거능력이 없는 　자백 및 진술의 임의성 법칙(§317)에 의하여 증거능력이 없는 진술·서류 　→ **탄핵증거 ×**(97도1770; 2005도2617 등) → **당사자의 동의 여하 不問** 　[행시 02, 법원 16/24, 경승 11, 경 04/2차, 경 15/3차] ③ **위법수집증거** : 적법한 절차에 따르지 아니하고 수집한 증거(§308의2) 　→ **탄핵증거 ×** ④ **공판정에서의 진술 이후의 자기모순진술** : 증인의 공판정에서의 증언 이 　후에 수사기관이 그 증인을 신문하여 작성한 진술조서는 공판중심주의와 　공정한 재판의 이념에 반함(99도1108) [국7 10, 경 14/2차] ∴ 위법수집증거 　→ **탄핵증거 ×** ⑤ **진술을 내용으로 하는 영상녹화물** : "제1항에도 불구하고 피고인 또는 피 　고인 아닌 자의 진술을 내용으로 하는 영상녹화물은 …… 기억을 환기시 　켜야 할 필요가 있다고 인정되는 때에 한하여 …… 재생하여 시청하게 　할 수 있다(07년 개정 §318의2②)" → 영상녹화물은 공판준비 또는 공 　판기일에서의 피고인 또는 피고인 아닌 자의 진술의 증명력을 다투기 　위하여 증거로 사용 不可 [법원 08, 국7 09, 경승 10/11] = **탄핵증거 ×** 　[정리] 보강사실은 엄격한 증명의 대상(자백의 보강증거는 증거능력 要) ≠ 탄핵사실 　　은 자유로운 증명의 대상(탄핵증거는 증거능력 없는 전문증거도 포함) but 　　임의성 없는 자백, 위법수집증거, 공판정 진술 후 자기모순진술, 진술내용 영 　　상녹화물은 탄핵증거 ×

Ⅲ 탄핵의 대상과 범위

탄핵의 대상	진술의 범위		① 탄핵의 대상 : 공판준비 또는 공판기일에서의 피고인 또는 피고인 아닌 자의 진술의 증명력(신빙성) → 진술에는 진술 기재 서면도 포함 [경승 15] ② 공판정 외 진술도 서면의 형식으로 증거가 된 경우에는 탄핵의 대상 ○
	피고인 아닌 자 및 피고인의 진술	피고인 아닌 자의 진술	① 피고인 아닌 자가 공판기일에 행한 진술의 증명력도 탄핵 대상이 된다는 점에는 견해가 일치 ② 공소제기 전 피고인을 피의자로 조사하였거나 그 조사에 참여한 자의 진술도 포함
		피고인의 진술	① 견해 대립 → 긍정설(判) [경간 14, 경 10/1차] ② 判例 : 피고인이 내용을 부인하여 증거능력이 없는 사법경찰리 작성의 피의자신문조서라도 피고인의 법정진술을 탄핵하는 증거로 허용 ○(97도1770; 2005도2617) [국7 23]
	자기 측 증인의 탄핵		① 자기 측 증인의 증언에 대한 탄핵도 可 ② 교호신문의 주신문에서도 증인신청 당사자가 탄핵신문 可
탄핵의 범위 : 증명력을 다투기 위하여	문제점		① 탄핵증거는 진술의 증명력을 다투는 데 사용되어야 함(증명력 감쇄) ② 증명력 지지 · 보강은 포함 ×
	감쇄된 증명력의 회복		① 감쇄된 증명력을 회복시키는 용도로 사용할 수 있는가 : 견해 대립 ② 通說 : 감쇄된 증명력을 회복시키는 경우도 증명력을 다투는 경우에 포함 → 탄핵증거의 사용 허용(공평의 원칙에 의한 긍정설)

Ⅳ 탄핵증거의 조사방법

탄핵증거의 제출 – 보통의 증거제출과 같은 방식	원칙 : 탄핵증거 입증취지 명시	① 탄핵증거는 원칙적으로 증거제출 당시 탄핵증거라는 취지로 제출 要 & 적어도 증명력을 다투고자 하는 증거의 어느 부분에 의하여 진술의 어느 부분을 다투려고 하는지는 사전에 상대방에게 알려야 함(입증 취지의 구체적 명시, 2005도2617) [국9 13, 국7 23, 법원 24, 해간 12, 경승 15/1차, 경승 10/1차, 경 11/1차, 경 13/1차, 경 14/2차, 경 15/3차, 경 16/1차, 경 24/1차] → 제출은 원칙적으로 정식의 증거조사와 같은 방식 [경 10/1차] ② 취지 : 상대방에게 이에 대한 공격 · 방어의 수단을 강구할 기회를 사전에 부여
	예외 : 유죄증거로 제출되어도 탄핵증거로 조사되면 적법	① 증거제출 당시 유죄를 입증하기 위한 증거로 제출되어 탄핵증거라는 입증취지를 명시하지 아니하였다 하여도 → 탄핵증거로 증거조사가 이루어지면 → 탄핵증거로 사용 可 [경승 11/15] (2005도2617) ② 예시 : 검사가 사법경찰관 작성 피의자신문조서를 피고인에 대한 유죄의 증거로 신청 · 제출 → 피고인 · 변호인이 증거동의하지 않고 내용 부인 → 전문법칙에 의하여 증거 ×(§312③) → but 피고인 공판정 진술에 대한 탄핵증거 사용 可

탄핵증거의 조사방법 - 조사는 하되 상당하다고 인정되는 방식 조사	① 탄핵증거는 증거능력 없는 증거가 사용되는 경우이므로 **정식의 증거조사는 不要** [법원 10, 교정9 특채 10, 경승 09, 경 11/1차, 경 14/2차] ② But 공개재판원칙상 공판정에서 **탄핵증거로서의 증거조사 要**(97도1770) [국7 09/15, 국9 13, 경 11/1차, 경 13/1차, 경 15/3차, 경 16/1차] ③ 증거조사의 방식 : **상당하다고 인정되는 방법**으로 실시 可(= 간이공판절차의 증거조사 방식) 　㉠ 교호신문 不要 　㉡ **증거신청의 과정에서 증거목록에 기재되지 않았고 증거결정이 있지 아니하였다** → but 　**공판과정에서 그 입증취지가 구체적으로 명시되고 제시까지 되었다** → 탄핵증거로서 　의 증거조사는 된 것임(2005도6271) [국9 13, 법원 24, 해간 12]

08 　자백의 보강법칙

I 　의 의

개 념	① 개념 : 증거능력이 있고 신빙성이 인정되는 자백에 의하여 법관이 유죄의 확신을 하는 경우에도 → 별도의 보강증거가 없으면 유죄로 인정할 수 없다는 증거법칙 [법원 04, 국9 08/14] → 증거능력 있고 신용성 있는 자백도 보강증거가 있어야 진실성이 담보되어 믿을 만하게 된다는 원칙 ② 현행법 : **"피고인의 자백이 그 피고인에게 불이익한 유일의 증거인 때에는 이를 유죄의 증거 로 하지 못한다**(§310 ← **헌법** §12⑦)" ③ 성질 : 자백의 증명력을 제한하는 자유심증주의의 예외 [행시 02, 국9 08/10, 교정9 특채 10, 경승 12, 경 01/3차] ④ 요약 　자백 + 보강증거 = 유죄 　㉠ 자백 : 피고인의 자백 ○, 공범자의 자백 ×, 객관적 구성요건 要, 주관적 구성요건 　　不要(주관적 구성요건은 자백만으로도 증명력 인정) 　㉡ 보강증거 : 피고인의 자백 ×, 공범자의 자백 ○, 간접증거(정황증거) ○
근 거	① 허위자백으로 인하여 생길 수 있는 오판의 위험 방지 ② 수사기관의 자백 편중 수사로 발생할 수 있는 인권침해 방지 [국9 10]

Ⅱ 보강법칙의 적용범위

절차	적용 ○	① 정식재판(헌법 §12⑦後) ○ ② **간이공판절차 · 약식명령절차** ○ [경 08/3차, 경 12/3차]
	적용 ×	① 즉결심판절차법의 적용을 받는 **즉결심판** [법원 10/12/17, 국9 10] ② 소년법의 적용을 받는 **소년보호사건**
보강을 필요로 하는 자백	피고인의 자백	① 보강법칙 적용의 전제조건 　㉠ 자백의 증거능력 要 ∴ 자백배제법칙 및 전문법칙에 의하여 증거능력 없는 자백은 보강증거가 있어도 유죄의 증거 × 　㉡ 자백의 신용성(신빙성)이 인정되어야만 보강법칙 적용 ② **피고인의 자백** 　㉠ 자백 당시의 지위 不問 : 피고인의 자백뿐 아니라 피의자 · 참고인 · 증인일 때의 자백 모두 포함 ○ ≠ but 피고인의 자백이 아닌 증인의 증언이나 참고인의 진술 등은 보강증거가 없어도 유죄의 증거 可 　㉡ 자백의 상대방 不問 : 수사기관 · 사인 ○ 　㉢ 자백의 형태 不問 : 구두 · 서면 ○ → 자백 내용 진술뿐 아니라 자백 내용 기재된 진술조서 · 진술서 · 일기장 · 비망록(메모) · 수첩 등 모두 포함 　㉣ **피고인이 공판정에서 법관의 면전에서 행하는 자백** : 역시 허위개입으로 인한 오판의 위험성은 존재함 ∴ **보강법칙 적용**(通 · 判, 4292형상1043) [행시 02, 법원 15/17, 국7 08, 경 04/2차]
	공범자의 자백	① 증거능력의 인정 여부 　㉠ **공범자의 공판정 자백**의 증거능력 　　ⓐ (견해 대립) 긍정설(判, 85도691; 87도973; 87도1020; 92도917 등) 　　ⓑ 피고인은 자백한 다른 공동피고인에 대하여 반대신문권 보장 → 공범자의 공판정 자백도 피고인의 공소사실에 대해서 **증거능력 有** [법원 17] 　㉡ 공범자의 공판정 외 자백의 증거능력 : 전문법칙 적용 ② 보강법칙의 적용 여부 　㉠ 문제점 : 공범자의 자백이 §310의 '피고인의 자백'에 포함되는가 → 공범자의 자백이 피고인의 공소사실에 관한 유일한 증거인 경우에도 보강법칙이 적용되는가 → 甲과 乙이 공범인 경우 乙의 자백만으로 별도의 보강증거 없이 甲을 유죄로 인정할 수 있는가? 　㉡ 결론 : (견해 대립) **공범자의 자백을 §310의 피고인의 자백이라고 할 수 없음** → **공범자의 자백**에 대해서는 **보강증거 필요 없음**(判, 92도917) [법원 08, 국7 08/13/15, 국9 08/16, 교정9 특채 10, 경승 10/15, 경 14/1차, 경 16/1차] → §310의 피고인의 자백에는 공범인 공동피고인의 진술 포함 × 　㉢ 적용 : 피고인이 부인하는 경우 **공범자의 자백만으로도 피고인에 대한 유죄의 증거**로 삼을 수 있음 [법원 10/12/14/15, 국7 07, 국9 10/12/13, 경간 12/14, 경승 10/11/12, 경 15/1차]

자백과는 독립된 증거능력 있는 증거	증거능력	의 의	보강증거는 자백의 증명력을 보강하여 유죄판결을 가능케 하는 증거 → ∴ 보강증거는 **증거능력 있는 증거**여야 함(엄격한 증명) [경 03/1차] ∴ 임의성 없는 자백·진술, 위법수집증거 : 보강증거 ×
		전문증거	전문법칙의 예외가 적용되지 않는 한 보강증거 ×(탄핵증거와의 차이)
	독립증거	의 의	① **피고인의 자백과는 실질적으로 독립된 증거가치**를 가지는 것 要 ② 피고인의 자백으로 본인의 자백 보강 : 허용 ×
		피고인의 자백	① **피고인의 자백** : 자백에 대한 독립증거 × → **보강증거 ×** ② 피고인의 수사단계 등 공판정 외에서의 자백(65도405; 66도634 전합; 81도1314) × ③ 피고인의 자백이 기재된 조서·진술서 등 증거서류 × ④ 항소심에서 행한 자백에 대한 제1심에서 행한 자백 × ⑤ 검증현장 피고인의 범행장면 재연(실연에 의한 자백에 불과함) ×
		피고인의 자백을 내용으로 하는 피고인 아닌 자의 진술	① **피고인의 자백을 내용으로 하는 제3자의 진술** → **보강증거 ×** ② 피고인으로부터 범행을 자백받았다는 피고인 아닌 자의 진술이나 피고인이 범행을 자인하였다는 것을 들었다는 피고인 아닌 자의 진술(81도1314; 2007도10937) → (피고인 아닌 자의 진술이라도) × [법원 10/14/15/17/22, 국9 12/14, 경간 12/14, 경승 10/11/13, 경 12/3차, 경 13/2차, 경 14/1차, 경 15/1차, 경 16/1차]
		수첩 장부 등	① 피고인이 범인으로 검거되기 전 작성한 **수첩·일기장·메모·상업장부 등에 피고인의 범행이 포함**되어 있는 경우 : (견해 대립) **보강증거 ○**(긍정설, 判, 94도2865 전합) [법원 12, 국9 12/16, 경간 14, 해간 12, 경승 10/13/15, 경 11/1차] ② 상업장부·항해일지·진료일지 또는 이와 유사한 금전출납부 등과 같이 범죄사실의 인정 여부와는 관계없이 자기에게 맡겨진 **사무를 처리한 사무 내역을 그때그때 계속적·기계적으로 기재한 문서** 등 : 사무처리 내역을 증명하기 위하여 존재하는 문서 → (공소사실에 일부 부합되는 사실의 기재가 있더라도) 피고인이 범죄사실을 **자백하는 문서는 아님**(피고인의 자백 ×) → 피고인이 업무추진 과정에서 지출한 자금 내역을 기록한 수첩의 기재 내용은 자백에 대한 독립적인 **보강증거 ○**(94도2865 전합)
		간접증거	① **간접증거(정황증거)** → **보강증거 ○**(通·判) [법원 08/10/12/14, 교정9 특채 10, 경간 14, 경승 10, 경 12/1차, 경 13/2차, 경 13/2차, 경 15/1차] ② But 공소사실의 객관적 부분과는 관련 없는 **범행동기**(90도2010)나 **습성**(95도1794)에 관한 정황증거 : **보강증거 ×**

공범자의 자백	문제점	① 피고인의 자백이 있는 경우 공범자의 자백을 보강증거로 할 수 있는가? ② 공동피고인이 모두 자백한 경우에 상호 보강증거가 될 수 있는가?
	결론	① (견해 대립) **공범자의 자백도 피고인의 자백에 대한 보강증거** ○(긍정설, 通·判)[법원 10/12/14/15, 국7 07, 국9 10/12/13/16, 경간 12/14, 경승 10/11/12, 경 15/1차] ② 判例 : **공동피고인의 자백**은 이에 대한 피고인의 반대신문권이 보장되어 있어 증인으로 신문한 경우와 다를 바 없으므로 **독립한 증거능력** ○(85도691; 92도917 등) → 피고인들 간에 이해관계가 상반되어도 同(2006도1944)

🔆 퍼써 정리 | 기타 자백의 보강증거에 해당되는 주요사례

1. **위조 신분증의 현존**은 동 신분증의 제시행사사실의 자백에 대한 보강증거(82도3107) [국7 14, 경승 15, 경 06/2차]
2. **처가 간통사실을 자인하는 것을 들었고 가출과 외박이 잦았다는 내용의 남편 진술**은 간통자백에 대한 보강증거(83도686) [국7 14, 경 06/2차, 경 11/1차, 경 12/3차]
3. 피고인이 성명불상자로부터 반지 1개를 편취한 후 甲에게 매도하였다고 자백 → **甲은 같은 일시경 피고인으로부터 금반지 1개를 매입하였다고 진술**한 것은 보강증거(85도1838) [국7 14]
4. 뇌물공여의 상대방인 공무원이 뇌물을 수수한 사실을 부인하면서도 **그 일시 경에 뇌물공여자를 만났던 사실 및 공무에 관한 청탁을 받기도 한 사실 자체는 시인** → 뇌물을 공여하였다는 뇌물공여자의 자백에 대한 보강증거(94도993) [법원 24]
5. **자동차등록증에 차량의 소유자가 피고인으로 등록·기재**된 것 → 피고인이 그 차량을 운전하였다는 사실의 자백 부분에 대한 보강증거(무면허운전의 보강증거로 충분) [교정9 특채 10, 경간 12, 경승 10] (2000도2365)
6. 절도의 공소사실에 대한 피고인의 자백에서 충분히 진실성이 인정되는 경우 → **피고인의 집에서 해당 피해품을 압수한 압수조서와 압수물 사진**은 보강증거(2008도2343) [경간 12, 경승 10, 경 12/1차]
7. 운전을 하고 온 피고인으로부터 필로폰을 건네받았고 그 이틀 후 피고인으로부터 채취한 소변에서 나온 **필로폰 양성반응** → 피고인이 자백한 도로교통법상 약물운전에 대한 보강증거(2010도11272) [경 12/1차]

🔆 퍼써 정리 | 기타 자백의 보강증거에 해당되지 아니하는 주요사례

1. 자기 집 앞에 세워둔 화물차 1대를 도난당하였다는 참고인의 진술 → 피고인의 위 차를 타고 다른 지역에 가서 소매치기 범행을 하였다는 자백에 대한 보강증거 ×(85도2656)
2. **공소사실의 객관적 부분과 관련이 없는 것**(피고인의 주거침입 **범행의 동기**)에 관한 참고인의 전문진술 → 피고인의 주거침입 범행 자백에 대한 보강증거 ×(90도2010) [국7 14]
3. **소변검사 결과는 1995.1.17. 투약행위로 인한 것** → 1994년 6월부터 11월 사이 4회 투약행위에 대한 보강증거 ×(**투약습성에 대한 정황증거**만으로는 투약행위의 자백에 대한 보강증거가 될 수 없음)(95도1794)

[정리] 공범자의 자백
　　① 공범자의 자백의 보강증거 요부 : 不要(∵ §310의 피고인의 자백 ×)
　　② 공범자의 자백은 피고인의 자백에 대한 보강증거가 될 수 있는가 : 긍정
　　③ 공범자 모두 자백한 경우 상호 보강증거가 될 수 있는가 : 긍정
　　　※ 단, 피고인의 자백의 증거능력 要, 공범자의 자백도 증거능력 要
　　④ 피고인 자백, 공범자 부인 시 : 피고인 무죄(∵ 보강증거 ×)
　　⑤ 피고인 부인, 공범자 자백 시 : 피고인 유죄, 공범자(if 보강증거 ×) 무죄

Ⅳ 보강증거의 범위

	문제의 소재	자백의 내용인 사실의 어느 범위까지 보강증거가 필요한가?
보강증거가 필요한 범위	결론	① 죄체설 vs 진실성담보설(실질설) 대립 ② **진실성담보설** : 자백에 대한 보강증거는 **범죄사실의 전부 또는 중요부분을 인정할 수 있는 정도가 되지 아니하더라도**(죄체설 ✕) [해간 12, 경승 13, 경 11/1차] **피고인의 자백이 가공적인 것이 아닌 진실한 것임을 인정할 수 있는 정도**로 족함(通·判, 98도159; 99도338; 2001도4091 등) ㉠ 보강증거는 자백과 서로 어울려서 전체로서 범죄사실을 인정할 수 있으면 유죄의 증거로 충분 ∴ 정황증거도 보강증거 可 ㉡ 사람의 기억에는 한계가 있는 만큼 자백과 보강증거 사이에 어느 정도의 차이가 있어도 **중요부분이 일치하고 진실성이 담보되면 보강증거** 可 (2008도2343) [법원 09/10/11/15, 경간 13, 경승 10, 경 12/1차, 경 12/3차, 경 13/2차, 경 15/1차]
보강증거의 요부 및 증명력	요부	① 보강증거 必要 : 범죄사실 = 피고인 자백 범죄의 **객관적 구성요건**에 해당하는 사실 ② 보강증거가 필요하지 않은 사실 ㉠ 범죄의 주관적 요소 : **고의·목적 등의 주관적 요소**는 자백만으로 인정할 수 있고 **보강증거 不要**(通·判) [법원 17, 경승 11, 경 10/1차] ㉡ 범죄구성요건사실 이외의 사실 : **처벌조건, 누범가중사유인 전과**(79도1528; 81도1353), **확정판결의 존부** 및 **정상에 관한 사실** → 범죄를 구성하는 사실 ✕ → **보강증거 不要** ∴ 피고인의 자백만으로도 인정 [법원 14, 교정9 특채 10, 경간 13/15, 해간 12, 경승 13, 경 11/1차, 경 13/2차] ㉢ 범인과 피고인의 동일성 : 범죄사실에 대한 보강증거가 있는 이상, 범인과 피고인의 동일성은 피고인의 자백만으로도 인정(불필요설, 通) ③ 죄수와 보강증거의 요부 ㉠ **실체적 경합** : **각 범죄사실에 관하여 보강증거 要**(4292형상122; 2007도10937) [국9 12, 경간 13] ∴ **필로폰 매수대금 송금사실에 대한 증거가 필로폰 매수죄와 경합범 관계에 있는 필로폰 투약행위에 대한 보강증거**가 될 수 없음(2007도10937) [경승 10] ㉡ 상상적 경합 : 각 죄에 대해 필요하다는 학설 vs 소송법상 일죄로 처리하므로 가장 중한 죄에 대해서만 족하다는 학설 대립 ㉢ 포괄일죄 ⓐ 원칙 : 전체적으로 보강증거 있으면 족함 ⓑ 예외 : 개별적 행위가 모여 구성요건상 **독립된 가중적 처벌규정이 되는 경우**(예 상습범 등) → **각 행위에 대한 보강증거 要** → 투약습성에 관한 정황증거만으로 각 투약행위(향정신성의약품관리법위반죄의 포괄1죄인 상습범의 객관적 구성요건)가 있었다는 점에 관한 보강증거로 삼을 수는 없음(95도1794) [법원 11, 경간 13/15, 경승 11/13, 경 12/3차] [정리] 6개월간 6회의 절도행위가 상습절도죄의 포괄일죄를 구성하는 경우 : ① 공소사실의 특정, ② 공소장변경, ③ 공소시효에서는 전체적·포괄적으로 정하면 되나(이상 공소관련), ④ 보강증거에 있어서는 각 개별 행위에 대해 보강증거 要

| 보강증거의
요부 및
증명력 | 증명력 | 보강증거만으로는 범죄사실을 인정할 수 없더라도, **자백과 종합하여 범죄사실을 인정할 수 있을 정도의 증명력**이면 족함(진실성담보설, 상대설: (通·判), 2001도1897) [법원 11/14] |

V 자백보강법칙 위반의 효과

상소이유	① 자백이 유일한 증거임에도 유죄판결을 선고한 경우 → 자백보강법칙 위반 → 판결에 영향을 미친 법령위반 → 상대적 항소이유(§361의5 1.)·상대적 상고이유(§383 1.)에 해당 ② 판결에 영향을 미친 법률위반 : **보강증거 없이 피고인의 자백만으로 유죄로 판단**한 경우 → 그 자체로 판결 결과에 영향을 미친 **위법**이 있는 것(2007도7835) [경승 10, 경 15/1차]
비상구제	자백이 유일한 증거임에도 유죄판결이 확정된 경우 ① 비상상고의 이유가 됨(§441) ② But 무죄의 증거가 새로 발견된 경우는 아님 → 재심사유(§420 5.)는 될 수 없음

09 공판조서의 증명력

I 의 의

개 념	① 공판조서의 배타적 증명력 : 공판기일의 소송절차가 법정의 방식에 따라 적법하게 행하여졌는지 여부를 인증하기 위하여 법원사무관 등이 공판기일의 소송절차 경과를 기술하는 조서 → 소송절차에 관한 사실은 공판조서의 기재가 소송기록상 명백한 오기인 경우를 제외하고는 공판조서에 기재된 대로 공판절차가 진행된 것으로 증명되고 **다른 자료에 의한 반증은 허용 ×**(절대적 증명력, 93도2505; 95도110; 96도173; 2005도5996) [법원 11/12, 경간 12, 경 10/2차] ② 현행법 : **"공판기일의 소송절차로서 공판조서에 기재된 것은 그 조서만으로써 증명한다**(§56)"** [국9 08] ③ 성질 : 공판조서의 배타적 증명력은 자유심증주의의 예외
취 지	① 상소심절차의 지연 방지 ② 상소심에서 유·무죄의 실체심리에 집중할 수 있도록 함
공판조서의 정확성 보장	① 의의 : 공판조서의 배타적 증명력을 인정하기 위한 전제로서 공판조서 기재의 정확성을 보장하기 위한 장치 必要 ② 공판조서의 작성과 확인 　㉠ 작성 : 공판조서는 당해 공판에 참여한 법원사무관 등(법관 ×)이 작성(§51①) 　㉡ 확인 : 재판장과 참여한 법원사무관 등이 기명날인 또는 서명해야 함(§53①) ③ 공판조서 정리·고지·기재변경청구·이의제기권 및 열람·등사권 　㉠ 공판조서는 각 공판기일 후 신속히 정리하여야 함(§54①)

공판조서의 정확성 보장		ⓒ 다음 회의 공판기일에 있어서는 전회의 공판심리에 관한 주요사항의 요지를 조서에 의하여 고지 but 다음 회의 공판기일까지 전회의 공판조서가 정리되지 아니한 때에 는 조서에 의하지 아니하고 고지 可(동②) ⓒ 검사, 피고인 또는 변호인은 공판조서의 기재에 대하여 변경을 청구하거나 이의제기 可(§54③) → 이 경우 그 취지와 이에 대한 재판장의 의견을 기재한 조서를 당해 공판조서에 첨부(동④) ⓔ 피고인과 변호인은 소송계속 중의 관계서류·증거물 열람·등사 可(§35①) ⓕ 피고인은 공판조서의 열람·등사 청구 可(§55①, 읽지 못하는 때에는 공판조서의 낭 독 청구 可, 동②) → 법원이 §55①②의 청구에 응하지 아니한 때에는 그 공판조서를 유죄의 증거로 할 수 없음(동③)(2003도3282)

Ⅱ 배타적 증명력이 인정되는 범위

공판기일의 소송절차	공판기일 절차	**'공판기일'의 절차에 한함** ∴ 당해 사건에 관한 절차라 할지라도 '공판기일 외'에서 행하는 절차에 대해 서는 배타적 증명력 × 예 증거보전절차, 공판준비절차, 공판기일 외의 증 인신문·검증절차 등
	소송절차	① **'소송절차'에 한함** ② 소송절차 : **소송절차의 적법성뿐만 아니라 그 존부도** 배타적 증명력 ○ ⓐ 예 : 공판기일의 진술거부권 고지, **재판의 공개금지결정**, 공소장 변경의 신 청 및 허가, **증거동의**, 증언거부권의 고지, **증인의 선서**, 증인이 증언하였다 는 사실, 피고인이 진술하였다는 사실, 각 공판기일에 재판장이 피고인에게 **전회 공판심리에 관한 주요사항의 요지를 고지**한 사실(2003도3282), 검사· 피고인·변호인의 최종변론이 있었다는 사실 등 ⓑ 공개금지결정사실 : 제1심 공판조서에 제1심법원이 **공개금지결정을 선고** **한 후** 위 수사관들에 대하여 비공개 상태에서 증인신문절차를 진행한 것으 로 기재 → 그 공개금지결정 선고 여부에 대하여 공판조서 이외의 다른 방 법에 의한 증명이나 반증은 허용되지 않음(2013도2511) [국7 23, 경간 14] ⓒ 증거동의사실 : **피고인이** 변호인과 함께 출석한 공판기일의 공판조서에 **검사가 제출한 증거에 대하여 동의한다는 기재** → 피고인이 증거동의를 한 것으로 보아야 하며 이는 절대적인 증명력을 가짐(2015도19139) ③ 실체면은 제외 : 공판조서는 법원·법관의 면전조서로서 절대적 증거능력 인정(§311) but **실체면에 대해서는 배타적 증명력 ×** → 실체면은 다른 증거 에 의하여 다툴 수 있음(예 증인이 증언한 내용, 피고인이 진술한 내용, 검사·피고인·변호인의 최종변론의 내용 등)
공판조서에 기재된 소송절차	기재된 소송절차	① 공판조서에 **기재된** 소송절차만 배타적 증명력 ○ ② 필요적 기재사항인가 아닌가는 不問
	기재되지 않은 소송절차	① **기재되지 않은 경우 - 자유심증주의** ⓐ 공판조서에 기재되지 않은 소송절차 : 공판조서 이외의 자료에 의한 증명 허용 → 소송법적 사실에 관한 증명이므로 자유로운 증명으로 족함 → 예 1심의 공판조서에 증인이 출석하여 증언을 하였다고 기재되어 있고 선서 여부에 대해서 기재되어 있지 않은 경우, 자유로운 증명에 의함

공판조서에 기재된 소송절차	기재되지 않은 소송절차	ⓛ 사실상 추정 : 공판조서 미기재이어도 그 소송절차의 부존재가 추정되 는 것은 아님 → **법원이 통상 행하는 소송절차(인정신문)의 존재는 추정됨** (적법한 소송절차의 사실상 추정)(72도2421) ② **불분명한 기재, 명백한 오기의 경우 – 자유심증주의** ⓐ 공판조서의 기재가 불명확하거나 모순이 있는 경우 : 배타적 증명력 × → 법관의 자유로운 심증에 따름 ⓑ 공판조서의 기재가 소송기록상 **명백한 오기**인 경우 : 오기 부분의 **배타적 증명력** × [경간 14] → **올바른 내용에 따라 증명력** 가짐(자유심증주의) (95도110 등) [경간 14]

🔗 **한줄판례 Summary**

① 검사가 제출한 증거에 관하여 동의 또는 진정성립 여부 등에 관한 피고인의 의견이 증거목록에 기재된 경우,
명백한 오기가 아닌 이상 공판조서의 일부로서 절대적 증명력 有(2011도12571) [법원 11, 국9 11, 경간 12, 경
10/2차]
② 동일한 사항에 관하여 **두 개의 서로 다른 내용이 기재된 공판조서가 병존** : 법관의 **자유로운 심증**(86도1646)
[경 10/2차]

Ⅲ 배타적 증명력 있는 공판조서

당해 사건의 유효한 공판조서	당해 사건의 공판조서	ⓛ **당해 사건의 공판조서만** 배타적 증명력 ○ : 절대적 증거능력 인정 (§311), 절대적 증명력 인정(§56) ② 다른 사건의 공판조서의 배타적 증명력 × : 당연히 증거능력 인정 (§315 3.), 절대적 증명력 부정
	유효한 공판조서	ⓛ **유효한 공판조서만** 배타적 증명력 ○ ② 공판조서가 처음부터 작성되지 않는 경우나 도중에 멸실된 경우 또는 중대한 방식위반으로 무효인 경우 : **배타적 증명력 인정 ×** → 예 당해 공판기일에 **열석하지 아니한 판사가 재판장으로서 서명·날인**한 경우 (82도2940) [법원 08, 국7 09, 경승 10]
공판조서의 멸실·무효		ⓛ 문제의 소재 : 공판조서가 무효이거나 멸실된 경우에 상소심에서 원심의 소송절차의 위 법을 주장하면서 다른 자료를 사용할 수 있는가 ② 判例 : 다른 자료로 다툴 수 없으므로 파기환송해야 함(소극설, 4283형상9) ③ 通說 : 항소심의 심판은 파기자판 원칙, 공판조서의 멸실·무효는 결국 공판조서에 기 재되지 아니한 소송절차의 경우와 같음 → 자유심증주의에 의해 다른 자료에 의한 사실 의 인정 可(적극설)

APPENEIX
부록

CHAPTER 01 청구권자 정리

CHAPTER 01 수사

절차		청구권자	직권
고소·고소취소권자	일반	피해자, 법정대리인	
	피해자 사망	배우자, 직계친족, 형제자매	
	피해자의 법정대리인이 피의자이거나 법정대리인의 친족이 피의자인 경우	피해자의 친족	
	고소취소	고소권자와 동일	
고소권자 지정신청		이해관계인	
고발권자		누구든지 범죄가 있다고 사료되는 자(임의적)	
		공무원(필요적)	
피의자접견 또는 신문참여신청		피의자 또는 그 변호인·법정대리인·배우자·직계친족·형제자매	
피의자진술 영상녹화물의 재생요구		피의자 또는 변호인	
피의자신문 시 특별한 보호를 요하는 자의 신뢰관계 있는 자의 동석신청		피의자, 법정대리인	○
전문수사자문위원의 지정		검사의 직권이나 피의자 또는 변호인	○

CHAPTER 02 강제처분과 강제수사

절차	청구권자	직권
체포·구속영장청구	검사	
긴급체포 후 석방된 자의 관련서류 열람·등사	석방된 자 또는 그 변호인·법정대리인·배우자·직계친족·형제자매	
구속기간 연장신청	검사	
체포구속적부심청구	체포 또는 구속된 피의자, 그 변호인·법정대리인·배우자·직계친족·형제자매·가족·동거인 또는 고용주	
보증금납입조건부석방결정에 의한 보증금의 몰수청구	검사	○
체포현장에서 영장 없이 압수한 물건에 대한 압수수색영장청구	검사	
접견교통의 금지청구	검사	○
피고인 구속취소청구	검사, 피고인, 변호인, 변호인선임권자(법정대리인, 배우자, 직계친족, 형제자매)	○
보석청구권자	피고인, 피고인의 변호인·법정대리·배우자·직계친족·형제자매·가족·동거인 또는 고용주	
보석조건의 변경청구	보석청구권자	○
보석 또는 구속의 집행정지의 취소청구	검사	○
보석취소 시의 보증금몰취청구	검사	○
증거에 공할 압수물의 가환부청구	소유자, 소지자, 보관자 또는 제출인	
수사상의 감정유치청구	검사	

'또는(이나)'과 '및' 정리

1. 접견교통권

변호인이나 변호인이 되려는 자는 신체가 구속된 피고인 또는 피의자와 접견하고 서류나 물건을 수수(授受)할 수 있으며 의사로 하여금 피고인이나 피의자를 진료하게 할 수 있다(제34조).

2. 구속 전 피의자심문

판사는 제1항(체포된 피의자)의 경우에는 즉시, 제2항(체포된 피의자 이외의 피의자)의 경우에는 피의자를 인치한 후 즉시 검사, 피의자 및 변호인에게 심문기일과 장소를 통지하여야 한다. 이 경우 검사는 피의자가 체포되어 있는 때에는 심문기일에 피의자를 출석시켜야 한다(제201조의2 제3항).

3. 구속기간과 갱신

제1항에도 불구하고 특히 구속을 계속할 필요가 있는 경우에는 심급마다 2개월 단위로 2차에 한하여 결정으로 갱신할 수 있다. 다만, 상소심은 피고인 또는 변호인이 신청한 증거의 조사, 상소이유를 보충하는 서면의 제출 등으로 추가 심리가 필요한 부득이한 경우에는 3차에 한하여 갱신할 수 있다(제92조 제2항).

4. 증거보전청구권

검사, 피고인, 피의자 또는 변호인은 미리 증거를 보전하지 아니하면 그 증거를 사용하기 곤란한 사정이 있는 때에는 제1회 공판기일 전이라도 판사에게 압수, 수색, 검증, 증인신문 또는 감정을 청구할 수 있다(제184조 제1항).

5. 탄핵증거와 영상녹화물

피고인 또는 피고인이 아닌 자의 진술을 내용으로 하는 영상녹화물은 공판준비 또는 공판기일에 피고인 또는 피고인이 아닌 자가 진술함에 있어서 기억이 명백하지 아니한 사항에 관하여 기억을 환기시켜야 할 필요가 있다고 인정되는 때에 한하여 피고인 또는 피고인이 아닌 자에게 재생하여 시청하게 할 수 있다(제318조의2 제2항).

CHAPTER 03 형사소송법 두문자 정리

CHAPTER 01 수사

제1절 수사의 의의, 구조 및 수사기관

- 사경의 위법·부당 수사에 대한 검사의 시정조치요구: 법/인/남
  ① 법령위반
  ② 인권침해
  ③ 현저한 수사권 남용

- 검사의 동일성 범위 내 수사: 위/체/불-동일성
  ① 위법·부당수사 → 시정조치 미이행으로 송치
  ② 위법체포구속으로 송치
  ③ 불송치 고소인등 이의신청으로 송치

제2절 수사의 개시

불심검문 대상
- 거동불심자: 하/려/안
  ① 어떠한 죄를 범하였다고 의심할만한 상당한 이유가 있는 자
  ② 어떠한 죄를 범하려고 하고 있다고 의심할 만한 이유가 있는 자
  ③ 이미 행하여진 범죄나 행하여지려고 하는 범죄행위에 관하여 그 사실을 안다고 인정되는 자를 말한다(경직 제3조 제1항).

제3절 임의수사

- 피의자신문 진술거부권 고지내용(제1항): 거/불/포/변 미란다고지 (+검사에 대한 구제신청권)

CHAPTER 02 강제처분과 강제수사

제1절 체포와 구속

- 체포영장의 집행 시 미란다원칙 고지의무: 사/이/변/기 (+진술거부권 고지, 수사협력규정 32조)
  ⓐ 피의사실의 요지
  ⓑ 체포의 이유와
  ⓒ 변호인을 선임할 수 있음을 말하고
  ⓓ 변명할 기회를 준 후가 아니면 피의자를 체포할 수 없다.

- **준현행범인**: 준/불/장/신/묻(준호가 장에서 신물이 났다)
  - ⓐ 범인으로 불리며 추적되고 있을 때
  - ⓑ 장물이나 범죄에 사용되었다고 인정하기에 충분한 흉기나 그 밖의 물건을 소지하고 있을 때
  - ⓒ 신체 또는 의복류에 증거가 될 만한 뚜렷한 흔적이 있을 때
  - ⓓ 누구냐고 묻자 도망하려고 할 때

- **구속사유 심사 시 고려사항**: 중/재/해는 구속 시 고려해라
  07년 개정법에서는 "법원은 제1항의 구속사유를 심사함에 있어서 범죄의 중대성, 재범의 위험성, 피해자 및 중요 참고인 등에 대한 위해우려 등을 고려하여야 한다."는 조항을 신설하였다(제70조 제2항).

- **피의자 구속과 피고인 구속 시 고려사항**
  피의자 구속 시 고지사항: 사/이/변/기
  피고인 구속 시 고지사항: ① 사전청문: 사/이/변/기 ② 사후청문: 사/변 – 단, 거치지 않아도 위법 ×(둘 다)

- **피의자에 대한 구속기간의 제외기간**: 정/영/적/도/감은 빼자
  - ㉠ 구속집행정지기간
  - ㉡ 영장실질심사에서 관계서류와 증거물의 법원접수일로부터 검찰청에 반환한 날까지의 기간
  - ㉢ 체포구속적부심사에 있어서 법원이 관계서류와 증거물을 접수한 날로부터 결정 후 검찰청에 반환된 때까지의 기간
  - ㉣ 피의자가 도망한 기간
  - ㉤ 피의자 감정유치기간

- **피고인에 대한 구속기간의 제외기간**: 심/헌/기 공/보/구/도/피/감
  공소제기 전 체포, 구인, 구금기간(피의자로서의 구속기간), 보석기간, 구속집행정지기간, 기피신청(제22조), 공소장변경(제298조 제4항), 심신상실과 질병(제306조 제1항, 제2항)에 의하여 공판절차가 정지된 기간(제92조 제3항), 법원의 위헌법률심판제청에 의한 재판정지기간(헌법재판소법 제42조 제1항), 피고인이 도망간 기간, 피고인 감정유치기간(제172조의2 제1항)

- **체포·구속적부심심사청구권자**: 피/변/법/배/직/형/가/동/고: 보석청구권자도 동일
  체포·구속된 피의자, 피의자의 변호인, 법정대리인, 배우자, 직계친족, 형제자매, 가족, 동거인, 고용주: 청구권이 있다(제214조의2 제1항)(＝ 보석≠변호인선임대리권자≠상소권자).

- **적부심절차**: 48h 내 심문 + 24h 내 결정

- **필요적 보석의 제외사유**: 장10/누상/증/도/주/해: 보석해야 하는 건 아니야
  ① 피고인이 사형, 무기 또는 장기 10년이 넘는 징역 또는 금고에 해당하는 죄를 범한 때
  ② 피고인이 누범에 해당하거나 상습범인 죄를 범한 때
  ③ 피고인이 죄증을 인멸하거나 인멸할 염려가 있다고 믿을 만한 충분한 이유가 있는 때
  ④ 피고인이 도망하거나 도망할 염려가 있다고 믿을 만한 충분한 이유가 있는 때
  ⑤ 피고인의 주거가 분명하지 아니한 때
  ⑥ 피고인이 피해자, 당해 사건의 재판에 필요한 사실을 알고 있다고 인정되는 자 또는 그 친족의 생명·신체나 재산에 해를 가하거나 가할 염려가 있다고 믿을만한 충분한 이유가 있는 때

- **보석절차**: 지없-지없-7-항·항·항-7

  ① 보석청구 → 지체없이 기일지정·통지·심문 → ② 검사의 의견(지체없이: 다음날까지) → ③ 법원의 결정(청구 후 7일 내) → ④ 기각결정: 보통항고 – 허가결정: 보통항고 → ⑤ 보석취소결정: 보통항고 – 보증금몰취 → ⑥ 보증금환부(7일 내)

- **검사의 의견의 필요적 청취**: 집/보/구/간/개(보석/취/개/간/집)

  ① 구속집행정지, ② 보석, ③ 구속취소, ④ 간이공판절차취소, ⑤ 증거개시

- **보석의 청구권자**: 피/변/법/배/직/형/가/동/고: 체포·구속적부심청구권자도 동일

  피고인, 피고인의 변호인, 법정대리인, 배우자, 직계친족, 형제자매, 가족, 동거인 또는 고용주이다(제94조).

- **보석조건의 결정**: 서/약/3/피/보는 선이행(서류·돈은 먼저 내), 도/해/출/기는 후이행(선이행으로 변경 可)

  1. 법원이 지정하는 일시·장소에 출석하고 증거를 인멸하지 아니하겠다는 서약서를 제출할 것: 선이행 후석방
  2. 법원이 정하는 보증금에 해당하는 금액을 납입할 것을 약속하는 약정서를 제출할 것: 선이행 후석방
  3. 법원이 지정하는 장소로 주거를 제한하고 주거를 변경할 필요가 있는 경우에는 법원의 허가를 받는 등 도주를 방지하기 위하여 행하는 조치를 받아들일 것: 선석방 후이행
  4. 피해자, 당해 사건의 재판에 필요한 사실을 알고 있다고 인정되는 사람 또는 그 친족의 생명·신체·재산에 해를 가하는 행위를 하지 아니하고 주거·직장 등 그 주변에 접근하지 아니할 것: 선석방 후이행
  5. 피고인 아닌 자(제3자)가 작성한 출석보증서를 제출할 것: 선이행 후석방
  6. 법원의 허가 없이 외국으로 출국하지 아니할 것을 서약할 것: 선석방 후이행
  7. 법원이 지정하는 방법으로 피해자의 권리 회복에 필요한 금전을 공탁하거나 그에 상당하는 담보를 제공할 것: 선이행 후석방
  8. 피고인이나 법원이 지정하는 자가 보증금을 납입하거나 담보를 제공할 것: 선이행 후석방, 이 조건은 보석취소 시에도 보석이 자동실효되지 않음
  9. 그 밖에(기타) 피고인의 출석을 보증하기 위하여 법원이 정하는 적당한 조건을 이행할 것: 선석방 후이행

- **보석조건 결정 시 고려사항**: 보석조건을 정할 때에는 성/죄/증명성/전/환/자/정황을 고려하라.

  a. 범죄의 성질 및 죄상, b. 증거의 증명력(증거능력 ×), c. 피고인의 전과·성격·환경 및 자산(경력 ×), d. 피해자에 대한 배상 등 범행 후의 정황에 관련된 사항(07년 개정)을 고려하여야 한다(제99조 제1항).

- **피의자 보석의 재구속·보석취소·구속집행정지취소사유 비교**
  - 피의자보석의 재구속사유: 도/염/출/조
  - 보석취소사유: 도/염/출/보/조

    ㉠ 도망한 때, ㉡ 도망하거나 죄증을 인멸할 염려가 있다고 믿을 만한 충분한 이유가 있는 때, ㉢ 소환을 받고 정당한 이유 없이 출석하지 아니한 때, ㉣ 피해자, 당해 사건의 재판에 필요한 사실을 알고 있다고 인정되는 자 또는 그 친족의 생명·신체·재산에 해를 가하거나 가할 염려가 있다고 믿을 만한 충분한 이유가 있는 때(보복의 위험), ㉤ 법원이 정한 조건을 위반한 때
  - 구속집행정지취소사유: 도/염/출/보/조
- **구속취소권자·청구권자**: 직/검/피/변/법배직형

제2절 압수·수색·검증·감정

- 형법상 업무상 비밀누설죄(제317조)의 주체: 의/한/치/약/약/조/변/변/공/공/대/보(조자:간호사 등)/ 차(등의직에 있던 자)/종/종, 형소법상 압수거부권자(제112조) = 증언거부권자(제149조): 변/변/공/공/세(무사)/대/의/한/치/약/약/조/간(호사)/종/전(직)

  ∴ 형법과 형소법의 차이: 세무사

  ※ 감정인·교사·법무사·관세사·건축사·공인중개사 ×

- 포기가 인정되지 않는 권리: 고/환/약/진/상이라 포기가 안돼

  고소권, 압수물환부청구권, 약식명령에 대한 정식재판청구권(피고인), 진술거부권, 상소권(사·무 ×)

- 검증영장 집행 시 필요한 처분: 신/사/분/물/기는 검증해

  검증을 함에는 신체의 검사, 사체의 해부, 분묘의 발굴, 물건의 파괴, 기타 필요한 처분을 할 수 있다(제219조, 제140조).

- 감정에 필요한 처분: 주/신/사/분/물

  타인의 주거, 간수자 있는 가옥, 항공기, 선차 내에 들어갈 수 있고, 신체의 검사, 사체의 해부, 분묘의 발굴, 물건의 파괴를 할 수 있다(제173조 제1항).

제3절 수사상의 증거보전

- 서면으로 그 사유를 소명해야 하는 것: 기/정/상/증보거인

  ① 기피신청, ② 증거보전, ③ 수사상 증인신문청구, ④ 정식재판청구, ⑤ 증언거부권, ⑥ 상소권회복

CHAPTER 03 수사의 종결

제1절 사법경찰관과 검사의 수사종결

- [위법·부당 수사] 7 – 30 + 10 – 지없 – 7: 사경 사건기록등본 송부 7 – 검사 시정조치요구 30 + 10 – 사경 시정조치 지없 – (미이행 시) 사경 사건송치 7

- [사경 불송치·수사중지 이의] 불 – 소/중 – 상: 불송치 이의신청 – 소속 경찰관서 장, 수사중지 이의제기 – 상급 경찰관서 장

- 수사종결처분 통지 시한: 고고공불취타 – 7/고고불이유청 – 7/피불타 – 즉/ 피해자 – 공공구 – 신청

		7일 이내
고소인·고발인	공소제기·불기소·공소취소·타관송치	7일 이내
	불기소처분·이유·신청	
피의자(고서·고발 불문)	불기소·타관송치	즉시
피해자(신청 要)	공소제기여부, 공판일시·장소, 재판결과, 피의자·피고인의 구속·석방 등	신속하게

CHAPTER 04 증거

제2절 증명의 기본원칙

• 통설은 엄격한 증명의 대상으로 보지만, 판례는 자유로운 증명의 대상으로 보는 것:

*명/심/몰/에서는 자유롭게 쇼핑해

① 명예훼손죄의 위법성조각사유인 사실의 증명, ② 심신상실·심신미약, ③ 몰수·추징 대상 여부 및 추징액의 인정

제5절 전문법칙

• 검사 작성 피신조서 증거능력 인정요건(제312조 제1항): 적/내(= 제312조 제3항)

검사가 피고인이 된 피의자의 진술을 기재한 조서는 ① 적법성, ② 내용인정

• 진술조서 증거능력 인정요건: 적/실/반/특

검사 또는 사법경찰관이 피고인이 아닌 자의 진술을 기재한 조서는

① 적법성, ② 실질적 진정성립, ③ 반대신문의 기회보장, ④ 특신상태

• 수사과정 외 사인 진술서 증거능력 인정요건: 피고인 — 자/성/특, 피고인이 아닌자 — 자/성/반

• 제314조의 증거능력 인정요건: 필/특

CHAPTER 04 형사소송법 숫자 정리

	수사
지체×/ 즉시	사법경찰관의 시정조치(수사준칙 45조) 구속통지(88조) 보석 전 검사의견(97조) 긴급체포시 검사의 승인(200조의3) 긴급체포서 작성(200조의3) 긴급체포 후 구속영장신청(200조의4) 현행범 체포 후 석방(200조의4) 구속전피의자심문 기일·장소 통지(201조의2) 체포현장에서 압수·수색·검증청구(216조) 증인신문 서류 판사송부(221조의2) 피의자 진술 영상녹화 후 봉인(244조의2) 피의자 통지(불/타)(258조) 재정결정 후 담당검사 지정(262조)
1	국선변호인 효력(1인 이상) 규칙 15조 구속전피의자심문(다음 날) 201조의2 고소취소기간(1심 판결 선고 전) 232조 참여변호인 지정(1인) 243조의2 전문수사자문위원 수(1인 이상) 245조의3
2	수사목적 통신제한조치 (2월) 통비법 6조 법원의 구속기간(2개월, 심급마다 2차 연장-필요하면 3차 ○) 92조
3	증거보전 기각결정 항고(3일 이내) 184조 긴급체포요건(사·무·장3↑) 200조의3 고소·고발인 사건처리 (3월 이내) 257조 재정신청 필수적 항고 예외(항고에 대한 불처분 3개월 경과) 260조 재정결정 처리기간(3월 이내) 262조
4	국가안보 목적 통신제한 조치(4월) 통비법7조
6	임의동행(6시간 초과 경찰서 유치 ×) 경직법 3조 친고죄 고소기간(안 날로부터 6월) 230조

	수사
7	시정조치 검토 위한 검사의 사건기록등본 송부요구에 대한 사경 사건기록등본 송부(7일 이내) 수사준칙 45조 사경 검사에 대한 사건송치(7일 이내) 수사준칙 45조 통신제한조치자료 사경신청 후 검사의 법원에 대한 보관승인청구(7일 이내) 통비법 12조의2 영장유효기간(7일) 규칙 178조 보석청구 후 법원의 결정(7일 이내) 규칙 55조 보증금 환부(7일 이내) 104조 사경 사건불송치 고소인등 통지(7일 이내) 245조의6 고소 · 고발인(공/불/취/타) 통지(7일 이내) 258조 고소 · 고발인 불기소이유 고지(7일 이내) 259조 재정신청 관계서류 고등법원 송부(7일 이내) 261조 즉시항고 기간(7일) 405조
10	보석제외사유(사/무/장 10↑ 징역 · 금고) 95조 사법경찰관 · 검사의 구속기간(10일 이내) 202조, 203조 검사의 구속기간 연장(1차 10일 이내) 205조 재정신청기간(10일 이내) 260조 재정신청서 접수 후 피의자 통지(10일) 262조
12	긴급체포 시 사경의 검사에 대한 승인요청(12시간 내) 수사준칙 27조
14	검사의 법원에 대한 통신제한조치자료 보관승인청구(14일 이내) 통비법 12조의2 사경의 검사에 대한 통신제한조치자료 보관승인신청(14일 이내) 통비법 12조의2
20	피고인 보석조건 위반 시 감치기간(20일 이내) 102조
24	피의자 체포 후 통지의무(지체 없이: 24시간 이내) 규칙 51조 긴급체포된 자에 대한 압수 · 수색(체포 시부터 24시간) 217조
30	검사의 시정조치요구(30일 이내–10일 연장 可) 수사준칙 45조 통신제한조치 후 검사의 통지 · 통지유예(30일 이내) 통비법 9조의2 검사의 석방 후 법원에 대한 통지(30일 이내) 200조의4 재정신청 필수적 항고 예외(검사가 공소시효 만료일 30일 전까지 공소 불제기) 260조
48	체포 · 현행범체포 · 긴급체포 시의 구속영장 청구(48시간 이내) 200조의2, 200조의4, 213조의2 체포 · 구속적부심 심문(48시간 이내) 214조의2
50	영장체포 · 현행범체포 · 구속(70조, 200조의2, 201조, 214조) 주거불명인 경미사건(다액 50만원↓ 벌금 · 구류 · 과료) 214조
90	사경 송부 사건불송치 관계서류 검사의 반환(재수사 요청, 90일 이내) 245조의5
500	출석보증인 과태료(500만원↓) 100조의2
1,000	피고인 보석조건 위반 후 과태료(1,000만원↓) 102조

MEMO